Título original:
Historia de la Filosofia

© do texto: Juan Manuel Cordón e Tomas Calvo Martínez, 1995
© das ilustrações (a cor na edição original): Grupo Anaya, S.A., 1995
© do conjunto: GRUPO ANAYA, S.A., 1995

Tradução da antologia de textos: Alberto Gomes;
do restante: Departamento Editorial de Edições 70
Revisão: Ruy Oliveira

Capa de Arcângela Marques

Depósito legal n.º 124 970/98

ISBN 972-44-0978-3

Todos os direitos reservados para a língua portuguesa
por Edições 70, Lda.

EDIÇÕES 70, LDA.
Rua Luciano Cordeiro, 123 - 2.º Esq.º – 1050 Lisboa / Portugal
Telefs.: 315 87 52 – 315 87 53
Fax: 315 84 29

Esta obra está protegida pela lei. Não pode ser reproduzida,
no todo ou em parte, qualquer que seja o modo utilizado,
incluindo fotocópia e xerocópia, sem prévia autorização do Editor.
Qualquer transgressão à lei dos Direitos de Autor será passível
de procedimento judicial.

JUAN MANUEL NAVARRO CORDÓN
TOMAS CALVO MARTÍNEZ

HISTÓRIA DA FILOSOFIA

2º VOLUME

DO RENASCIMENTO À IDADE MODERNA

edições 70

SEGUNDO VOLUME
DO RENASCIMENTO À IDADE MODERNA

Ao longo do primeiro volume, tivemos oportunidade de comprovar como o problema fundamental do pensamento da Idade Média, especialmente do século XIII, se resume no problema das relações entre a razão e a fé. Este problema e as tensões por ele geradas são consequência do confronto entre a concepção radicalmente cristã da vida que impera na Idade Média e o processo de expansão cultural e transformação sociopolítica que se produz a partir do século XIII.

O pensamento moderno institui-se e desenvolve-se em aberto confronto com a cultura e os ideais da Idade Média. A primeira contestação à concepção radicalmente religiosa do mundo vigente na Idade Média deu-se com o **humanismo renascentista,** com a sua visão antropocêntrica e naturalista do homem e do Universo. O humanismo renascentista regressa aos grandes filósofos gregos, mas a forma de os ler e interpretar não se põe ao serviço da fé religiosa. Os platónicos renascentistas já não são como o foi Santo Agostinho, e os aristotélicos do Renascimento também não o são como Tomás de Aquino.

Juntamente com o humanismo renascentista e de forma mais decisiva ainda do que este, o **desenvolvimento da ciência** acabou por arruinar os sistemas filosóficos medievais, fornecendo uma nova imagem (heliocêntrica, mecanicista) do Universo. A descoberta renascentista dos grandes científicos gregos (especialmente o pitagorismo e Arquimedes), juntamente com as necessidades de tipo técnico-prático (estudos de balística, etc.), levaram ao abandono da física aristotélica (já muito criticada desde o séc. XIV) e da imagem geocêntrica do Universo, esférico e finito. Copérnico, primeiro; Galileu e Kepler depois, e, por último, Newton, trouxeram uma nova ciência, uma nova metodologia científica (na qual a matemática ocupa um lugar fundamental), rejeitando definitivamente ideias científicas rudimentares que haviam prevalecido durante séculos.

Com o abandono da ciência e da filosofia medievais, o pensamento trouxe a afirmação radical da **autonomia da razão.** A razão constitui-se em *princípio supremo,* não submetido a qualquer instância alheia a ela própria (tradição, fé, etc.), a partir do qual se *fundamenta* o conhecimento e se pretende responder às questões filosóficas supremas acerca do homem, da sociedade e da história. É certo que a análise da razão levada a cabo no período que vai de Descartes (primeiro filósofo da modernidade) a Hegel (criador do último grande sistema especulativo) não leva às mesmas conclusões. O conceito de razão – a forma como esta se constitui como princípio e o alcance da sua principalidade – não é igual no racionalismo, no empirismo, em Kant e no idealismo absoluto de Hegel, como teremos ocasião de comprovar amplamente.

Ora, o facto de o pensamento moderno se apresentar – em todos os autores e escolas – como uma análise da razão não deve conduzir à interpretação unilateral da filosofia moderna como uma filosofia exclusiva ou preferêncialmente interessada em questões gnosiológicas. Já frisámos anteriormente que a análise da razão é levada a cabo para fundamentar nela e a partir dela a ciência e para responder, em última análise, às solicitações e problemas acerca do homem, da sociedade e da história, à procura de uma **ordenação racional da vida e da sociedade.** Isto está patente em todos os movimentos filosóficos modernos (e sobre isso insistiremos em cada caso na nossa exposição) e manifesta-se de modo culminante no século XVIII, no iluminismo.

QUADRO SINCRÓNICO

FILOSOFIA	POLÍTICA	CULTURA
SÉCULO XV	**SÉCULO XV**	**SÉCULO XV**

SÉCULO XV

1401. Nasce Nicolau de Cusa († 1464).

1407. Nasce Lourenço Vala († 1457).

1431. *De voluptate et vero bono,* de Lourenço Vala.

1433. Nasce Marsílio Ficino († 1499).

1440. *A Douta Ignorância* de Nicolau de Cusa.

1462. Nasce Pedro Pomponazi († 1524).

1463. Nasce João Pico de Mirândola († 1494).

1490. *Introdução à Metafísica de Aristóteles,* de Léfèvre d'Etaples.

SÉCULO XVI

1509. Nasce Bernardino Telesio († 1588).

1533. Nasce Jacobo Zabarella († 1589).
Nasce Miguel de Montaigne († 1592).

1541. Nasce Pedro Charron († 1603).

1545. Nasce Giordano Bruno († 1600).

SÉCULO XV

1422. Morte de Henrique V e de Carlos VI.

1453. Queda de Constantinopla.

1459. Guerra civil em Inglaterra.

1487. Bartolomeu Dias dobra o Cabo da Boa Esperança.

1492. Colombo descobre o Novo Mundo.

1494. Tratado de Tordesilhas.

SÉCULO XVI

1517. Rebelião Luterana.

1519. Condenação de Lutero em Colónia.
Começa a viagem de Fernão de Magalhães.

1521. Excomunhão de Lutero.
Cortês reconquista o México.

1530. Coroação de Carlos V.

1531. Henrique VIII proclama-se chefe da Igreja anglicana.

SÉCULO XV

1421. Brunelleschi começa a catedral de Florença.

1425. Fundação da Universidade de Lovaina.

1438. Concílio de Ferrara (Florença).

1441. Principia em Portugal a produção de pasta de papel.

1452. Nasce Leonardo da Vinci.

1466. Criação de uma cátedra de Grego na Universidade de Paris. Nascimento de Erasmo († 1536).

1477. *A Primavera,* de Botticelli.

1489. Primeiro livro impresso em Portugal.

1500. Pedro Álvares Cabral chega ao Brasil.
Primeiros adágios, de Erasmo.
A Natividade, de Botticelli.

SÉCULO XVI

1503. *A Sagrada Família,* de Miguel Ângelo.

1506. *A Gioconda,* de Leonardo da Vinci.

1512. *Moisés,* de Miguel Ângelo.

1516. *O Príncipe,* de Maquiavel; *A Utopia,* de Moro; *Orlando Furioso,* de Ariosto.

1517. Publicação das 95 teses de Lutero.

QUADRO SINCRÓNICO

FILOSOFIA	POLÍTICA	CULTURA
1547. Nasce Justo Lipsio († 1606).	**1536.** Estabelecimento da Inquisição em Portugal.	**1528.** *O Cortesão*, de Castiglione.
1550. Nasce César Cremonino († 1631).	**1539.** Organização definitiva da Companhia de Jesus.	**1542.** Pedro Nunes publica *De Crepusculus*.
1552. Nasce Francisco Sánchez († 1632).	**1542.** Estabelecimento da Inquisição em Roma.	**1543.** Sai o, *De Revolutionibus orbium coelestium*, de Copérnico.
1561. Nasce Bacon († 1626).	**1545.** Abertura do Concílio de Trento.	**1546.** Morte de Lutero.
1564. Nasce Galileu († 1642).	**1556.** Carlos V, abdica.	**1547.** Primeira lista de livros proibidos pela Inquisição em Portugal.
1568. Nasce Tomás Campanella († 1639).	**1567.** Fim do Concílio de Trento.	**1549.** Francisco de Holanda publica *Da pintura antiga*.
1571. Nasce Kepler († 1630).	**1571.** Batalha de Lepanto.	**1553.** Execução de Miguel Servet.
1584. *De l'infinito universo e mondi* e *De la causa, principio ed uno*, de Giordano Bruno.	**1572.** União de Utrecht.	**1564.** *O Caminho de Perfeição*, de Santa Teresa.
1596. Nasce Descartes († 1650).	**1588.** Desastre da Armada Invencível.	**1568.** Fundação da Ordem dos Carmelitas Descalços.
	1590. Édito de Nantes.	**1572.** *Os Lusíadas*, de Camões.
SÉCULO XVII		**1596.** *Mysterium cosmographicum*, de Kepler. *Sonho de uma noite de Verão*, de Shakespeare.
1609. *Astronomia nova*, de Kepler.	**SÉCULO XVII**	**1590.** *Arcadia*, de Lope de Vega.
1620. *Novum Organum*, Bacon.	**1624.** Richelieu entra no Conselho.	**1600.** Reforma da Universidade de Paris.
1632. Nasce Espinosa († 1677). Nasce Locke († 1704). *Diálogo sobre os dois principais sistemas do mundo*, de Galileu.	**1633.** A Inquisição força Galileu a reconhecer os seus «erros».	**SÉCULO XVII**
	1648. Processo e execução de Carlos I. Os tratados de Westfália.	**1603.** *Hamlet*, de Shakespeare.
	1654. Tratado de Westminster.	**1605.** *Macbeth*, de Shakespeare. *Dom Quixote*, de Cervantes.
	1667. Tratado de Breda.	**1610.** Galileu aperfeiçoa o telescópio.
	1682. Pedro, o Grande, czar da Rússia.	
	1688. Segunda revolução inglesa. Luís XIV entra em guerra.	
	1692. Kang-Hi autoriza o cristianismo na China.	

QUADRO SINCRÓNICO

FILOSOFIA	POLÍTICA	CULTURA
1637. *Discurso do método*, por Descartes.	**1694.** Fundação do Banco de Inglaterra.	**1613.** *Novelas exemplares*, Cervantes. *Henrique VIII*, Shakespeare.
1638. Nasce Malebranche († 1715).	**1699.** Pedro o Grande prescreve a moda à europeia e reforma o calendário.	**1614.** *Assunção da Virgem*, de Greco.
1641. *Meditações*, de Descartes.	**1700.** Aceitação por Luís XIV do testamento de Carlos II. Filipe V, rei de Espanha.	**1624.** *Os bêbados*, Velásquez.
1642. Nasce Newton († 1727).		**1632.** *Lição de anatomia*, de Rembrandt.
1644. *Princípios de Filosofia*, de Descartes.		**1635.** Fundação da Academia Francesa. *Retrato de Carlos I*, de Van Dyck. *Jardim de amor*, de Rubens.
1646. Nasce Leibniz († 1716).		
1670. *Tratado teológico-político*, de Espinosa. *Teoria do movimento*, de Leibniz. *Pensamentos*, de Pascal.		**1636.** Fundação da Universidade de Harvard.
1674. *Recherche de la verité*, de Malebranche.		**1647.** Experiências de Pascal sobre o vácuo. *As lanças*, de Velásquez.
1677. *Ética*, de Espinosa.		**1661.** *A Lógica*, de Port-Royal.
1685. Nasce Berkeley († 1753).		**1666.** Newton decompõe a luz.
1687. *Philosophiae Principia*, de Newton.		**1667.** *Andromaque*, de Racine.
1688. *Cartas sobre a tolerância*, de Locke.		**1673.** *Le malade imaginaire*, de Molière.
1690. *Ensaio sobre o entendimento humano*, de Locke.		**1675.** Leibniz inventa o cálculo infinitesimal.
		1682. Newton descobre a lei da gravitação.
		1694. Dicionário da Academia Francesa.

QUADRO SINCRÓNICO

FILOSOFIA

SÉCULO XVIII

1710. *Tratado sobre os princípios do conhecimento humano,* de Berkeley.

1714. *Monadologia,* de Leibniz.

1721. *Cartas Persas,* de Montesquieu.

1724. Nasce kant († 1804).

1731. *História de Carlos XII,* de Voltaire.

1746. *Pensamentos filosóficos,* de Diderot.

1748. *Espírito dos Reis,* de Montesquieu.

1762. *O contrato social* e *Emílio,* de Rousseau.

1770. Nasce Hegel († 1831).

1781. *Crítica da Razão Pura,* de Kant.

1785. *Fundamentação da Metafísica dos Costumes,* de Kant.

1788. *Crítica da Razão Prática,* de Kant. *Introdução aos Princípios da Moral,* de Bentham.

1790. *Crítica da Faculdade de Julgar,* de Kant.

POLÍTICA

SÉCULO XVIII

1713. Tratado de Utrecht.

1717. Tríplice aliança de Haia.

1720. Filipe V renuncia à Coroa de França.

1739. Guerra anglo-espanhola.

1748. Tratado de Aix-la-Chapelle.

1759. Expulsão dos Jesuítas de Portugal.

1767. Instituição da Real Mesa Censória, em Portugal. Expulsão dos Jesuítas de Espanha.

1769. Nasce Napoleão Bonaparte.

1773. Clemente XIV dissolve a ordem dos jesuítas.

1774. Morte de Clemente XIV e advento de Luís XV.

1783. Tratado de Versalhes.

1787. Votação da Constituição dos Estados Unidos.

1788. Tratado de Berlim e de Haia entre os Países Baixos, Prússia e Inglaterra.

1789. Washington, presidente dos Estados Unidos. Tomada da Bastilha. Declaração dos Direitos do Homem.

1792. O povo de Paris toma as Tulherias.

1793. Execução de Luís XVI.

1799. Morre Washington, presidente dos Estados Unidos.

CULTURA

SÉCULO XVIII

1710. Luís XIV destrói Port Royal.

1714. Termómetro de mercúrio de Farenheit.

1734. *Oratório de Natal,* de Bach.

1735. Medição do meridiano por La Condamine.

1746. Sai o *O Verdadeiro Método de Estudar,* de Luís António Verney.

1747. Franklin descobre o princípio do pára-raios.

1748. Descoberta das ruínas de Pompeia.

1759. Fundação do British Museum.

1775. *Werther,* de Goethe. Utilização industrial do vapor por Watt.

1781. *O Rapto do Serralho,* de Mozart.

1785. *As bodas de Fígaro,* de Mozart.

1786. Primeira escalada do Monte Branco.

1792. *História da Guerra dos Trinta Anos,* de Schiller.

1799. *Sonata patética,* de Beethoven.

1800. Invenção da pilha eléctrica por Volta.

QUADRO SINCRÓNICO

FILOSOFIA	POLÍTICA	CULTURA
SÉCULO XIX	**SÉCULO XIX**	**SÉCULO XIX**

1802. *O génio do Cristianismo*, de Chateaubriand.

1807. *Fenomologia do Espírito*, de Hegel.

1808. *Discurso ao Povo Alemão*, de Fichte.

1812. *Ciência da Lógica*, de Hegel.

1817. *Enciclopédia das Ciências Filósoficas*, de Hegel.

1819. *O Mundo como Vontade e como Representação*, de Schopenhauer.

1821. *Filosofia do Direito*, de Hegel.

1802. Bonaparte, presidente da República Italiana.

1804. Napoleão Bonaparte é proclamado Imperador.

1806. Ruptura de Napoleão com o Papa.

1808. Proibição do tráfico de escravos nos Estados Unidos.

1814. Napoleão põe em liberdade o Papa e devolve-lhe os seus Estados.

1815. Desterro de Napoleão para Santa Helena.

1820. Revolução liberal e primeiras eleições em Portugal.

1821. Extinção do Santo Ofício e abolição da censura em Portugal.

1832. Constituição liberal, aprovada pelas Cortes Gerais portuguesas.

1802. Criação dos Institutos de Ensino Médio em França.

1804. *Sinfonia heróica*, de Beethoven.

1809. *Sinfonia pastoral*, de Beethoven.

1816. Primeira representação de *O Barbeiro de Sevilha*, de Rossini.

1819. *Ivanhoe*, de Walter Scott.

*O RENASCIMENTO E A ORIGEM DA IDADE MODERNA

INTRODUÇÃO

Com este capítulo – dedicado ao Renascimento – iniciamos o estudo da modernidade. Do ponto de vista da história do pensamento filosófico e científico, o Renascimento pode caracterizar-se como um período de transição entre a filosofia medieval e a filosofia moderna.

São três as forças culturais mais significativas que operam durante o período renascentista: o humanismo, a reforma protestante e o avanço ininterrupto da ciência. Destas três forças, a que mais profundamente influirá no advento da modernidade é sem dúvida a ciência. O progresso científico nesta época viu-se impulsionado fundamentalmente por dois factores: pelas necessidades de tipo técnico (armamento, navegação, etc.) e pela descoberta dos textos dos científicos gregos, especialmente de **Arquimedes** e do pitagorismo. O regresso aos clássicos – característica do Renascimento nas suas diversas manifestações culturais – influenciou positivamente a configuração da ciência moderna, cujo triunfo definitivo terá lugar no século XVII.

No campo da filosofia, o período renascentista produziu múltiplas individualidades e perspectivas que se tornam difíceis de classificar em linhas coerentes de pensamento. Nisto se distingue o Renascimento, tanto da Idade Média (em que as correntes filosóficas são poucas, vigorosas e perfeitamente definidas) como da Idade Moderna. Na nossa exposição ocupar-nos-emos das correntes que restauram os sistemas filosóficos gregos numa perspectiva marcadamente naturalista e antropocêntrica, dos filósofos em cujo sistema a ideia de infinitude desempenha um papel fundamental (**Cusa** e **Giordano Bruno**) e de **Francisco Bacon**, o mais significativo representante dos ideais renascentistas na Inglaterra.

* Na edição portuguesa esta *História da Flosofia* foi dividida em três volumes; no entanto, para não alterar a estrutura da edição original, manteve-se a sequência da numeração dos capítulos. Assim, os capítulos 1 ao 6 correspondem ao 1.º volume; 7 ao 13 ao 2.º volume; 14 ao 21 ao 3.º volume (*N. do E.*).

Este capítulo consta destas quatro partes:
1. **O Renascimento e a transformação da sociedade europeia.**
2. **A tradição grega e o novo antropocentrismo naturalista.**
3. **O problema da infinitude: Cusa e Giordano Bruno.**
4. **Francisco Bacon e o seu conceito de ciência.**

1 O RENASCIMENTO E A TRANSFORMAÇÃO DA SOCIEDADE EUROPEIA

1.1. O Renascimento e a Idade Média

O Renascimento constitui um período difícil de analisar na sua totalidade. É inegável que se nos limitarmos a certos aspectos da cultura – a arte, por exemplo – o perfil do Renascimento torna-se claro e inconfundível: qualquer estudante medianamente informado sabe que o Renascimento representa um regresso aos gostos e aos cânones clássicos, com o consequente abandono do estilo e modos medievais. Mas se em vez de nos fixarmos exclusivamente no Renascimento de cunho italiano e na sua faceta artística, dirigirmos a nossa atenção a toda a Europa e a todos os aspectos da sociedade e da cultura, a caracterização do período renascentista torna-se mais difícil e problemática.

a) Em primeiro lugar, muitos dos fenómenos e acontecimentos com os quais se costuma caracterizar o período renascentista têm origem na última fase da Idade Média. Em certos aspectos, **o Renascimento não representa uma ruptura com a época anterior mas a continuação de um processo que nela já fora iniciado.**

Assim, no terreno político, a criação dos Estados nacionais surge como um resultado da desintegração do Império ocorrida no final da Idade Média; no âmbito económico, o individualismo e o crescimento da burguesia têm também início no século XIV; no que se refere à literatura, costuma reconhecer-se que o humanismo tem os seus predecessores italianos no século XIV, especialmente **Petrarca.** No terreno filosófico o estudo directo e a assimilação dos autores gregos, carac-

terística do Renascimento pode fazer-se retroceder razoavelmente ao século XIII, como vimos no capítulo quinto ao referirmo-nos ao ingente labor de tradução levado a cabo neste século e à penetração de **Aristóteles** no Ocidente. O mesmo se pode, finalmente, dizer a respeito do desenvolvimento da ciência. Perante este conjunto de factos, não parece acertado falar de uma ruptura total com a Idade Média; talvez seja mais acertado falar de desenvolvimento e expansão de certos fenómenos que tiveram origem nela.

b) Uma segunda dificuldade para a caracterização e análise do período renascentista provém do facto de certos acontecimentos importantes que tiveram lugar neste período não exercerem uma influência real e notável na sociedade europeia senão muitos anos após se terem produzido. Um exemplo típico é o descobrimento da América, que teve lugar, como é sabido, em 1492 e cujas repercussões apenas se fizeram sentir bastante tempo depois.

1.2. Factores de transformação da sociedade europeia

As circunstâncias que acabamos de pôr em relevo dificultam a caracterização e análise do período renascentista. (Boa prova desta dificuldade é a diversidade de opiniões dos historiadores a tal respeito, bem como a sua falta de unanimidade, tanto sobre a duração deste período como acerca do momento histórico aproximado em que deve fixar-se o seu início.) Ao assinalar esta dificuldade, não

---

Superando a barbárie medieval

Também não me atrevo a explicar a razão pela qual aquelas artes tão próximas das liberais, ou seja, a pintura, a escultura, caíram de tal modo durante tanto tempo que, juntamente com as letras, pareciam estar mortas. Nem a razão pela qual agora ressuscitam e se levantam de novo, existindo uma grande abundância de bons artistas e homens de letras. De qualquer

forma, e se o passado foi triste porque não havia nenhum homem sábio, devemos congratular-nos com a nossa época porque, com um pouco de esforço, acredito que em breve conseguiremos restaurar, não tanto a cidade, mas a língua de Roma e todas as disciplinas.

L. Valla, *Elegantiae Linguae Latinae* (1444).

❼ O RENASCIMENTO E A ORIGEM DA IDADE MODERNA

pretendemos contudo afirmar que esta época não possui significado e características próprias.

Durante este período produz-se sem dúvida uma profunda transformação na sociedade europeia. Por um lado, as mentes mais despertas da época tinham consciência de que algo havia mudado na cultura ocidental: estavam convencidas de que se encerrara uma época, a Idade Média (bárbara e ignorante, em seu entender), e começara um tempo novo de cultura e de mentalidade mais elevadas. Por outro, durante este período deram-se acontecimentos de indiscutível importância, que não será supérfluo recordar.

a) No domínio cultural, tem lugar em 1438 o **concílio de Florença-Ferrara,** no qual comparecem teólogos do Oriente, conhecedores da língua grega e peritos na filosofia e nos textos gregos. Poucos anos depois (1453) dá-se a **queda de Constantinopla**, que obriga muitos intelectuais orientais a emigrarem para a Itália. Um e outro acontecimento constituem factores importantes do desenvolvimento do humanismo: os intelectuais procedentes do Oriente dão impulso ao estudo da língua grega e à transmissão dos textos dos filósofos gregos. **Pléton** e **Bessárion,** ambos platónicos, são dois exemplos notáveis.

b) No campo das descobertas, a par da autêntica descoberta cultural do passado grego, a que fizemos referência na secção anterior, **dão-se no século XV importantes descobertas e aperfeiçoamentos técnicos.** O desenvolvimento da cartografia, das técnicas de navegação e a bússola tornam possível a expansão marítima e comercial, o descobrimento da América e o acesso a regiões do globo até então desconhecidas. A utilização da pólvora com fins bélicos facilita o fortalecimento do poder real frente à nobreza, cujos castelos se tornam conquistáveis a tiro de canhão. Finalmente, a descoberta da imprensa facilita a expansão cultural, a edição dos clássicos por parte dos humanistas e a circulação de textos bíblicos, o que favorece a reforma religiosa.

c) No campo religioso, os factores de desintegração, existentes no seio da igreja já desde o século XIV, culminam na **reforma,** na primeira metade do século XVI. A rebelião luterana teve lugar em 1517, e Henrique VIII proclama-se chefe da igreja anglicana em 1531. Do lado católico, em 1539 organiza-se definitivamente a Companhia de Jesus e pouco depois tem início o concílio de Trento.

d) No domínio político-social, consolidam-se neste período os **Estados nacionais e as monarquias absolutas**. Em estreita relação com as novas forças políticas, verifica-se um notável crescimento da burguesia e do capitalismo comercial.

Todos os acontecimentos que acabamos de enumerar encontram-se intimamente relacionados entre si, condicionam-se reciprocamente. E não poderia ser de outro modo, visto que cultura, ciência, política e economia não são domínios isolados no seio de uma sociedade. Atente-se na seguinte cadeia de influências (que não deve ser interpretada de forma puramente linear): a utilização do canhão contribui para o triunfo definitivo das monarquias sobre a nobreza, ao mesmo tempo que suscita problemas de balística e o estudo das trajectórias dos projécteis, impulsionando o estudo da física; as monarquias, por seu turno, apoiam a burguesia e são por esta apoiadas contra a nobreza; os Estados nacionais apoiam a reforma, ou combatem-na, segundo os seus inte-

---

O direito internacional dos povos

A totalidade dos homens não se agrupou certamente num corpo político único mas fragmentou-se em diversas comunidades. Isso não significa, no entanto, que se exclua a conveniência de aquelas comunidades observarem alguns direitos comuns, fruto de uma aliança e acordo comuns entre elas, a fim de se ajudarem mutuamente e manterem-se em paz (o que é necessário para o bem universal). Estes acordos comuns denominam-se direitos dos povos e a sua introdução deve-se mais à tradição e aos costumes do que à intuição.

F. Suárez, *De las leys*, 3, 2, 6.

1 O RENASCIMENTO E A TRANSFORMAÇÃO DA SOCIEDADE EUROPEIA

Francesco di Giorgio (séc. XV): A cidade ideal

resses (a reforma prosperou nos países em que foi apoiada pelo poder político e fracassou nos restantes); a fragmentação definitiva da Europa em Estados nacionais origina novas formas de equilíbrio entre os mesmos: deste facto, e das guerras e colonização da América, surgem novos problemas teóricos relativos ao *Direito Internacional* e discussões dos filósofos acerca das condições em que a guerra é justa, etc. (É neste domínio que os filósofos espanhóis – especialmente o jesuíta **Suárez** e o dominicano **Vitoria** – contribuem de forma mais notável para o pensamento europeu: ambos se ocupam de questões jurídicas e políticas e talvez não seja exagerado considerá-los como os iniciadores do Direito Internacional).

Os factores económicos e políticos actuaram em conjunto, impulsionando a investigação técnica e científica favorecendo o aparecimento de diferentes concepções religiosas e ideias filosóficas. Juntamente com estes factores, há três forças culturais que confluem na transformação do pensamento europeu e no advento da modernidade: o **humanismo,** a **reforma** e o desenvolvimento da **ciência**. Esta última foi, de longe, a força mais poderosa e decisiva das três.

1.3. A filosofia e o desenvolvimento da ciência

As indicações fornecidas até agora induzem-nos a considerar o Renascimento (séculos XV-XVI) na perspectiva de um período mais amplo no qual se encontra inserido um período cujo início pode situar-se no final da Idade Média e cujo apogeu pode fixar-se no primeiro terço do século XVII. Durante este longo período de quase três séculos, o pensamento europeu foi submetido a um profundo processo de transformação cujo resultado é a **modernidade.** Com efeito, nas primeiras décadas do século XVII assistimos ao estabelecimento definitivo da ciência e ao início da filosofia moderna. Os máximos protagonistas deste duplo acontecimento serão Galileu e Descartes.

Como dissemos e teremos ocasião de comprovar nos próximos capítulos, o progresso científico é a mais poderosa e definitiva de todas as forças culturais que confluem no processo que conduz à modernidade.

1.3.1. A filosofia no Renascimento

a) Os filósofos humanistas

Em geral, pode dizer-se que **a filosofia renascentista (sécs. XV-XVI) vive de costas voltadas para a actividade científica do seu tempo.** Isso é especialmente notório no caso dos filósofos humanistas. Efectivamente, estes filósofos voltam-se para os grandes sistemas gregos (platonismo, aristotelismo, estoicismo, epicurismo), procurando neles a fonte de inspiração para as suas concepções da natureza e do homem.

Os filósofos humanistas adoptaram na generalidade uma atitude de menosprezo, quando não de aberta hostilidade, para com a experimentação. Neste divórcio entre humanismo e ciência radica a separação – prolongada até aos nossos dias – entre estudos científicos e estudos humanísticos, entre ciências e letras, bem como da pouco razoável inclusão da filosofia entre estas últimas.

❼ O RENASCIMENTO E A ORIGEM DA IDADE MODERNA

b) Outros filósofos renascentistas

A desvinculação da filosofia relativamente à actividade científica que culminará na constituição da ciência moderna não é, aliás, uma característica exclusiva dos filósofos humanistas, mas antes uma atitude generalizada entre os filósofos deste período histórico. **Uma excepção é Giordano Bruno,** cuja vida decorre na segunda metade do século XVI. Bruno – que afirmou a infinitude do Universo – conheceu certamente a obra de **Copérnico,** cuja teoria heliocêntrica favorecia a ideia de que o Universo tem dimensões enormes, por oposição às dimensões reduzidas atribuídas pelo geocentrismo.

Quanto a **Nicolau de Cusa,** o outro filósofo notável deste período preocupado com a ideia de infinitude, nada tem a ver com a ciência moderna, apesar do seu amor e interesse pelas matemáticas: a sua vida decorre na primeira metade do século XV e, portanto, morre quase cem anos antes da publicação da obra de **Copérnico.**

Entre os filósofos de que nos ocupamos neste capítulo inclui-se **Francisco Bacon,** um homem preocupado com a ciência; combate o aristotelismo da época no que este tem de atitude anticientífica e oposta à experimentação, defendendo a indução como método científico.

No entanto, e apesar de defender o método experimental, Bacon baseia-se ainda no conceito aristotélico de ciência e o seu método indutivo pouco tem a ver com o método científico utilizado por Galileu e pela ciência moderna. Apesar de a sua actividade filosófica se prolongar até ao século XVII, o seu pensamento científico situa-se à margem da revolução científica consumada por Galileu e Kepler nessa altura.

1.3.2. A ciência no Renascimento

A ciência moderna – que se estabelece definitivamente no século XVII e que influencia de modo directo o aparecimento da filosofia moderna com Descartes – não surgiu da noite para o dia; foi em grande medida o culminar de um lento processo inaugurado no final da Idade Média.

Juntamente com as necessidades e exigências de tipo técnico, importa salientar dois factores de tipo filosófico-cultural que favoreceram o seu desenvolvimento. Por um lado, **o impulso dado à observação e à experimentação pelos pensadores nominalistas** a partir do século XIV, a que nos referimos no capítulo VI do 1.º volume. Por outro lado, a descoberta genuinamente renascentista dos científicos gregos, especialmente do pitagorismo e de arquimedes. O retorno aos gregos não só possibilitou o conhecimento das correntes filosóficas gregas mas também dos textos científicos mais notáveis da Antiguidade.

A descoberta da tradição pitagórica deu novo impulso à ideia (anteriormente abandonada, por influência do aristotelismo) de que o Universo possui estrutura e ordenação matemática e, por conseguinte, as leis que regem os fenómenos naturais são matematicamente formuláveis. Copérnico conheceu certamente a tradição pitagórica, e a atitude de Kepler perante o Universo é nitidamente pitagórica. Arquimedes por seu turno, oferecia um modelo de ciência que seria seguido por Galileu. A descoberta renascentista do grego contribuiu poderosamente para estimular a consideração matemática do Universo e dos fenómenos físicos. O progresso das matemáticas juntar-se-ia a esta atitude perante a natureza para possibilitar o desenvolvimento da ciência moderna.

O universo e a linguagem matemática

A filosofia está escrita nesse vasto livro sempre aberto perante os nossos olhos: refiro-me ao Universo; mas só o conseguimos ler se tivermos aprendido a linguagem e se nos tivermos familiarizado com as letras em que está escrito. Está escrito em linguagem matemática e as letras são os triângulos, círculos e outras figuras geométricas, sem as quais é humanamente impossível compreender uma única palavra.

Galileu Galilei, *il Saggiatore* (9. 6)

2 A TRADIÇÃO GREGA E O NOVO ANTROPOCENTRISMO NATURALISTA

2.1. A filosofia grega no renascimento

O interesse pelas humanidades clássicas, pela cultura greco-latina, trouxe consigo um ressurgir dos sistemas filosóficos gregos. Os grandes filósofos – especialmente Platão e Aristóteles – são traduzidos e comentados pelos filósofos humanistas.

2.1.1. O platonismo

O platonismo floresceu especialmente na Academia de Florença fundada por Cosme de Médicis, assessorado por **Pléton,** e levada ao seu máximo esplendor, por Lourenço, o Magnífico. Mencionámos atrás o nome de Pléton, juntamente com o de **Bessárion,** ambos procedentes de Bizâncio e enviados ao Concílio de Florença.

O velho pleito acerca das diferenças e semelhanças entre as filosofias de Platão e Aristóteles foi objecto de discussão também neste período. Pléton escreveu uma obra acerca do tema que foi contestada pelo aristotélico João de Trebisonda no escrito *Comparação de Aristóteles e Platão;* Bessárion, por seu turno, saiu em defesa de Pléton e do platonismo contra esta obra de Trebisonda, num escrito polémico intitulado *Contra o caluniador de Platão.* Além de Pléton e Bessárion merecem ser mencionados Marsílio Ficino (1433-1499) e João Pico de Mirândola (1463-1494), máximos representantes do platonismo renascentista. Marsílio Ficino traduziu para latim diversas obras de Platão e compôs comentários sobre as mesmas. Traduziu igualmente as *Enéadas* de Plotino e escreveu uma obra denominada *Acerca da religião cristã,* bem como a *Teologia platónica,* a mais importante das suas obras filosóficas. Pico de Mirândola é sobretudo famoso pelo seu *Discurso acerca da dignidade do homem.*

2.1.2. O aristotelismo

O aristotelismo renascentista estava dividido em duas correntes: a averroísta e a alexandrinista. A primeira – sede em Pádua – baseava-se na interpretação de Aristóteles apresentada por Averróis; a segunda baseava-se na interpretação de Aristóteles feita pelo comentarista antigo **Alexandre de Afrodísia.** O ponto fundamental de dissidência entre as duas correntes encontrava-se na questão (a que já tivemos ocasião de nos referir anteriormente) da imortalidade da alma e da natureza do entendimento. No entender dos averroístas, a alma humana individual é corruptível e mortal, embora exista um entendimento imortal, único e comum a toda a espécie humana. Os alexandrinistas concordavam em que a alma individual é mortal mas não admitiam a existência de um entendimento comum a todos os homens. As suas disputas são mais uma questão de erudição do que outra coisa, já que **ambas as correntes negaram a imortalidade individual.**

O mais importante dos averroístas foi **Martinho Nifo** (1473-1546) e o mais importante dos alexandrinistas (e de todos os aristotélicos da época) foi

---

Contra a imortalidade individual

Por conseguinte, se alguém desejar a imortalidade deve procurar a matéria, fisicamente falando. Mais, quem procura a imortalidade deseja antes do mais a mortalidade. E a prova é esta: quem quer ser imortal deseja não ter matéria; ora, quem não tem matéria não é homem. E se não é homem, não existe. E não ser nada é pior que ser mortal. «Eu quero ser anjo». E eu digo que tu não serias tu se fosses anjo, e deste modo o que desejas é não ser (…). Isto pode ser demonstrado do seguinte modo: quem destrói a característica específica de uma espécie, destrói a essência; e se não fosses mortal, destruirias a definição de homem, dado que na definição de homem a mortalidade é uma característica específica.

P. Pomponazzi, *Tratado da Imortalidade da Alma.*

❼ O RENASCIMENTO E A ORIGEM DA IDADE MODERNA

Pedro Pomponazzi (1462-1525). Porque negava a imortalidade pessoal, Pomponazzi foi acusado de privar a moralidade de fundamento ao excluir qualquer tipo de sanção numa vida futura. Pomponazzi rebateu esta objecção recorrendo à doutrina estóica de que a virtude é o autêntico e único bem a que vale a pena aspirar.

Aristotélicos posteriores a Pomponazzi são Jacobo Zabarella (1532-1589) e César Cremonino (1550--1631). Zabarella deixou-nos alguns comentários a Aristóteles que ainda hoje em dia devem ser tomados em consideração pela sua indiscutível autoridade; Cremonino pertence à última geração dos aristotélicos renascentistas, sendo já contemporâneo de Galileu. Ambos, Zabarella e Cremonino, **manifestam uma clara tendência para desligar da teologia o estudo da natureza:** efectivamente, ambos pensavam que se o mundo e o movimento são eternos (como defendia Aristóteles), não parece necessário supor a existência de um primeiro motor imóvel distinto do próprio firmamento. Para Aristóteles, a física culmina na teologia, na consideração de Deus, pois o movimento de qualquer natureza depende dele; Zabarella e Cremonino põem em dúvida a necessidade lógica de tal culminação.

2.1.3. Estoicismo, epicurismo e cepticismo

Também estas correntes filosóficas gregas encontram seguidores durante o período renascentista. A propósito, merece referência o nome de **Justo Lípsio** (1547-1606) como representante da corrente estóica: escreveu uma *Introdução à filosofia estóica* e uma *Fisiologia estóica*. **Lourenço Valla** (1407-1457), por sua vez, escreveu um tratado *Acerca do prazer,* no qual defendia o princípio fundamental da moral epicurista. Entre os cépticos, merecem menção **Miguel de Montaigne** (1533-1592), **Pedro Charron** (1541-1603) e o português **Francisco Sanches** (1551-1622).

2.2. Antropocentrismo e naturalismo renascentistas

A exposição anterior deixou certamente no leitor a impressão de que a originalidade destes filósofos humanistas é escassa, para não dizer nula. A originalidade destes filósofos não deve ser procurada nos sistemas que professam mas na atitude que adoptam perante o homem e a natureza. Os sistemas filosóficos antigos ganham neles um significado novo, que tem de qualificar-se de moderno. A esta atitude

---

O pessimismo luterano

Para os eleitos e para aqueles que estão possuídos pelo Espírito, a predestinação é a mais doce das doutrinas; mas para os sábios mundanos é a mais amarga e a mais dura de todas. A razão pela qual Deus nos salva desta forma é demonstrar que não nos salva pelos nossos méritos mas por uma eleição pura e simples e pela sua vontade imutável. Somos salvos pelo seu amor imutável. Então onde está a nossa justiça? E as nossas boas obras? Onde está a nossa vontade livre? O que é que acontece quando falamos da contingência das coisas?

Lutero, *Sobre os Romanos, VIII, 28.*

O optimismo humanista

Tal como encontras Deus nas coisas, também te encontras a ti próprio nelas, dado que és uma criatura divina. Se podes encontrar o espírito no corpo, a luz nas trevas, o bem no mal, a vida na morte, a eternidade no tempo ou o infinito no finito, lembra-te de que por natureza és espírito incorpóreo, lúcido. bom, imortal e capaz da verdade e estabilidade eternas e do imenso bem, até que atinjas o primeiro céu de cujo cume verás Deus e a ti mesmo em todas as coisas.

M. Ficino, *Do Rapto de Paulo.*

2 A TRADIÇÃO GREGA E O NOVO ANTROPOCENTRISMO NATURALISTA

aludem os termos «antropocentrismo» e «naturalismo» da nossa epígrafe.

A atitude dos filósofos humanistas é radicalmente antropocêntrica. O regresso aos filósofos gregos (à cultura grega em geral) é motivado pelo desejo de encontrar um modelo de humanidade diferente do medieval. No Renascimento aspira-se a um homem novo, liberto da incultura e da mediocridade; daí que o humanismo renascentista se caracterize por:
a) insistência na educação das capacidades naturais humanas, no desenvolvimento da personalidade;
b) a primazia concedida aos valores estéticos;
c) o individualismo.

Em oposição à cultura medieval, que era radicalmente teocêntrica (isto é, considerava Deus como ponto de referência absoluto de todo o real e do homem inclusivé, o Renascimento é antropocêntrico e naturalista.

Referido ao ser humano, naturalismo pode ser definido como a atitude **que acentua os aspectos naturais do homem, esquecendo ou menosprezando a dimensão e o destino sobrenaturais,** tão insistentemente afirmados pelo cristianismo e pelo pensamento medieval. Esta tendência naturalista observa-se, em maior ou menor grau, em todas as correntes filosóficas a que fizemos referência no parágrafo anterior, isto é, não apenas no estoicismo, epicurismo e cepticismo, como no aristotelismo e no platonismo.

a) A interpretação que a corrente aristotélica faz de Aristóteles é claramente naturalista. Pomponazzi não só negava a imortalidade pessoal como extraiu as pertinentes consequências de tal negação, ou seja, que **o homem não tem um destino sobrenatural e que a virtude deve ser praticada por si mesma,** sem esperar recompensa alguma noutra vida. A forma como os aristotélicos renascentistas utilizam a filosofia de Aristóteles é radicalmente distinta da forma como Tomás de Aquino o fizera.

Aliás, o naturalismo dos aristotélicos renascentistas revela-se, além disso, **na tendência para suprimir qualquer sujeição do Universo a Deus:** frisámos já que Cremonino e Zabarella puseram em dúvida a necessidade (afirmada por Aristóteles) de fazer o movimento do Universo depender de Deus. Referido já não ao homem, mas ao Universo em geral, o naturalismo caracteriza-se pela exaltação da natureza, da sua força e valor intrínsecos, que a tornam digna de consideração e de estudo por si mesma, e não apenas como algo criado e cujo estudo fosse simplesmente um meio de elevação ao seu criador.

b) Também na corrente platónica pode observar-se uma notável tendência para o naturalismo. O Renascimento adopta o platonismo de uma forma muito diferente daquela que adoptaram os primeiros pensadores cristãos e Santo Agostinho. É certo que os filósofos platónicos do Renascimento são crentes e insistem (como o fizeram os primeiros pensadores cristãos) nos pontos de coincidência

Carpaccio: Retrato de cavaleiro.

❼ O RENASCIMENTO E A ORIGEM DA IDADE MODERNA

entre o platonismo e o cristianismo. Contudo, a diferença entre uns e outros é notável: em Santo Agostinho, no platonismo cristão antigo e medieval, o elemento fundamental é o cristianismo e a afirmação central é a da existência de uma ordem sobrenatural; ao contrário, **no Renascimento, o elemento mais importante é o platonismo,** com acentuados traços pagãos.

Isso mesmo se torna manifesto nos dois aspectos fundamentais da sua filosofia: 1) por um lado, os platónicos renascentistas vêem na filosofia platónica não só uma filosofia concorde com o cristianismo, mas – para além do cristianismo – como uma espécie de religião natural. (A filosofia moderna ocupar-se-á com insistência, no século XVIII, do tema da religião natural, estritamente racional e sem dogmas; o platonismo renascentista constitui um claro precedente desta ideia); 2) por outro lado, o platonismo renascentista exalta o homem e a dignidade humana. (O tema da dignidade humana é típico dos humanistas do Renascimento e muitos escreveram obras com este título, como é o caso do platónico Pico de Mirândola). Esta exaltação do homem não é facilmente compatível com a antropologia genuinamente cristã. Para o compreender, será conveniente recordar alguns aspectos da concepção cristã do homem.

No capítulo quarto assinalámos que o traço característico da concepção cristã do homem é a sua negação do intelectualismo moral. Para o cristianismo, o pecado não é a ignorância mas a consequência da liberdade do homem e da corrupção original da natureza humana. Esta concepção do homem põe em relevo a liberdade humana, ao mesmo tempo que a coloca em situação difícil: a natureza humana está corrompida e a consequência de tal corrupção é que o homem quase não é livre para fazer o bem, pois necessita da graça, de acordo com a antropologia cristã; mas a eficácia da graça é tal que sob o seu influxo o homem quase não é livre para fazer o mal. Perante esta forma de encarar o problema, somos levados a pensar que a liberdade fica realmente anulada, se o homem não pode agir bem sem a graça nem agir mal com ela. Durante a Idade Média, a partir de Santo Agostinho,

os teólogos (fundamentalmente em virtude da sua profunda religiosidade) procuraram manter um certo equilíbrio, afirmando conjuntamente a existência da liberdade, o estado corrompido da natureza humana e a necessidade da graça.

Este equilíbrio rompe-se no Renascimento. Segundo os humanistas, **o homem é senhor do seu próprio destino e é ele quem, livremente e com autonomia, decide a sua própria conduta.** Num texto significativo de Pico de Mirândola, Deus dirige-se ao homem e diz-lhe: «Segundo a tua própria e livre vontade definirás a tua natureza por ti mesmo (…) terás poder para descer até aos animais ou criaturas inferiores. Terás poder para renascer entre os superiores ou divinos, segundo a sentença do teu intelecto». O homem pode, pois, agir bem por si próprio. Isso implica (pelo menos implicitamente) a negação ou esquecimento das afirmações essenciais do cristianismo: a necessidade da graça e a maldade ou estado corrompido da natureza humana.

O protestantismo adoptou uma atitude diametralmente oposta perante este problema. Sublinhando o carácter corrompido da natureza humana, afirmou que o homem não é livre de fazer o bem, que todas as obras do homem são más, que só a fé e a graça podem salvá-lo.

O humanismo do Renascimento defendeu a tese de que o homem é naturalmente bom, adoptando uma atitude naturalista dificilmente compatível com o cristianismo; a Reforma defendeu a tese de que o homem é naturalmente mau, exagerando uma ideia central da antropologia cristã.

Ambas as teses – a da bondade natural e a da maldade natural do homem – voltarão a aparecer na modernidade relacionadas com o tema da origem e natureza da sociedade: Rousseau perfilhará a tese do optimismo humanista, da bondade natural do homem; Hobbes, ao contrário, tomará como ponto de partida da sua teoria política a tese pessimista da maldade natural do ser humano.

3 O PROBLEMA DA INFINITUDE: CUSA E GIORDANO BRUNO

3.1. Cusa e a nova concepção da natureza

Já antes dissemos que Nicolau de Cusa é cem anos anterior à obra de **Copérnico,** e aproximadamente século e meio à obra científica de **Galileu.** Pelas suas fontes de inspiração – platonismo cristão – e pelo seu teocentrismo, Cusa pode ser considerado um filósofo medieval; no entanto, a sua concepção do Universo permite considerá-lo como um precursor da visão moderna da natureza. Cusa é, pois, um filósofo de transição.

3.1.1. A teologia de Nicolau de Cusa

a) O princípio neoplatónico de unidade e a coincidência de contrários

A ideia central de Cusa é a da coincidência dos contrários *(coincidentia oppositorum).* Esta ideia não é mais do que a expressão do princípio neoplatónico da identidade do múltiplo. Com efeito, os sistemas neoplatónicos (como tivemos ocasião de acentuar ao referirmo-nos a Plotino no capítulo quarto) esforçavam-se por mostrar como a partir da unidade mais absoluta, o Uno, se desprende a multiplicidade do real através de uma escada descendente. Cada um dos momentos ou degraus desta escala representa um momento de dispersão maior relativamente ao degrau superior. Contemplando-se a escada de cima, desde a máxima unidade do real, cada degrau da escada marca sucessivamente uma maior dispersão do real; contemplada de baixo, desde a máxima dispersão da realidade sensível, cada degrau para cima marca um grau maior de unidade e concentração (coincidência) do real. O grau máximo de unidade – no qual a totalidade do real está presente sem pluralidade alguma – corresponde ao princípio primeiro, ao Uno.

Esta ideia neoplatónica, que contempla a totalidade do real como um sistema presidido pela convergência do divergente, é expressa por Cusa por meio de analogias matemáticas. Recorrendo, à sua maneira, ao conceito moderno de limite, Cusa sublinha que **os contrários coincidem no infinito:** se o diâmetro de um círculo se estende até ao infinito, a sua circunferência coincidirá com uma linha recta, será simultaneamente recta e curva, e nela coincidirão os dois contrários.

A coincidência dos contrários ultrapassa a capacidade de compreensão da razão humana. Como resposta a isso, Cusa distingue no conhecimento dois níveis ou faculdades: a razão e o entendimento. A razão rege-se pelo princípio de não-contradição, o que a incapacita para compreender a coincidência dos contrários: com efeito, segundo o princípio de não-contradição nada pode ser e não ser ao mesmo tempo, uma linha não pode ser simultaneamente curva e não curva e, por con-

---

Nicolau de Cusa

Nicolau Chripffs nasceu em Cusa em 1401. Estudou em Heidelberga, onde conheceu o ockhamismo, e posteriormente em Pádua, onde teve ocasião de aprofundar os seus conhecimentos sobre os filósofos gregos. Ordenado sacerdote em 1430, tomou parte activa nas disputas internas da Igreja entre os partidários da supremacia do Concílio e os partidários da supremacia papal. A princípio apoiou aqueles, mas posteriormente veio a conceder aos segundos o seu apoio talvez pensando que a estrutura piramidal da Igreja realizava melhor a concepção platónica do uno e do múltiplo. Interveio também na embaixada à corte imperial grega, com a missão de lograr a união das duas Igrejas. Foi feito cardeal em 1448. Morreu em 1464.

A mais importante das suas obras é o tratado *De docta ignorantia* (1440).

⑦ O RENASCIMENTO E A ORIGEM DA IDADE MODERNA

seguinte, é impossível a pretensa coincidência real dos contrários. Contudo a faculdade suprema não é a razão mas o entendimento, e ao entendimento cabe reunir os contrários que a razão declara incompatíveis.

b) Deus como coincidência de contrários e a teologia negativa

Assim como no neoplatonismo a unidade suprema do múltiplo corresponde a Deus, o Uno, também em Deus, segundo Cusa, se realiza a coincidência dos contrários de um modo absoluto. **Deus concebido como coincidência de contrários** está para além de todas as diferenças e oposições que se verificam nos seres finitos, reunindo-as e unificando-as em si mesmo.

Do ponto de vista do conhecimento humano, o princípio da coincidência dos contrários em Deus equivale a estabelecer que toda a afirmação acerca de Deus (por exemplo, Deus é o máximo) deve ser corrigida pela negação correspondente (no exemplo, Deus não é o máximo, é o mínimo). Isto supõe a aceitação da **teologia negativa,** de origem neoplatónica também, que remonta a Plotino e que Cusa assimilou através do Pseudo-Dionísio.

Em Deus coincidem certamente os contrários, mas de um modo incompreensível para nós. Daí a afirmação de Cusa de que nos movemos na ignorância acerca da natureza divina: ignorância que não deve ser entendida como um estado puramente negativo (o estado de quem não se interrogou sequer sobre a natureza divina e sobre o nosso conhecimento acerca dela), mas como um estado positivo resultante do esforço para conhecer a infinitude divina e do reconhecimento da nossa própria finitude. É uma ignorância douta, culta, instruída. A tal alude o título da obra mais importante de Cusa: *De docta ignorantia (A douta ignorância).*

3.1.2. A cosmologia de Cusa

Para explicar a relação existente entre Deus e o mundo, Cusa recorre frequentemente a fórmulas que poderiam ser interpretadas como expressões de panteísmo, como quando diz que Deus «complica» e «explica» a totalidade do real: tudo se encontra complicado (isto é, reunido, unificado) em Deus, e Deus explica tudo (isto é, tudo procede d' Ele e Ele está em tudo). Todavia, estas expressões e outras similares (que podem encontrar-se também na tradição platónica, especialmente em Escoto Eriúgena) estão suficientemente contra-balançadas por declarações expressas, nas quais Cusa afirma a transcendência divina e rejeita o panteísmo. **Cusa não é, pois, panteísta.**

Ao não identificar o Universo com Deus, Cusa não considera o Universo como infinito absoluto. No entanto, afirma que o Universo é infinito na medida em que não tem limites: o Universo é uno e, portanto, não limita nem é limitado por nenhum outro Universo. Não está encerrado numa circunferência exterior e, por conseguinte, o Universo não tem um centro determinado. Ao carecer de centro e extremos, carece de direcções absolutas. (Segundo a cosmologia aristotélica, acima e abaixo são direcções absolutas: o movimento para cima é o que tem lugar a partir do centro do Universo até ao seu extremo exterior, e o movimento para baixo é o que tem lugar desde o exterior até ao centro;

A unidade infinita

Com efeito, quem é que poderia compreender a unidade infinita que antecede infinitamente as oposições, na qual as coisas, sem composição, estão unidas na simplicidade da unidade, na qual não há o diverso e na qual o homem não difere do leão nem o céu difere da terra, pois nela eles são eles mesmos verdadeiramente e não segundo a sua finitude, mas implicados na própria unidade máxima? Assim, se alguém fosse capaz de compreender ou nomear uma tal unidade, que como unidade é todas as coisas e que sendo o mínimo é o máximo, essa pessoa encontraria o nome de Deus.

N. de Cusa, *De Docta Ignorantia* I, cap. 24

3 O PROBLEMA DA INFINITUDE: CUSA E GIORDANO BRUNO

direita-esquerda, adiante-atrás eram igualmente tidos como absolutos). No Universo, em suma, tudo se move; a Terra não está imóvel no seu centro mas move-se, como os restantes corpos celestes.

> Infinitude do Universo, inexistência de um centro do mesmo, inexistência de direcções absolutas, movimento da Terra: eis outras tantas afirmações em que Cusa se afasta da imagem medieval do Universo antecipando a concepção moderna da natureza.

3.2. Giordano Bruno e a infinitude do Universo

Giordano Bruno é o mais famoso e celebrado dos filósofos renascentistas da natureza, grupo a que pertencem ainda Bernardino Telésio (1509-1588) e Tomás Campanella (1568-1639). Filósofo eclético, na obra de Bruno aprecia-se a influência de elementos tão díspares como: a) o heliocentrismo de Copérnico; b) o atomismo antigo de Demócrito, de Epicuro e de Lucrécio; c) o neoplatonismo; d) os escritos herméticos. (O hermetismo constitui uma tradição do tipo religioso-mágico que exerceu notável influência na religiosidade e na filosofia durante o Império Romano e que voltou a florescer no Renascimento: os escritos herméticos faziam-se remontar a um antigo sábio egípcio, Hermes Trismegisto.) Todas estas influências mostram que o pensamento de Bruno constitui uma síntese peculiar de ciência, filosofia, religião e magia.

3.2.1. A infinitude do Universo

A imagem medieval do Universo, geocêntrico e finito, acomodava-se harmonicamente à concepção cristã, teológica, do real. Segundo esta, o homem é o único ser racional e livre da criação, objecto de uma especial atenção por parte do seu Criador, que não só o cria mas irrompe na história humana, redimindo-o e elevando-o a uma ordem sobrenatural. A distância que separa o Criador da criatura encontra expressão adequada na finitude do Universo; a importância especial do homem, como criatura suprema, encontra expressão igualmente adequada no geocentrismo: a Terra, morada do homem, encontra-se no centro do Universo.

Expusemos já como Nicolau de Cusa abandonou esta imagem medieval do Universo. Bruno, mais audaz e radical do que Cusa, rejeitou esta imagem do cosmos, relegando o homem e a Terra para um lugar insignificante dentro dele. Aceitando o heliocentrismo, Bruno nega que a Terra ocupe o centro do Universo; afirmando a infinitude deste, Bruno afirma que existem inumeráveis sistemas solares como o nosso, que o nosso Sol não passa de mais uma estrela no cosmos infinito. Mais ainda, nada impede que existam seres vivos e seres vivos racionais noutras partes do cosmos. Nem o homem, nem a Terra, sua morada, ocupam qualquer posição de privilégio no Universo.

Giordano Bruno
Personalidade rica e inquietante, nasceu em 1548 em Nola, nas proximidades de Nápoles. Ingressou na Ordem dos Dominicanos, abandonando-a em 1576, depois de ter sido acusado de defender doutrinas heterodoxas. A partir desse momento viajou constantemente pela Europa (Suíça, França, Inglaterra, Alemanha), suscitando a admiração de uns e a indignação de outros. No ano de 1592 regressou imprudentemente a Itália, sendo preso e julgado pela Inquisição. Após sete anos de prisão, foi queimado em Roma a 17 de Fevereiro de 1600.

As suas obras mais importantes são: *De umbris idearum* (1582), *De la causa, princípio de uno* (1584), *De l'infinito, universo e mundi* (1584).

⑦ O RENASCIMENTO E A ORIGEM DA IDADE MODERNA

3.2.2. O Universo como organismo vivo

Bruno foi buscar o heliocentrismo a Copérnico. E embora o próprio Copérnico não aceitasse a infinitude do Universo, o heliocentrismo, como atrás acentuámos, favorecia a ideia de que aquele possui dimensões muito maiores do que as supostas pela teoria geocêntrica. Quanto à ideia de que existem sistemas solares inumeráveis, cada qual possivelmente com seres vivos e racionais, Bruno recebeu-a com toda a certeza do atomismo antigo, através da obra do epicurista Lucrécio. **A imagem do Universo de Bruno não é porém mecanicista, como a do atomismo grego. O seu modelo de natureza não é mecanicista mas vitalista: o Universo é um ser vivo, animado.** O platonismo e a tradição mágica do hermetismo influenciaram com certeza este aspecto do pensamento de Bruno.

3.2.3. O panteísmo

A infinitude do Universo, juntamente com o seu carácter de organismo vivo, levaram Bruno a identificá-lo com Deus. O neoplatonismo situara a alma do Universo, a alma universal, como terceira hipótese ou momento da escada do real. (Do Uno procede o entendimento e deste a alma universal). Giordano Bruno identifica a alma universal como a potência divina, causa eficiente e formal do Universo: eficiente, enquanto força geradora de todos os seres; formal, na medida em que está presente em todos os seres, animando-os e dotando-os de vida. O Universo não é, pois, mais do que uma manifestação do desdobramento de Deus. A concepção do Universo como um sistema auto-suficiente, infinito em extensão e força geradora, é característica do Renascimento. Esta exaltação da natureza é expressa por Bruno através do panteísmo.

Tapeçaria que representa a saída das caravelas de Colombo

Um Universo infinito e vivo
Para achardes as respostas às vossas perguntas deveis primeiro ter em consideração que, sendo o Universo infinito e imóvel, não é necessário encontrar o seu motor; segundo, os mundos nele contidos são infinitos – os continentes, as estrelas e outras espécies de corpos chamados astros – e todos eles se movem mediante um princípio interior que é a sua própria alma, como demonstrámos já, e por isso é inútil procurar o seu motor extrínseco; em terceiro lugar, estes corpos do mundo movem-se na região etérea e não estão mais fixos ou cravados em qualquer corpo do que a Terra, que é um desses corpos; assim, podemos demonstrar que, devido ao interior animal inato, a Terra circunda o próprio centro e o Sol de várias maneiras.
G. Bruno, *Sobre o Universo Infinito e os Mundos, I.*

4 FRANCISCO BACON E O SEU CONCEITO DA CIÊNCIA

4.1. Projecto de ciência e novo método

Apesar de a sua vida e obra entrarem pelo século XVII (a sua obra mais notável, o *Novum Organon,* data de 1620), Francisco Bacon pode ser considerado um filósofo renascentista. Como filósofo da ciência, Bacon é a expressão eloquente do optimismo renascentista, da confiança na capacidade do homem para estender mais e mais o seu domínio sobre a natureza. A ideia central do pensamento de Bacon é que **o homem pode dominar a Natureza e que o instrumento adequado para isso é a ciência.** Esta ideia levou Bacon a opor-se a Aristóteles, no tocante ao conceito de ciência e ao método adequado para o progresso da investigação científica.

4.1.1. Concepção utilitarista da ciência

O aristotelismo considerava a ciência como um tipo de conhecimento teórico cujo fim não é mais do que a contemplação da verdade. Bacon opôs-se a esta concepção aristotélica da ciência, acentuando que esta possui dimensão essencialmente prática.
O fim da ciência não é a contemplação da Natureza mas o seu domínio: «**a natureza** – diz Bacon – **domina-se, obedecendo-lhe**», isto é, conhecendo as leis que regem os fenómenos naturais para, submetendo-se a elas, utilizá-las em benefício próprio. Ao insistir nas possibilidades que a ciência oferece para o domínio da natureza, Bacon partilhava da mentalidade típica do Renascimento, ao mesmo tempo que se fazia eco do progresso técnico alcançado neste período. (No *Novum Organon* faz referência às consequências práticas derivadas da descoberta da imprensa, da bússola e da pólvora, que mudaram radicalmente as possibilidades e perspectivas da literatura, da navegação e da guerra.) Bacon tinha pois consciência do papel fundamental que estava reservado à ciência no progresso futuro da humanidade.

4.1.2. Crítica do método aristotélico

Para Aristóteles e para Bacon o método científico consta de dois momentos, o **indutivo** e o **dedutivo:** o momento indutivo consiste em estabelecer princípios ou leis de carácter geral a partir da observação dos factos; o momento dedutivo consiste em extrair conclusões a partir dos princípios gerais previamente estabelecidos. Na concepção geral do método, Bacon não se afasta basicamente de Aristóteles, embora critique insistentemente o modo como Aristóteles e os aristotélicos o interpretavam e utilizavam.

Bacon critica em primeiro lugar a forma como os aristotélicos praticavam o momento indutivo, sublinhando que a indução aristotélica não é sistemática nem rigorosa: não é sistemática, porque a recolha se faz sem qualquer critério, amontoando apenas casos particulares, sem a preocupação de

---

Contra os aristotélicos: a indução baconiana

Há apenas dois caminhos para procurar e descobrir a verdade. Um parte dos sentidos e dos factos particulares até chegar aos axiomas mais gerais, e é a partir destes princípios e do que acredita ser verdade imutável neles que procede à discussão e à descoberta dos axiomas intermédios (é este o caminho usado hoje). O outro caminho faz sair os axiomas dos sentidos e dos factos particulares e eleva-se contínua e progressivamente até chegar, em última instância, aos princípios mais gerais; este é o caminho verdadeiro, apesar de não estar demonstrado (...).

Ambos os caminhos partem dos sentidos e dos factos particulares até chegar aos princípios mais gerais; no entanto, há uma grande diferença entre eles: enquanto um toca a experiência e os feitos particulares apenas ao de leve, o outro detém-se sistemática e ordenadamente neles; aquele estabelece desde o princípio certas generalidades abstractas e inúteis, ao passo que o outro se eleva gradualmente até àquilo que é realmente mais conhecido na ordem da natureza.

F. Bacon, *Novum Organum.*

⑦ O RENASCIMENTO E A ORIGEM DA IDADE MODERNA

Bacon
Nasceu em Londres em 1561. Estudou Direito em Cambridge, iniciando uma carreira política inicialmente caracterizada pelo êxito e posteriormente pelo insucesso. Aos vinte e três anos ingressou no Parlamento e em 1618 foi nomeado Chanceler. Três anos mais tarde, foi acusado de aceitar subornos, sendo condenado a pagar uma grande soma à prisão na Torre de Londres, além de ser expulso do Parlamento e destituído de seus cargos. Não chegou a pagar a multa e foi libertado após alguns dias de permanência na prisão. A partir desse momento, dedicou o seu tempo e actividade à filosofia e à ciência. Morreu no ano de 1626.
O projecto de Bacon incluía um ambicioso plano de restauração de todos os ramos do saber *(Instauração magna)*, embora a maior parte dos escritos projectados tivesse ficado incompleta. A este projecto pertencem a obra *De dignitate et augmentis scientiarum* (1623) e o *Novum Organum* (1620).

determinar quais são importantes e quais o não são; não é rigorosa, porque os aristotélicos costumam extrair conclusões gerais com excessiva ligeireza a partir de poucos dados, e porque só tomam em consideração os casos favoráveis, sem se preocuparem com analisar os casos e as experiências que sejam contrárias à generalidade enunciada.

Os aristotélicos praticam e entendem de modo insuficiente o momento indutivo da ciência. Além disso, Bacon critica a preponderância que o aristotelismo concede ao momento dedutivo sobre o indutivo, quando verdadeiramente importante é este último. A preponderância concedida pelo aristotelismo à dedução manifesta-se no facto de Aristóteles ter criado e desenvolvido uma lógica da dedução, uma teoria do silogismo dedutivo; a insuficiência da indução aristotélica manifesta-se no facto de Aristóteles não ter desenvolvido uma lógica da indução, um sistema de regras para o raciocínio indutivo.

O objectivo fundamental de Bacon é formular uma lógica da indução. O próprio título da sua obra mais significativa sobre o assunto, *Novum Organum*, exprime tal exigência: ante o **organon**, aristotélico (o conjunto das obras lógicas de Aristóteles era conhecido com o título de *Organon*, «*instrumento*»), Bacon pretende um *organum*, um instrumento novo.

4.2. As fontes dos erros humanos

Se a nova lógica da indução (à qual nos referiremos na próxima secção) deve proporcionar o caminho positivo pelo qual deverá transitar o labor científico, antes de o empreender torna-se necessário eliminar os preconceitos que impossibilitam ao homem um conhecimento objectivo da natureza. O entendimento humano encontra-se habitualmente ofuscado por preconceitos e erros. Bacon chama ídolos às fontes gerais dos nossos erros e distingue quatro tipos fundamentais:

a) Ídolos da tribo. São todas as inclinações, comuns à humanidade em geral, que nos impelem a interpretar erradamente a natureza. Daí a tendência que existe em todo o homem para facilmente aceitar como verdadeiras as hipóteses e explicações que estão mais de acordo com as suas inclinações, desejos, etc.; a inclinação natural para passar por alto ou pôr de parte os factos que contradizem as teorias pessoais; a tendência para interpretar antropomorficamente a natureza, etc.

b) Ídolos da caverna. São os erros que procedem, não de disposições gerais e comuns a todos os homens, mas de disposições individuais resultantes do carácter pessoal e da educação recebida, das convicções e hábitos individuais, etc. («Cada

4 FRANCISCO BACON E O SEU CONCEITO DA CIÊNCIA

homem» – diz Bacon – «possui uma caverna pessoal que distorce e ofusca luz da natureza»).

c) Ídolos da praça pública. São os erros que provêm «do comércio e associação dos homen entre si. Os homens, efectivamente, comunicam entre si pela linguagem». Trata-se daqueles erros provenientes do próprio uso da linguagem, pois o significado das palavras é frequentemente impreciso. A língua comum condiciona a nossa interpretação das coisas.

d) Ídolos do teatro. Incluem-se neste capítulo os erros provenientes da aceitação das opiniões dos filósofos antigos, cuja autoridade se acata acriticamente, unicamente baseados no prestígio que socialmente se lhes reconhece.

São estes, no entender de Bacon, os quatro tipos mais gerais de preconceitos que impedem um estudo objectivo da natureza, obstruindo o autêntico progresso da ciência. Não podemos deixar de reconhecer neste ponto a lucidez de Bacon. Talvez exageradamente, Condillac formulava uma verdade ao afirmar que ninguém melhor do que Bacon conheceu as causas do erro humano.

4.3. A lógica da indução

Para poder construir a ciência, não é suficiente evitar os erros que continuamente espreitam o entendimento humano; é necessário, ainda, contar com um método sistemático e rigoroso, com uma lógica da indução.

O objectivo da ciência (ao serviço do domínio da natureza) é, segundo Bacon, o conhecimento das formas. O conceito baconiano de forma difere do aristotélico. Bacon fala da forma do calor, do peso, da ductilidade, da densidade, etc. Ao cientista interessa conhecer em que consistem estas propriedades físicas, qual é a sua essência, qual a sua forma, em expressão baconiana. Daí que por vezes entenda as formas como leis: «quando falo de formas refiro-me apenas àquelas leis e determinações de actualidade absoluta que governam e constituem qualquer natureza simples – como calor, leveza, peso – em qualquer matéria e sujeito em que possam dar-se. Assim, a forma do calor ou a forma da leveza não é outra coisa senão a lei do calor e a lei da leveza» (*Novum Organum*, 11, aforismo XVII). É óbvio que o conhecimento da lei ou forma

---

Contra a tradição: os ídolos do teatro

Em suma, há ídolos que se alojaram no espírito dos homens a partir de diversos dogmas filosóficos e de regras incorrectas de demonstração; chamo-lhes ídolos do teatro, porque creio que todos os sistemas filosóficos inventados e propagados até hoje são outras tantas comédias compostas e representadas contendo mundos fictícios e teatrais. E não estou a falar apenas dos sistemas hoje em voga nem dos sistemas e seitas antigos, pois é possível copiar o estilo e compor fábulas em grande número, na medida em que erros diferentes podem provir, no entanto, de causas quase comuns. Por outro lado, não me refiro apenas a sistemas universais mas também a numerosos princípios e axiomas das ciências que chegaram a prevalecer graças à tradição, à credulidade e à negligência (…).

F. Bacon, *Novum Organum*

destas propriedades físicas, destas naturezas, permitirá produzi-las nos corpos, proporcionando deste modo um instrumento de domínio e transformação da natureza.

Mas como descobrir estas formas ou leis? Como evitar o erro no momento de determiná-las? Bacon propõe que as observações realizadas para a sua determinação se registem em três tábuas: de presença, de ausência e de graus. Na **tábua de presença** registar-se-ão cuidadosamente os casos em que aparece a propriedade (o calor, por exemplo) cuja forma se procura; na **tábua de ausência** anotar-se-ão os casos em que tal propriedade não aparece; na **tábua de graus,** finalmente, registar-se-ão os casos em que tal propriedade mostre variações de intensidade. A simples comparação entre as três tábuas possibilitará o conhecimento da lei ou forma da propriedade que se investiga (no exemplo, que a lei ou forma do calor é o movimento rápido de pequenas partículas no interior de um corpo). A estas tábuas acrescenta Bacon outras regras que possibilitarão assegurar a eficácia e validade da indução.

Lucas Cranach, o Velho: Calvário (fragmento).

4.4. Importância do pensamento de Bacon

A figura de Bacon foi julgada de modos muito díspares pelos historiadores da ciência e da filosofia. Afirma-se muitas vezes que o seu contributo para a ciência e para o método científico é escasso ou nulo. De facto, a concepção baconiana da ciência apresenta insuficiências dignas de reparo se a compararmos com os avanços científicos e metodológicos conseguidos na sua época. Bacon ignorou o mais importante do que se estava realizando diante dos seus olhos no terreno científico: por exemplo, não tomou em consideração os trabalhos de Galileu, Kepler e Ticho Brahe; ignorou a importância que as matemáticas possuem na formulação de leis e teorias científicas; ignorou, finalmente, o papel que a imaginação criadora desempenha na formulação de hipóteses. Efectivamente, o método que a ciência utilizou e continua a utilizar não é o proposto por Bacon (amontoamento de dados e manejo dos mesmos por meio de tábuas), mas o que foi desenvolvido por Galileu (formulações de hipótese, dedução, experimentação). Por tudo isso, afirmávamos mais acima que Bacon se move ainda dentro de uma concepção aristotélica da ciência.

No entanto, não se pode negar a Bacon o mérito indiscutível como crítico dos preconceitos que impedem o progresso científico, como profeta que vislumbrou que o domínio do homem sobre a natureza viria da mão da ciência, como primeiro impulsionador da ideia de que esta deveria desenvolver-se através do trabalho em colaboração e através de uma investigação comum e planificada.

8 KEPLER E GALILEU: A LUTA PELO MÉTODO EXPERIMENTAL

INTRODUÇÃO

No capítulo anterior mostrámos como das três forças culturais do período renascentista – o humanismo, a reforma e o progresso científico – foi o último aquele que constituiu o factor mais poderoso de transformação da cultura e do pensamento europeus.

Neste capítulos ocupar-nos-emos da transformação científica que teve lugar na primeira metade do século XVII, sobretudo graças à obra de **Kepler** e **Galileu**. Esta revolução científica teve o seu espectacular campo de batalha no âmbito da astronomia, ao eliminar a concepção geocêntrica do Universo e substituindo-a pelo heliocentrismo. Juntamente com a astronomia, a nova ciência destruiu os fundamentos e os princípios básicos da física de Aristóteles: finitude do Universo, heterogeneidade das substâncias terrenas e das celestes (incorruptíveis e inalteráveis), interpretação finalista do movimento, uniformidade e circularidade do movimento dos corpos celestes, distinção entre movimentos naturais e movimentos violentos ou antinaturais, etc. **O resultado foi a destruição definitiva da imagem aristotélica do Universo.**

Para esta transformação científica, cujo primeiro protagonista foi **Copérnico,** ainda no século XVI, contribuíram a tradição e o conhecimento dos científicos gregos, promovendo uma atitude platónico--pitagórica perante a realidade: a estrutura matemática do real. A configuração da nova ciência e a primazia concedida às matemáticas na interpretação do Universo determinaram, por conseguinte, **uma nova interpretação da razão e um novo método científico.**

Este capítulo está estruturado da seguinte maneira:
1. A astronomia pré-copernicana.
2. Realismo e matemática: Copérnico.
3. Kepler: a procura da pura racionalidade.
4. Galileu e o método experimental.
5. Método resolutivo-compositivo.

1 A ASTRONOMIA PRÉ-COPERNICANA

Talvez nada tenha sido tão decisivo para a configuração do pensamento moderno como o nascimento da física matemática. Mas esse nascimento só se conseguiu através de uma contínua luta contra o gigantesco edifício da física aristotélica, profundamente modificado contudo no decurso da Idade Média.

E tais mudanças não podiam deixar de produzir-se, pois se o sistema aristotélico se mostrava fecundo – graças à obra de Tomás de Aquino – para a cimentação teórica da teologia, só dificilmente podia ajustar-se às exigências da astronomia — ciência paradoxalmente tanto mais utilizável na práxis comercial (pense-se na navegação) quanto mais puramente alcançável pela razão.

Embora posteriormente voltemos ao assunto, vamos indicar aqui as três grandes exigências da cosmologia aristotélica: geocentrismo, esferas concêntricas e cristalinas em volta da estável Terra, e movimento uniforme de tais orbes celestes. Para explicar os dias e as noites Aristóteles recorre ao *primus movens*, («primeiro motor»), espécie de alma do mundo por sua vez movida pelo motor imóvel: Deus.

Esta harmonia, expressão das hipóteses de base da ciência grega — finitude do cosmos, uniformidade e circularidade como movimento perfeito (o mais aproximado da imutabilidade de Deus) —, encontrava-se contudo perturbada desde o princípio por dois fenómenos: **cometas** e **planetas.**

Relativamente aos primeiros a solução proposta era convincente dada a ausência de instrumentos de precisão: tratar-se-ia de «meteoros», isto é, de fenómenos produzidos na região sublunar por fricção das capas de ar e fogo que rodeavam a Terra. Mas os planetas não foram tão fáceis de dominar. Com efeito, exceptuando o Sol e a Lua, de movimento regular, algumas «estrelas» variavam periodicamente de intensidade luminosa e outras (especialmente Vénus e Marte) pareciam comprazer-se em pôr à prova a paciência do astrónomo, aparecendo, quer em posições opostas, quer caminhando para trás, em movimento retrógrado. Por isso se lhes chamou «planetas» (em grego: vagabundo, errante).

1.1. Realismo e positivismo na astronomia

Como adequar a profunda exigência de harmonia e equilíbrio com estes movimentos aparentemente arbitrários? A solução passa por uma decisão radical sobre o objecto e alcance da ciência. Ou a ciência tem como missão exprimir de forma rigorosa e racional o que acontece na natureza (**realismo**) ou deve limitar-se a salvar os fenómenos, dando conta das aparências, traduzindo para a linguagem da razão o aparente, sem se preocupar com a relação entre o que «se vê» e o que na verdade «é» (**positivismo**).

Este convencionalismo positivista pode, por seu turno, deixar para um saber superior a tarefa de averiguar o que é, ou limitar-se a um puro fenomenismo que se nega a ir mais além do que é dado. Na ciência natural, a primeira posição é assumida por **Platão:** o mundo material – diz – copia no possível a perfeição das ideias; por isso, não pode pedir-se ao estudo material mais do que um «conto verosímil» (*Timeu*). A segunda posição corresponde ao positivismo de **Mach** e **Avenarius** do século dezanove.

Assim, **o pano de fundo teórico de Platão e as exigências práticas de medição do céu para a navegação configuram o nascimento positivista da astronomia** (após os infrutíferos esforços realistas de **Eudóxio**).

Duas hipóteses podiam, evidentemente, salvar os fenómenos: a heliocêntrica e a geocêntrica. A primeira foi proposta por **Aristarco de Samos** (século III a.C.): o Sol seria o centro do cosmos; a superfície exterior, o mundo das estrelas fixas; e o interior seria formado por sete órbitas concêntricas (Mercúrio, Lua, Terra, Marte, Vénus, Júpiter e Saturno), de diferentes velocidades e dimensões. Parece que pensava também numa rotação diária da Terra sobre o seu eixo Norte-Sul. Deste modo se podia explicar por que variavam os planetas de brilho e de trajectória ao serem vistos da Terra.

No entanto, o esquema não vingou. Efectivamente, ao explicar os fenómenos celestes, opunha-se brutalmente tanto à física como ao «senso comum» do

1 A ASTRONOMIA PRÉ-COPERNICANA

seu tempo. Nada, com efeito, é mais sensível do que a estabilidade e a imobilidade da Terra. Por outro lado, há ainda objecções do ponto de vista científico: crê-se que Aristarco não acompanhou a sua hipótese com os cálculos e medições indispensáveis. Mas há uma objecção ainda mais séria: se a Terra se move em torno do Sol, então estará às vezes mais próxima de uma determinada região do zodíaco (e as estrelas estarão mais brilhantes) e outras vezes mais afastada. Tanto o brilho como a direcção em que aparecem as estrelas de referência deverão variar (é o fenómeno hoje denominado paralaxe anual das estrelas).

Mas, segundo o que então podia apreciar-se, as estrelas estavam fixas e brilhavam sempre de forma igual. Em consequência, ou as estrelas devem estar a uma distância imensa em relação à órbita terrestre, ou o sistema de Aristarco não é válido. É natural que se seguisse a segunda opção: até ao século XVII, os astrónomos não puderam medir ângulos inferiores a meio grau; **Bessel** descobriu em 1838, pela primeira vez, que a estrela mais próxima mostra uma paralaxe de um segundo de arco.

Por que razão os antigos pensavam que a Terra estava imóvel no meio do mundo como se fosse o seu centro

(16) Foi por essas e outras razões que os filósofos antigos tentaram demonstrar à força que a Terra era o centro do mundo, alegando como causa principal a gravidade e a leveza. Com efeito, a terra é o elemento mais pesado e atrai todas as coisas pesadas, que se precipitam para o seu interior. Ora, sendo a terra redonda (e porque, por virtude da sua natureza, atrai os corpos pesados de todos os lados e perpendicularmente à sua superfície), essas coisas encontrar-se-iam no seu centro se não fossem retidas na sua superfície, dado que uma linha recta cai perpendicularmente à superfície tangencial da esfera e passa pelo centro. Deste modo, parece que as coisas são atraídas para o centro e aí permanecem. E assim, em última instância, a Terra estaria em repouso no centro e permaneceria imóvel devido ao peso das coisas que atrai a si.

(26) Também tentaram prová-lo servindo-se de um raciocínio baseado na natureza do movimento. Com efeito, Aristóteles afirma que é simples o movimento de um corpo uno e simples; mas dentro dos movimentos há um que é circular e outro rectilíneo, e mesmo nestes há os que são para cima e outros para baixo. Por conseguinte, o movimento simples dirige-se para o centro (para baixo), do centro (para cima) ou à volta do centro (circular). Sendo elementos mais pesados, a terra e a água são arrastadas para baixo (para o centro), ao passo que o ar e o fogo, como mais leves, são arrastados para cima e por isso afastam-se do centro. Deste modo, será conveniente atribuir um movimento rectilíneo a estes quatro elementos; por sua vez, aos corpos celestes será atribuído um movimento à volta do centro. É o que Aristóteles diz.

(36) Mas Ptolomeu de Alexandria afirma que sucederia o contrário se a Terra girasse, pelo menos uma revolução por dia. Na verdade, esse movimento seria muito violento e excessivamente rápido, já que daria a volta à Terra em 24 horas e assim nunca permitiria a união das coisas mas a sua dispersão, a menos que alguma força as mantivesse unidas. Também referiu que, assim dispersa, a Terra teria há muito passado para além dos próprios céus (o que é perfeitamente ridículo); e além do mais, todos os seres animados e coisas soltas nunca permaneceriam estáveis. Aliás, as coisas nunca se dirigiriam para o lugar destinado, mesmo que caíssem em linha perpendicular, dado que entretanto esse lugar se teria deslocado devido a essa vertiginosa rapidez. Se assim fosse, também verificaríamos que as nuvens e tudo o que flutua no ar era sempre arrastado para o acaso (ocidente).

Copérnico, *Das Revoluções dos Corpos Celestes*

⑧ KEPLER E GALILEU: A LUTA PELO MÉTODO EXPERIMENTAL

1.2. O modelo ptolomaico

Optou-se, portanto, pela hipótese geocêntrica. Primeiro **Hiparco** e mais tarde (século II a.C.) **Cláudio Ptolomeu** de Alexandria, propuseram um sistema que se imporia durante dezassete séculos, e tão valido e preciso que os árabes o denominariam «o maior» *(almagesto,* corrupção do grego *mégistos:* «o maior»).

Ptolomeu afirma explicitamente que o seu sistema não pretende descobrir a realidade: é apenas um meio de cálculo. **É lógico que adoptasse o esquema positivista, pois o almagesto opõe-se flagrantemente à física aristotélica.**

Em primeiro lugar, as órbitas são levemente **excêntricas**. Só assim podia explicar-se a diferença de brilho dos planetas e o facto de o Sol ao meio-dia parecer maior no Inverno do que no Verão. Mas, então, a Terra não é o verdadeiro centro do cosmos.

Em segundo lugar, a órbita do planeta (**P**) não gira em volta do ponto excêntrico (**O**) à terra (**T**), mas descreve um círculo (**epiciclo**) em torno de um ponto imaginário (**D**), por sua vez gera uma nova circunferência (**deferente**) em volta do ponto excêntrico:

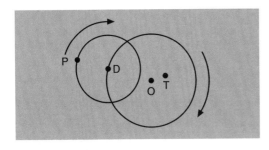

Este artifício permite explicar os movimentos retrógrados (é fácil ver que a resultante é um movimento «em caracol»), mas então os planetas não giram em volta da Terra. Houve também necessidade de introduzir outra modificação em alguns casos. A ciência grega postulava a uniformidade dos movimentos circulares. Mas os planetas parecem andar por vezes mais depressa. Por isso, houve necessidade de fingir um **equanto**, isto é, um ponto excêntrico ao círculo. O ponto **D** gira uniformemente em volta do **equanto O** mas, em consequência, não o faz em volta de **E**.

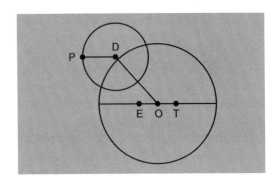

Não é de estranhar que Afonso X, perante o sistema ptolomaico, tivesse comentado que se Deus lhe tivesse pedido conselho para fazer o mundo o resultado não teria sido tão complicado.

No entanto, o modelo manteve-se porque:

1. continuava a aceitar a ideia de uma Terra quieta e mais ou menos no centro;

2. utilizava exclusivamente movimentos circulares e uniformes;

3. servia para predizer as alterações celestes com bastante precisão;

4. era flexível: permitia correcções (novos círculos e equantos) à medida que aumentava a precisão das observações.

Foi o quarto ponto o responsável pela derrocada do sistema; se Aristóteles necessitava de 55 esferas para explicar o «sistema terrestre», no século XV utilizavam-se mais de 80 movimentos simultâneos para explicar os sete corpos celestes. Já no século XIV Nicolau de Oresme postulara a rotação da Terra a fim de simplificar o complicado artefacto. Posteriormente, o infinitismo de Nicolau de Cusa prepararia o terreno para refutar a grande objecção contra o heliocentrismo: a ausência de paralaxe. Mas o grande destruidor, como é sabido, seria um clérigo polaco: **Nicolau Copérnico** (1473-1543).

2 REALISMO E MATEMÁTICA: COPÉRNICO

Copérnico recebeu no seu leito de morte as provas do primeiro livro da modernidade: *Das Revoluções dos Corpos Celestes*. Não pôde, pois, ler o prólogo que o editor **Andreas Osiander,** escreveu para a sua obra. Neste prólogo, Osiander pretende apresentar o *De Revolutionibus* como um novo esquema positivista, um conjunto de hipóteses matemáticas que nada tinham a ver com a realidade. Como tal foi aceite e utilizado por Erasmo Reinhold para confeccionar as *Tábuas Prussianas* (1551) e para reformar o calendário (Gregório XIII, 1582). **No entanto, a leitura da obra sugere fortemente que Copérnico pretendia fazer valer o seu modelo como real.** Por exemplo, diz:

«E assim, supondo os movimentos que nesta obra atribuo à Terra, encontrei por fim, após longas e cuidadosas investigações, que quando os movimentos dos outros planetas são referidos à circulação da Terra e computados para a revolução de cada estrela, não só os fenómenos se seguem necessariamente daí, mas também a ordem e a magnitude das estrelas e todos os seus corpos e o próprio céu estão tão interligados que nada pode mudar-se em parte alguma sem confusão do resto e de todo o Universo inteiro.»

Para Copérnico, a rotação da Terra sobre o seu eixo e a translação anual em torno do Sol eram factos físicos e não artifícios matemáticos. Aliás, qualquer astrónomo podia verificar que as constantes de epiciclos e deferentes usadas por Ptolomeu para Mercúrio e Vénus estavam invertidas relativamente às dos outros planetas: prova de que estes estavam mais próximos do Sol do que a Terra.

2.1. A beleza do simples

Havia outras razões para a mudança de centro: Copérnico necessitava apenas de 34 círculos, contra os 80 ptolomaicos. Epiciclos e deferentes continuavam a ser usados, mas evitava-se o «escândalo» dos equantos fazendo com que as órbitas em volta do Sol descrevessem círculos com movimento uniforme. É esta procura do simples e harmónico – a restauração da harmonia celeste – que guia o pensamento de Copérnico. Paradoxalmente, o pioneiro da modernidade tenta com todas as suas forças voltar à pureza grega: o movimento uniforme e circular é o único «natural», o único perfeito – a imagem da própria divindade. Se a causa é eterna e imutável, as esferas celestes devem imitar o seu movimento. Porque «a sabedoria da natureza é tal que não produz nada de supérfluo e inútil».

Copérnico observa dois mundos. Se por um lado regressa a Platão, vendo nas matemáticas a harmonia do Universo, onde tudo está sopesado e equilibrado, por outro eleva o mundo sublunar à categoria celeste, aproximando assim os dois mundos: Terra e céu, tão cuidadosamente diferenciados no pensamento

Copérnico

Nasce em Torun (Polónia) em 1473; de origem germânica, seu tio, bispo de Warmia, facilitou-lhe os estudos em Cracóvia e depois em Itália, assim como uma sinecura em Frombork (Frauenburg), onde faleceu em 1543. Permaneceu sempre fiel à Igreja Católica, sendo atacado por Lutero e Melanchton. Como bom sábio renascentista, realizou estudos sobre medicina, geografia (mapa da Pomerânia) e economia (cunhagem de moeda). Já em 1507, fez um esboço da sua teoria heliocêntrica (*Commentariolus*). Pôde ver as provas de a sua obra, *Das Revoluções dos Corpos Celestes*, no leito de morte. Dele se disse: «De grande inteligência não só nas matemáticas, mas também nas questões físicas e em todas as demais». Mas talvez emocione mais saber que foi: «Administrador dos bens episcopais e de vida incólume».

❽ KEPLER E GALILEU: A LUTA PELO MÉTODO EXPERIMENTAL

grego. Também a Terra, sua descrição e movimentos estão a partir de agora submetidos às matemáticas. Esta profunda mudança, esta unificação (pela primeira vez, pode falar-se de universo) tem claras raízes cristãs. O mundo criado por Deus não admite distinções nem escalas; tudo é valioso nele. O Universo é um mecanismo transparente à matemática e «fundado pelo melhor e mais regular artífice».

Uma consequência desta cristianização platonizante é a devolução do centro do sistema ao Sol, imagem mesma de Deus: «Mas, no meio de tudo, está o Sol. Porque, neste templo formosíssimo, quem poderia colocar esta lâmpada em outro ou melhor lugar do que esse, de onde pode ao mesmo tempo iluminar o conjunto? Alguns, e não sem razão, chamam-lhe a luz do mundo; outros, a alma ou governante. Trismegisto chama-lhe o Deus visível, e Sófocles, na sua *Electra,* o que tudo vê. Assim, na realidade, o Sol, sentado no trono real, dirige a ronda da família dos astros.»

Voltaremos a encontrar esta heliolatria, mais acentuada se possível, em **Kepler.**

2.2. O projecto matemático

São também significativas as respostas que Copérnico dá às possíveis objecções ao seu sistema. Assim, à objecção de mudança de centro, Copérnico opõe o seu platonismo contra Aristóteles (também nisto seguia Oresme e Cusa): a gravidade é um fenómeno local produzido pela tendência da matéria para formar massas esféricas. Daí se segue que a esfera é o corpo mais perfeito: o que «merece» ocupar o centro. Mas o Sol é a esfera maior e mais perfeita; logo, deve ocupar a posição central. Também foi contestada a objecção de falta de paralaxe de um modo que hoje sabemos correcto, mas que para a época não deixava de ser um uma simples hipótese:

«O tamanho do mundo é tal que a distância da Terra ao Sol, embora apreciável em comparação com as órbitas de outros planetas, é como nada quando se compara com a esfera das estrelas fixas».

Por último, e segundo Aristóteles, a cada corpo elementar (os astros) corresponde um só movimento natural. Copérnico propunha três para a

---

A revolução copernicana

Mas deixemos para os fólosofos a discussão de saber se o mundo é finito ou infinito. De qualquer modo, sabemos que a Terra é delimitada nos seus pólos por uma superfície esférica. Em vez de estarmos a abalar o mundo inteiro, cujos limites ignoramos e que nem sequer podemos conhecer, por que razão hesitamos nós ainda em atribuir-lhe uma mobilidade de acordo com a sua natureza e forma? E por que razão não admitimos também que esta revolução diária é uma certeza na Terra e uma aparência no céu? Aliás, isto está até de acordo com o que Eneias (de Virgílio) disse: Ao sairmos de um porto, as terras e cidades retrocedem.

Com efeito, quando um navio flutua calmamente sobre as águas, os marinheiros (por obra do seu próprio movimento) crêem que todas as coisas se afastam deles, ao mesmo tempo que pensam que eles próprios

e as coisas perto de si estão imóveis. Ora, o mesmo se passa com o movimento da Terra, pois parece-nos que o mundo gira à volta dela (…).

Na verdade, parece-me bastante absurdo atribuir o movimento ao continente ou localizante e não ao conteúdo ou localizado que é a Terra. Finalmente, e sendo manifesto que os planetas se aproximam e afastam da Terra, será sempre centrípeta e centrífugo o movimento de um único corpo à volta do centro (que muitos querem que seja o centro da Terra). Deste modo, devemos conceber mais genericamente o movimento à volta do centro (circular) e que cada movimento se reporta sempre ao seu centro. Por estas razões, o movimento da Terra é mais provável do que a sua imobilidade, sobretudo no que diz respeito à revolução diária, que é própria da Terra.

Copérnico, *Das Revoluções dos Corpos Celestes.*

2 REALISMO E MATEMÁTICA: COPÉRNICO

Terra: rotação, translação e «libração» (um possível movimento de oscilação sobre a eclíptica, para explicar a precisão dos equinócios. Cálculos mais exactos permitiram a **Tycho Brahe** excluir este movimento). Mas Copérnico não podia explicar esta proliferação de movimentos diferentes, prisioneiro ainda dos seus intentos de conciliação com a Antiguidade.

Temos então de perguntar-nos como pôde o sistema copernicano triunfar com respostas tão pouco satisfatórias como estas. Em primeiro lugar, a simplicidade e harmonia, que se deviam ao facto de fornecer uma explicação unificada de movimentos muito diversos, mas que no entanto não era mais simples só pelo facto de precisar de menos e de mais simples cálculos matemáticos. A sua crença nas librações submetia o sistema solar a uma dança trepidante, na verdade pouco harmónica. O cálculo de Marte estava felizmente mal estabelecido (felizmente porque, por um lado, a escassa viabilidade das observações possibilitou a consecução do sistema copernicano aceitando a margem de erro então comprovado; por outro, porque a correcção do erro orbital levaria Kepler, como veremos, a descobrir as suas famosas leis). Para cúmulo, também não havia aqui um verdadeiro centro. Apesar de todos os louvores ao Sol, as órbitas eram levemente excêntricas (sempre podia desculpar-se platonicamente tal excentricidade aduzindo a imperfeição da matéria).

As vantagens do copernicanismo eram em princípio de ordem técnica:
1. permitia a passagem directa das observações aos parâmetros teóricos;
2. estabelecia um critério para calcular as posições e distâncias relativas dos planetas;
3. sugeria a solução correcta para o problema da medição da latitude.

Mas nada disto explica o empenho heróico que homens como **Kepler** e **Galileu** poriam em defender a «revolução copernicana». É lícito suspeitar que a razão profunda deste empenho se deveu a razões metafísicas de tipo platonizante: o harmónico e matematicamente simples não é só o mais belo mas também o único verdadeiro. A razão humana assemelha-se de algum modo à divina quando contempla o cosmos como um mecanismo perfeitamente regulado. Quando Copérnico rompeu o dualismo grego céu-terra, fê-lo para elevar o mundo sublunar à categoria celeste, e não o inverso (como faria certamente **Newton**). Em última instância, **algo é verdadeiro se, e somente se, se deixa reduzir ao esquema prévio do projecto matemático.** Precisamente por aqui viria a genial modificação kepleriana. O sistema de Copérnico mostrava efectivamente dois pontos obscuros, inadmissíveis para um platónico consequente: a imprecisão da órbita marciana e a (pequena) excentricidade do Sol.

Em 1572 e 1577 apareceram duas novas «estrelas» no céu (na realidade, cometas). O aperfeiçoamento nos métodos de observação astronómica permitiu determinar a sua posição: encontravam-se sem dúvida para além da órbita sublunar. O imaculado e divino céu aristotélico desintegrava-se, e até o carácter concluso da criação (terminada no sétimo dia) era posto em causa face a algo que era já um

Holbein o Jovem: Retrato do astrónomo Nikolaus Kratzer (detalhe).

3 KEPLER: PROCURA DA PURA RACIONALIDADE

facto e não uma teoria mais ou menos estetizante como a de Copérnico.

O último quartel do século XVI apresenta-se-nos por isso como uma frenética ebulição de ideias, onde as contínuas descobertas da fragilidade do sistema aristotélico-ptolomaico se unem às contínuas hipóteses para tentar modificar a grande estrutura mas sem a destruir por completo.

3.1. Tentativas de conciliação

Assim, o grande astrónomo **Tycho Brahe** (1546--1601) rejeita as esferas cristalinas que sustentariam os planetas e sugere um novo sistema cósmico (1588), conciliador entre Copérnico e Ptolomeu: a Lua, o Sol e a esfera das estrelas fixas girariam em volta da Terra, enquanto os cinco planetas o fariam em volta do Sol. O sistema – imediatamente adoptado pelos eruditos da Companhia de Jesus – era geometricamente equivalente ao copernicano, com a vantagem de evitar os equantos e com uma maior exactidão nas observações (de facto, Tycho Brahe é considerado o astrónomo que maior soma de dados e observações conseguiu antes da descoberta do telescópio). Sobretudo, o novo sistema não afectava em nada a ordem tão afanosamente estabelecida ao longo dos séculos.

Giordano Bruno (1548-1600), pelo contrário, levaria às últimas consequências a revolução copernicana. A rejeição absoluta das orbes cristalinas leva-o a imaginar uma infinidade de mundos simultaneamente existentes, nos quais planetas e estrelas girariam na imensidade de um espaço vazio e infinito. Por causa disso e pelas implicações teológicas audazes – e heréticas — que extraiu da infinidade dos mundos e do espaço foi empalado e queimado pela Inquisição romana em 1600.

Por sua vez o astrónomo **Michael Mästlin** (1550-1631) estudou cuidadosamente a órbita do cometa de 1577, declarando que só o sistema copernicano podia explicar a sua presença, embora insistisse nas muitas inexactidões cometidas pelo sinecurista polaco. **Pedia-se, pois, na época um maior rigor e precisão nos dados astronómicos e uma teoria** que, com a base na copernicana, conseguisse conjugar harmonicamente as novas descobertas e as exigências da razão matematizante, de raiz platónica. O homem que logrou levar a cabo tal empresa foi, significativamente, discípulo e assistente de Mästlin e de Tycho Brahe, assentando a astronomia moderna em bases sólidas. O seu nome é **Johannes Kepler** (1571-1630).

3.2. A obscura física e a clara matemática

Kepler não era somente um minucioso observador tal como o seu mestre Brahe; era também um grande matemático e sobretudo um fervoroso místico que acreditava na magia dos números e na harmonia musical das esferas. Assim, a paixão obsessiva pela exactidão matemática era nele reforçada pela crença num Universo perfeito, criado e regido por um Deus matemático. Outro elemento influiria decisivamente na sua formação: **William Gilbert** (1540-1603) publicara o seu *De Magnete* em 1600. Nesta obra – a base dos estudos sobre o magnetismo – entendia-se a Terra como um gigantesco íman: a gravidade mais não seria do que uma forma de atracção magnética. Considerem-se as implicações astronómicas que esta teoria iria ter na mente de Kepler. A destruição das esferas cristalinas carecia de uma explicação acerca da razão por que estrelas e planetas não se dispersavam nos espaços infinitos. «Algo» devia conservá-los nas suas órbitas. Transpondo o magnetismo terrestre para o Sol, não seria essa força que explicaria o sistema? Kepler estava deste modo a aproximar-se da teoria newtoniana. No entanto, a sua obsessão pela precisão matemática impediu-o de chegar a tal resultado, ao observar ligeiras variações na órbita lunar. «Abandono» – diria numa famosa carta – «as obscuridades da física para me refugiar nas claridades da matemática».

Nestas claridades, com efeito, não tinha rival. A sua primeira grande obra, o *Mysterium cosmographicum* (1596), mostra-nos Kepler entregue a especulações dignas do demiurgo platónico. O problema fundamental seria: como relacionar a distribuição espacial das órbitas com os movimentos dos elementos do sistema solar? A solução kepleriana seria a de relacionar as diferentes órbitas com

3 KEPLER: PROCURA DA PURA RACIONALIDADE

Johannes Kepler
Nasce em Weil em 1575 e morre em Ratisbona em 1630. A sua vida apresenta uma tal quantidade de desgraças e atribulações que não pode evitar-se a suspeita de que o  grande astrónomo se refugiou nos céus para fugir da terra, sendo as suas matemáticas, por sua vez, um exorcismo e uma droga contra a loucura. Uma mãe que acaba por morrer no cárcere acusada de bruxaria e que só se salva da fogueira graças à intervenção de seu famoso filho, uma mulher que morre louca por se ter azedado o seu mau carácter, uma segunda que lhe dá sete filhos que morrem todos antes do pai, e uma vida cheia de perseguições – os católicos querem matá-lo por ser protestante, os protestantes por ter vivido entre os católicos – todos estes infortúnios configuram uma moderna história de Job, só aliviada pelos dois grandes sucessos: o acesso aos dados e instrumentos de Tycho Brahe – prazer que só uma mente científica pode entender – e a protecção de Rodolfo II, a quem faria o horóscopo (**Tábuas Rudolfinas,** 1627). Naturalmente, foram-lhe outorgados fama e dinheiro por ser astrólogo e não astrónomo. E parece que o próprio Kepler acreditava na influência dos astros; se assim é, esta não lhe podia ter sido mais nefasta.

os cinco poliedros regulares: cubo, tetraedro, dodecaedro, icosaedro e octaedro, inscritos e circunscritos sucessivamente em esferas. O sorriso que hoje poderia produzir-se perante semelhante solução apaga-se se recordarmos que especulações deste tipo foram a base da famosa lei de **Bode-Titius** (que relaciona as distâncias orbitais com a série dos números naturais, e que ajudou à descoberta de Neptuno e Ceres).

Mas Kepler era um realista; não se conformava com fingir hipóteses, mas desejava confirmar empiricamente o seu sistema geométrico. Por isso se dirigiu a Praga a fim de trabalhar com Tycho Brahe. Os dados com que ali pôde trabalhar levaram-no a abandonar a sua teoria, mas abriram-lhe o caminho para a sua grande obra, a *Astronomia Nova Aitiologetos seu Physica Coelestis* («Nova Astronomia em que se dá razão das causas, ou física celeste»), de 1609.

3.3. A queda do movimento circular

É na *Astronomia Nova* que aparecem as duas primeiras leis do movimento celeste:
1. **Os planetas movem-se em elipses, com o Sol num dos seus focos.**
2. Cada planeta move-se de forma aureolarmente uniforme, isto é, **a linha que une o seu centro com o do Sol varre áreas iguais em tempos iguais.**

A primeira lei supõe uma revolução na história do pensamento ocidental: a queda da circularidade como movimento natural perfeito (uma concepção a que nem Copérnico nem Galileu conseguiram esquivar-se). Na descoberta desta lei confluem as duas grandes directrizes do pensamento kepleriano: o respeito perante os dados recolhidos pela observação e a sua filosofia platonizante. A conversão das órbitas em elipses foi-lhe imposta pela impossibilidade de colocar o planeta Marte num movimento circular. Mesmo utilizando equantos, havia uma discrepância de oito minutos de arco entre os dados e as predições de Copérnico.

Pois bem, as medições de Tycho Brahe não davam em média um erro maior do que cerca de quatro minutos de arco. Aqui se revela a grandeza de Kepler e o sinal dos novos tempos: a teoria guia e dirige a observação; mas esta é o juiz último e inapelável. Todo o edifício da física e astronomia antigas caía por terra ao não poder explicar um erro de mais ou menos 4'. O próprio Kepler deixa-nos entrever a sua gigantesca luta, ao afirmar:

⑧ KEPLER E GALILEU: A LUTA PELO MÉTODO EXPERIMENTAL

Da harmonia do mundo

Para o leitor actual, que associa a ciência da natureza a concepções muito precisas, duas coisas saltam à vista:
1. Para Kepler, a ciência natural *não é de modo algum um meio que sirva aos fins materiais do homem ou à sua técnica*, que com a sua ajuda possa sentir-se menos incómodo num mundo imperfeito ou que lhe proporcione o caminho do progresso. Pelo contrário, a ciência é um meio para a elevação do espírito, um caminho para encontrar repouso e alívio na contemplação da perfeição eterna do universo criado.
2. Em relação estreita com o anterior há ainda *o surpreendente menosprezo pelo empírico*. A experiência não é mais do que uma descoberta fortuita de factos, os quais podem ser concebidos melhor partindo dos princípios aprioristicos. A coincidência completa entre a ordem das «coisas do sentido», obras de Deus, e as leis matemáticas e inteligíveis, «ideias» de Deus, é o tema basilar do *harmonices mundi*. Motivos platónicos e neoplatónicos levaram Kepler à concepção de que ler a obra de Deus – a natureza – não é mais do que descobrir as relações entre as quantidades e as figuras geométricas. «A geometria, eterna como Deus e surgida do espírito divino, serviu a Deus para formar o mundo, para que este funcionasse melhor e fosse mais belo e mais semelhante ao seu Criador».

Heisenberg, *A Imagem da Natureza na Física Actual*

«O meu primeiro erro foi tomar a trajectória do planeta como um círculo perfeito, e este erro roubou-me a maior parte do meu tempo, por ser o que ensinava a autoridade de todos os filósofos e estar de acordo com a metafísica.» Ora bem, a confiança na observação é uma das razões do abandono da circularidade. A outra razão é ditada pelo platonismo kepleriano: uma vez desfeitas as esferas celestes, qualquer marcação podia ter servido para explicar geometricamente as órbitas. No entanto o pensamento negativo vem de novo em auxílio da modernidade. Dois grandes homens lançaram as bases da ciência moderna: Galileu e Kepler. Mas enquanto o primeiro desfaz, como veremos, a distinção ontológica entre as figuras geométricas ideais e os corpos materiais, reduzindo estes àquelas, Kepler mantém audazmente o quiasma platónico entre o ideal e o realizado. As órbitas deveriam ser circulares, mas ao estarem realizadas material e empiricamente não podem seguir na perfeição as intenções do demiurgo-criador, são antes desviadas ligeiramente pela acção da natureza, das «faculdades naturais e animais», como nos diz Kepler, na melhor linha do *Timeu*, no seu *Epitome Astronomiae Copernicanae*, de 1620.

3.4. A lei da harmonia e o sistema solar

Por outro lado, há numerosos indícios de que a adopção do copernicanismo por parte de Kepler foi motivada por razões de ordem mística: a posição central do Sol e também a confusão deste com o próprio Deus (ou, pelo menos, com a sua manifestação).

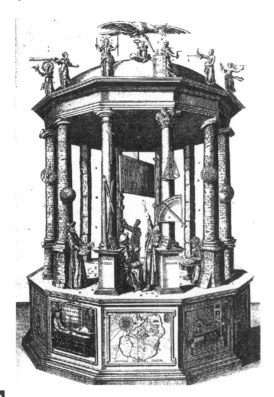

Kepler: Tábuas Rudolfinas. Frontespício

3 KEPLER: PROCURA DA PURA RACIONALIDADE

Uma leitura atenta do fragmento seguinte pode servir como excelente ponto de meditação sobre a relação constante entre metafísica e ciência positiva no pensamento ocidental:

«Em primeiro lugar – não o vá negar um cego – o corpo mais excelente do Universo é o Sol, cuja inteira essência não é outra coisa senão a luz mais pura, à qual nenhuma estrela pode comparar-se. Só ele, e ele só, é o produtor, conservador e aquecedor de todas as coisas; é fonte de luz, rica em frutuoso calor, a mais bela, límpida e formosa à vista, fonte de visão, pintora de todas as cores, embora em si mesma livre de cor. É chamado rei dos planetas pelo seu movimento, o coração do Universo pelo seu poder, o olho do mundo pela sua beleza. Só a ele deveríamos julgar digno do Altíssimo Deus, se Deus quisesse um domicílio material onde morar com os santos anjos (...). Com todo o direito nos voltamos pois para o Sol, que é o único que, em virtude de sua dignidade e poder, parece adequado e certo para ser o lar do próprio Deus, para não dizer do primeiro motor»

Esta heliolatria é confirmada quando Kepler audazmente equipara a harmonia cósmica com o simbolo trinitário. O Sol seria Deus Pai; a esfera das estrelas fixas, o Filho; o meio etéreo que fixaria as relações do todo mantendo cada planeta em sua órbita, seria o Espírito Santo. Importa aqui advertir novamente contra qualquer manifestação de «superioridade» em relação a Kepler por parte do homem «moderno». **Sem as especulações heliolátricas de Kepler não se teria edificado a nova astronomia.** Sem a sua equiparação do meio etéreo com o Espírito Santo não se teria chegado aos conceitos fundamentais de espaço absoluto e de gravitação universal em Newton. Também aqui, como na Idade Média, importa dizer: *fides quaerens intellectum,* a fé procura a sua modelagem racional.

A segunda lei não comporta implicações tão importantes do ponto de vista filosófico. Convém notar que com ela os equantos desaparecem finalmente da astronomia, respeitando contudo a exigência de uniformidade do movimento angular. Ficava por explicar a causa física de o planeta girar mais depressa no seu periélio. Como antes se

assinalou, Kepler sugeriu – correctamente – que se devia a uma força emanada pelo Sol, mas continuava a concebê-la de uma forma quase--mística, com poderes ou faculdades que «atraiam» do planeta.

Por último, em 1619 publica-se *De Harmonice Mundi*. Também aqui nos surpreende a dualidade kepleriana entre achados empíricos e especulação desenfreada. É de facto no decurso de desesperados esforços que estabelece uma proporção matemática entre as órbitas que, se fosse transcrita em papel pautado mostrar-nos-ia a famosa música celestial pitagórica; daí decorre a terceira lei:

Os quadrados dos períodos de revolução de dois planetas quaisquer são proporcionais ao cubo das suas distâncias médias até ao Sol:

$$\left(\frac{P_1}{P_2}\right)^2 = \left(\frac{d_1}{d_2}\right)^3$$

Ou, mais simplesmente, se T é o período de um planeta dado e R o raio médio da sua órbita, então:

$$T^2 = kR^3$$

sendo k uma constante com o mesmo valor para todos os planetas.

> A primeira lei põe em evidência a relação entre cada planeta e o Sol. A segunda, o movimento angular da sua órbita. Mas é a terceira, através de k que consegue unir todos os planetas num sistema. Só a partir de Kepler é que se pode falar num «sistema solar». E a terceira lei é com justiça denominada lei de harmonia do movimento planetário.

Ficava assim explicitamente manifesta a imagem do mundo da modernidade: um maravilhoso mecanismo de relojoaria regido por leis imutáveis e extrínsecas aos corpos (é a queda do conceito grego de *physis*). Nas palavras do próprio Kepler:

«O meu propósito foi demonstrar que a máquina celeste não deve comparar-se a um organismo divino mas antes a uma obra de relojoaria. Assim como naquela toda a variedade de movimentos são produto de uma simples força magnética, também no caso da máquina de um relógio todos os seus

❽ KEPLER E GALILEU: A LUTA PELO MÉTODO EXPERIMENTAL

movimentos são causados por um simples peso. Demonstro, aliás, como esta concepção física deve apresentar-se através do cálculo e da geometria.» (*Carta a Herwart*, 1605).

A força magnética de atracção era, efectivamente, a causa física de que Kepler necessitava para conciliar realidade e idealidade, física e cálculo. Mas sabemos que não pôde chegar a descrevê-la matematicamente. Para isso necessitava da lei de inércia, implicitamente estabelecida por **Galileu.** Mas estes dois grandes homens estavam condenados a não se entenderem. Apesar das suas relações amistosas – como se vê na sua correspondência —, **Kepler foi incapaz de dar o passo gigantesco de Galileu: a matematização total do Universo.** O astrónomo alemão oscilou toda a sua vida, indeciso entre a fidelidade à observação e à especulação teórica, sem saber fundir uma na outra. Por isso, podemos dizer que a glória da descoberta do método experimental cabe por inteiro a Galileu.

O grande paradoxo da obra de Kepler, talvez o maior racionalista da história da ciência, está em que as suas três leis descrevem factos empíricos sem uma base teórica sólida. Mais ainda, a terceira lei foi descoberta – sabemo-lo hoje – pelo método de tentativa e erro, por um fatigante tacteamento no empírico, sem o guia da razão, dessa razão cujo maior servidor seria **Galileu Galilei** (1564-1642).

O ponto de coincidência entre **Kepler** e **Galileu**, aquilo que os torna merecedores (com **Descartes**) do título de primeiros homens da modernidade é a insistência em apresentar as suas descobertas na linguagem das matemáticas; quer dizer, em fazer da experiência um sistema. Mas enquanto Kepler, fiel ao seu platonismo, tenta adequar na medida do possível um empirismo instável («as obscuridades da física») ao mundo estável e eterno das ideias puras («as claridades da matemática»), Galileu leva às últimas consequências o programa pitagórico: o mundo terrestre não copia o celeste por meio das matemáticas, pois que só há um mundo e uma chave para decifrar os seus enigmas:

«A filosofia está escrita neste vasto livro sempre aberto perante os nossos olhos: refiro-me ao Universo; mas só o podemos ler se tivermos aprendido a linguagem e se nos tivermos familiarizado com as letras em que está escrito. Está escrito em linguagem matemática e as letras são triângulos,

---

Deus, a quantidade e as leis do Universo

No princípio, Deus criou a matéria; ora, conhecendo a definição desta, creio que se torna muito claro por que razão no princípio Deus criou a matéria e não outra coisa (…). Deus quis que a quantidade existisse primeiro para que houvesse uma comparação entre o curvo e o recto. Por isso apenas me parece divino o Cusano e outros: porque prestaram tanta atenção à relação mútua entre o curvo e o recto que se atreveram a comparar o curvo com Deus e o recto com as criaturas. E os méritos daqueles que compararam o Criador com as criaturas, Deus com o homem e os juízos divinos com os humanos, não foram maiores do que os daqueles que tentaram comparar uma curva com uma recta ou um círculo com um quadrado (…).

Mas, em última instância, por que razão é que Deus quis distinguir o curvo do recto e estabelecer a nobreza do curvo? Porquê? Porque era absolutamente necessário que o Criador Supremo realizasse a obra mais bela, *pois nem agora nem nunca se pode evitar que o melhor dos seres não crie a mais bela das obras* (…). Mas como o Criador do mundo preconcebeu na sua mente (utilizando termos humanos, para que o entendamos como homens que somos) uma Ideia do mundo e a Ideia existe primeiro que a coisa e, além disso, como dissemos atrás, é anterior a uma coisa perfeita, ela própria será óptima pois é forma da obra futura; é evidente que a Ideia de Deus ao fundar o mundo com estas leis, que na sua bondade se prescreveu a si mesmo, só podia provir da sua essência e não de outra coisa.

Johannes Kepler, *O Segredo do Universo.*

4 GALILEU E O MÉTODO EXPERIMENTAL

círculos e outras figuras geométricas, sem as quais é humanamente impossível entender uma só palavra» (*Il Saggiatore*, 1623: «*O Ensaísta*»).

Talvez não haja na história da ciência moderna texto tão decisivo como este. A leitura do mundo com olhos matemáticos tinha necessariamente de chocar de frente com os dois grandes poderes do seu tempo: a ciência aristotélica e a Igreja. Convém, pois, recordar primeiro, resumidamente, as posições dos dois poderes.

4.1. A física aristotélica

O cosmos aristotélico pode ser descrito como um sistema fechado e finito, teologicamente ordenado. O princípio orientador reza assim: «Tudo o que se move é movido por outra coisa». Na cúpula do sistema encontramos o motor imóvel, acto puro que move eroticamente (todas as coisas anseiam parecer-se com ele). Apesar de algumas vacilações do próprio Aristóteles, não pode estar em contacto com o mundo: é o mundo que tende para ele como para o seu fim último. Abaixo encontra-se o primeiro motor, que põe em movimento a esfera das estrelas fixas. Esta por sua vez move a esfera de Saturno, e assim sucessivamente até à orbe lunar.

Estas esferas são constituídas por uma substância, o éter, na qual a matéria e a forma se equilibram perfeitamente: o seu movimento é pois circular. São elas que determinam o tempo («imagem móvel da eternidade», na expressão de Platão). Essa substância é também denominada *quinta essência* (as outras quatro, terrenas, são a terra, a água, o ar e o fogo). Na Idade Média, esta substância veio a ser substituída pela imagem familiar de esferas cristalinas e concêntricas dentro das quais o planeta se incrustaria «engastado como uma pedra preciosa», como dirá brilhantemente **Dante Alighieri.**

Os planetas são, também eles, deuses – na Idade Média entendia-se que eram movidos por potências angélicas. Abaixo do mundo sublunar encontra-se a estática Terra, no centro do Universo, estruturada segundo os quatro elementos antes citados. Uma pertubação, que Dante simula ter sido produzida pelas estrelas fixas, desordenou parcialmente a ordenação elementar, engendrando assim o movimento.

De facto, na Terra os elementos estão misturados. O movimento natural será precisamente a luta dos corpos para voltar à esfera elementar correspondente. Água e terra são graves por natureza: tendem a descer (tendo o horizonte como ponto de

Galileu Galilei

Nasce em Pisa em 1564 (ano em que morre Miguel Ângelo) e morre em Arcetri em 1642 (ano em que nasce Newton), o que não deixa de ser um bom argumento para quem acredita na transmigração das almas. Estuda medicina na Universidade de Pádua. Conta-se que as oscilações de uma lâmpada na catedral o levaram a descobrir a isocronia pendular. Tendo sabido que na Holanda se descobrira um telescópio (o inventor foi Lippershuyk), constrói ele próprio um, descobrindo as manchas solares e os satélites de Júpiter (planetas mediceus). Inventor do barómetro e do termómetro, lançou as bases para a descoberta do relógio e do pêndulo. De carácter orgulhoso, contribuiu activamente para engrossar o Índice dos Livros Proibidos (os seus e os de Copérnico). Se Newton o supera em génio científico, ninguém como ele soube tirar as consequências filosóficas da nova ciência. A sua fama continuará certamente enquanto a Terra girar em torno do Sol (ninguém lutou tanto por esta teoria).

❽ KEPLER E GALILEU: A LUTA PELO MÉTODO EXPERIMENTAL

Galileu e a Inquisição

Era uma vez um cientista famoso chamado Galileu Galilei que foi condenado pela Inquisição e se viu obrigado a abjurar as suas doutrinas. Este acontecimento provocou um grande alvoroço e o caso continuou a despertar indignação e discussão acesa durante mais de duzentos e cinquenta anos, e continuou mesmo depois da vitória da opinião pública e da tolerância da Igreja em relação à ciência. Mas, na actualidade, esta história é já muito velha e creio que perdeu o seu interesse, pois ao que parece a ciência de Galileu não tinha inimigos: a sua vida ficou assegurada. A vitória conquistada há muito tempo foi definitiva e nesta frente de batalha está tudo calmo. Assim, temos agora uma posição equânime perante a questão, dado que finalmente aprendemos a pensar numa perspectiva histórica e a compreender as duas partes da disputa. E ninguém se vai dar ao trabalho de ouvir um importuno qualquer que ainda não conseguiu esquecer uma velha injustiça.

Afinal, qual era o tema dessa velha discussão? Era acerca do «sistema do mundo» copernicano que, entre outras coisas, explicava que o movimento diurno do Sol era aparente devido à rotação da Terra. A Igreja estava disposta a admitir que o novo sistema era mais simples que o anterior e que era um *instrumento* mais conveniente para os cálculos astronómicos e para as previsões. Aliás, esse sistema foi muito usado na reforma do calendário auspiciada pelo Papa Gregório. Não havia qualquer objecção a que Galileu ensinasse a teoria matemática do sistema, desde que tornasse claro que o seu valor era apenas *instrumental* e que não era mais do que uma «suposição», como dizia o cardeal Bellarmino, ou uma «hipótese matemática», ou uma espécie de estratagema matemático «inventado e concebido com o fim de abreviar e facilitar os cálculos». Por outras palavras, não havia qualquer objecção desde que Galileu estivesse disposto a partilhar da ideia de Andreas Osiander, que no seu prefácio ao *De Revolutionibus* de Copérnico dissera: «Não é imperioso que estas hipóteses sejam verdadeiras ou que se assemelhem à verdade; pede-se apenas que elas permitam realizar cálculos que concordem com as observações».

Parece que o próprio Galileu estava disposto a salientar a superioridade do sistema copernicano como *instrumento de cálculo.* No entanto, ao mesmo tempo conjecturava e acreditava que era uma *descrição verdadeira do mundo;* e para ele (tal como para a Igreja) este era certamente o aspecto mais importante da questão.

K. Popper, *O Desenvolvimento do Conhecimento Científico*

---

referência). Ar e fogo são leves: tendem a subir. O movimento rectilíneo vertical é pois o movimento natural do mundo sublunar. Os movimentos horizontais, oblíquos ou compostos são sempre movimentos violentos, devidos a uma força que actua sobre eles e que cessam quando cessa de aplicar-se a força (acção por contacto). O movimento uniforme deve-se à aplicação constante de uma força uniforme (seja natural ou violenta). A todo o momento, o movimento do móvel é travado pela sua passagem através de um meio. A não ser assim, o seu movimento seria instantâneo (passagem imediata ao seu lugar natural), o que é absurdo, salvo no caso da luz, que não se considera corpo. Daí a impossibilidade, tanto do vácuo como do infinito em acto. Quando o corpo ocupa finalmente o seu lugar natural (o seu elemento) repousa em relação ao meio que, como tal, gira em círculo, excepto nos seus dois extremos: por carência (centro do elemento «terra») e por absoluta perfeição (Deus, que já não é, naturalmente, meio).

O sistema aristotélico apresentava certamente grandes vantagens para a mentalidade medieval: após os esforços de Tomás de Aquino, subministrava um poderoso apoio à teologia cristã. Além disso, estava de acordo com o senso comum (vemos girar os céus, ao passo que nós «estamos quietos») e acomodava-se com bastante precisão aos dados então disponíveis.

Mas não com toda a precisão. Com efeito, já no século VI, **João Filopono,** comentarista da *Física* de Aristóteles, assinalava dois fenómenos que iriam converter-se na cruz do aristotelismo: o movimento

4 GALILEU E O MÉTODO EXPERIMENTAL

dos projécteis (movimento **violento**) e a queda dos graves (espécie do movimento **natural**).

Por que continua em movimento a flecha disparada do arco se já não há uma força que a impulsione? Uma primeira razão poderia ser que, já que não existe vazio, o ar deslocado pela ponta da flecha passa para trás, movendo-a por reacção. No entanto, de acordo com isto, uma flecha com ponta romba deveria ir mais depressa (desloca mais ar) mas acontece obviamente, o contrário. Mais ainda: por que teria de descer, se o ar não acaba nunca? O movimento da flecha deveria ser eterno. A verdade é que não havia explicação satisfatória para um fenómeno tão «natural».

E parecia não haver melhor sorte relativamente à queda dos graves: é um facto evidente de observação que uma pedra cai mais depressa conforme se vai aproximando do solo. Para explicar isso deveríamos postular uma força cada vez mais potente. Mas, exceptuando a coluna de ar (que é leve no sistema aristotélico) sobre a pedra, não há força que actue por contacto sobre o grave.

Também se tentou explicar o fenómeno pelo ar deslocado (como no caso da flecha). Mas nesse caso o movimento seria uniforme, não acelerado. Também se aduziu a ânsia do móbil em reunir-se com o seu elemento (mas se o corpo no elemento está em repouso, deveria ir desacelerando à medida que se aproximava, e não ao contrário).

Estranho sistema este, capaz de penetrar a vida interna da divindade, mas não de explicar porque é que as pedras caem ou as flechas se movem.

4.2. A teoria do ímpeto

Já no século XIV, filósofos como **João Buridano** (falecido por volta de 1358) e **Nicolau de Oresme** (falecido em 1382) propuseram como alternativa a sua teoria do *impetus*. Com ela, dizia Buridano, não seriam necessárias as inteligências (anjos) para mover os corpos celestes. Oresme chegaria inclusivamente a dizer que num princípio Deus poderia ter posto em fucionamento o Universo abandonando-o depois às suas próprias forças para que actuasse

como um mecanismo. Teria de esperar-se no entanto mais de dois séculos para o estabelecimento da lei de inércia, aqui prefigurada.

Em síntese, a teoria afirmava que o projéctil se põe em movimento por uma transferência da força do projector. Esta força actuava como um ímpeto que se ia gastando à medida que o móbil avançava. Assim podia explicar-se o movimento da flecha, mas não o dos graves. Para este caso, imaginava-se que a cada descida se ia acrescentando ao móbil um *impetus accidentalis* extraído do meio circundante. Chegou-se inclusivamente a descrever a massa de um corpo como a relação entre *impetus* e velocidade (traduzindo, respectivamente, por «força» e «aceleração», a fórmula é correcta).

No entanto, os teóricos do ímpeto não puderam – ou não quiseram, aprisionados pelo seu aristotelismo – matematizar as suas descrições. Supunham aliás que esgotado o ímpeto, a flecha deveria cair verticalmente, o que estava longe do que poderia ser observado (todo o projéctil descreve uma curva; hoje, graças a Galileu, sabemos que é uma parábola). Uma das razões por que a teoria não prosperou deveu-se ao facto de que corrigia pontos particulares do sistema, mas não o substituía por um novo marco teórico (veja-se, a propósito, o exposto no capítulo sexto). Eram meros remendos num edifício que começava a ruir.

No entanto, o influxo desta teoria chegaria no século XVI à Universidade de Pádua onde estudava Galileu. Este facto e a tradução latina das obras de **Arquimedes** (1543, a data da publicação de *De Revolutionibus* de Copérnico) forneceriam os materiais de dinâmica sobre os quais o pisano levantaria a sua *scienza nuova*. Os materiais de astronomia foram-lhe facultados por **Copérnico** (não por Kepler). Mas na elaboração da nova ciência Galileu teria de enfrentar-se com outro poder, neste caso não científico: a Igreja católica.

4.3. Galileu contra a Igreja

A interpretação literal das Escrituras era à partida contrária ao sistema copernicano (pense-se na

⑧ KEPLER E GALILEU: A LUTA PELO MÉTODO EXPERIMENTAL

ordem de paragem do Sol por parte de Josué). A interpretação «oficial» (baseada no aristotelismo) não o era menos. A Igreja católica aceitava contudo de bom grado toda a inovação positivista (no sentido anteriormente explicado).

Mas Galileu era um furioso realista. Como ressalta da sua carta a Cristina Lorena, Grã-Duquesa de Toscana em 1915. Nesta famosa carta afirmam-se três coisas, qual delas a mais grave:

1. Separação de poderes entre a Igreja e ciência: cada uma tem o seu âmbito próprio e não deve imiscuir-se em terreno alheio.

2. Aparente contradição: Galileu pretende que o milagre de Josué se compreende melhor dentro do sistema copernicano;

3. Em teologia, afirma, não pode ser considerado herético aquilo que não foi antes demonstrado ser impossível e falso; pede pois uma demonstração da falsidade do seu sistema. (Isto não passa de um engenhoso sofisma: os eclesiásticos teriam de agir então como cientistas.)

A resposta não se fez esperar: em 1616 o *De Revolutionibus* de Copérnico era colocado no Índice dos Livros Proibidos e Galileu era intimado pelo cardeal Belarmino a não defender em público o sistema copernicano.

A reacção de Galileu consistiu em publicar, em 1632, os *Diálogos sobre os Dois Grandes Sistemas do Mundo* (o ptolomaico e o copernicano; Galileu não teve em conta tanto a componenda de Tycho como a genial modificação de Kepler). Nestes diálogos, a opinião aristotélica era colocada na boca de Simplício (uma mal disfarçada espécie de «palhaço tonto»), sempre rebatido e ridicularizado por Salviati (porta-voz de Galileu), com a aquiescência de Sagredo (personificação do espectador culto e – teoricamente – imparcial). Mais ainda: um argumento pessoal do papa Urbano VIII era posto na boca de Simplício, para ser demolido de seguida.

Era de mais: em 1633 foram proibidos os *Diálogos*, Galileu foi obrigado a abjurar (não parece provável que o ancião tivesse coragem para sussurrar ao seu cão *eppur si muove*, como quer a lenda) e foi sentenciado a prisão perpétua (suavizada depois com a reclusão na vila de Arcetri).

Alquebrado e quase cego, Galileu respondeu da única forma que sabia: publicando clandestinamente, na Holanda, um dos livros mais importantes da história do pensamento: *as Considerações e Demonstrações Matemáticas sobre duas Novas Ciências* (1638). Estas ciências são a estática e a dinâmica. A primeira segue as pisadas de Ar-

Cantagalli: Galileu dita as suas observações ao seu secretário. Palácio Chigi, Siena.

4 GALILEU E O MÉTODO EXPERIMENTAL

quimedes; a segunda é obra pessoal de Galileu e situa-o entre os grandes génios da humanidade. Vamos passar agora à sua fundamentação da dinâmica.

4.4. Rumo à nova ciência

Mencionemos as clássicas palavras de Galileu no início da *Jornada terceira* dos seus *Discorsi* (assim se denomina a sua obra de 1638):

«Exponhamos agora uma ciência nova acerca de um tema mui antigo. Não há talvez na natureza nada mais antigo do que o movimento, e não faltam livros volumosos sobre tal assunto escritos pelos filósofos. Apesar de tudo isto, muitas de suas propriedades, mui dignas de conhecer-se, não foram observadas nem demonstradas até ao momento. Costumam realçar-se algumas mais imediatas, como a que se refere, por exemplo, ao movimento natural dos corpos que ao cair se aceleram continuamente, mas não se demonstrou até ao momento a proporção segundo a qual tem lugar tal aceleração. Com efeito, que eu saiba, ninguém demonstrou que um móbil que cai, partindo da situação de repouso, percorre em tempos iguais espaços que mantêm entre si a mesma proporção crescente idêntica à que se dá

entre os números ímpares sucessivos começando pela unidade.»

O tema do movimento é antigo: a *Physica* de Aristóteles trata do «ente móvel». Mas nela é a entidade que tem a primazia. O movimento é visto sempre como a correcção de uma deficiência: como um «tender para» (potência) a perfeição (acto). Ao contrário, **a Galileu interessam as propriedades do movimento enquanto tal** e não as causas de uma coisa estar em movimento, nem as razões porque deixa de o estar. Neste caso do movimento local, a Aristóteles interessam fundamentalmente os limites do movimento: o «de onde» e o o «até onde». Por isso, é natural que as propriedades do movimento (não do móbil) não tenham sido observadas ou demonstradas.

É verdade, que os físicos do século XIV (não Aristóteles) assinalam algumas propriedades da queda; mas não as demonstram. E isto porque tanto Platão como Aristóteles consideram inviável a aplicação sistemática da matemática à física (vimos antes como o próprio Kepler retrocedia perante este problema). **A Galileu,** ao contrário, **não interessa interrogar-se acerca da essência do móbil, do espaço ou do tempo, mas acerca da proporção numérica entre estes últimos.**

Movimento uniforme

DEFINIÇÃO. Por movimento igual ou uniforme entendo aquele no qual os espaços percorridos por um móbil em tempos iguais, quaisquer que estes sejam, são iguais entre si.

ADVERTÊNCIA. Pareceu-nos oportuno acrescentar à velha definição (que simplesmente fala do movimento igual desde que se percorra espaços iguais em tempos iguais) a expressão *quaisquer*, ou seja, para todos os tempos que são iguais. Com efeito, pode acontecer que um móbil percorra espaços iguais em determinados tempos iguais, ao passo que distâncias percorridas em fracções de tempo mais pequenas podem não ser iguais, mesmo que os tais intervalos mais pequenos o sejam. Da definição que demos decorrem quatro axiomas, a saber:

AXIOMA I. No caso do mesmo movimento uniforme, o espaço percorrido num tempo maior é maior que o espaço percorrido durante um intervalo de tempo menor.

AXIOMA II. No caso do mesmo movimento uniforme, o tempo durante o qual se percorre um espaço maior é também maior que o tempo empregue para percorrer um espaço menor.

AXIOMA III. O espaço percorrido a maior velocidade num determinado tempo é maior do que o espaço percorrido no mesmo tempo mas a uma velocidade menor.

AXIOMA IV. A velocidade empregue no percurso de um espaço maior num determinado tempo é maior do que aquela que leva a percorrer, no mesmo tempo, um espaço menor.

Galileu, *Considerações e Demonstrações Matemáticas sobre duas Novas Ciências.*

❽ KEPLER E GALILEU: A LUTA PELO MÉTODO EXPERIMENTAL

Percorramos agora os passos da ciência nova, seguindo o próprio Galileu: «Esta discussão está dividida em três partes: a primeira trata do movimento estável e uniforme; a segunda trata do movimento que encontramos acelerado na natureza; o assunto da terceira é a dos movimentos chamados violentos e dos projécteis».

4.4.1. O movimento uniforme

A primeira preocupação de Galileu consiste em dar uma definição para cada tipo de movimento, exprimível matematicamente, para incluir um conjunto de axiomas imediatamente a seguir à definição.

Assim, movimento uniforme será: «aquele no qual as distâncias percorridas pela partícula em movimento durante quaisquer intervalos iguais de tempo são iguais entre si». Isto é:

$$s \propto t \ \text{ou} \ s = kt$$

Chamaremos velocidade (v) a esta constante:

$$s = vt \ \text{ou} \ v = s/t$$

Ora, a expressão em ordenadas cartesianas de pontos que intersectam distâncias e intervalos temporais não autoriza a passar dos pontos a uma recta contínua. Se traçarmos a referida recta é por uma operação mental que vai além dos dados: interpolação (recta que une os pontos) e extra-polação (suposição de que a equação continuará a ser válida se prolongarmos a recta para além dos pontos).

A matematização de um movimento tão simples como o uniforme supõe na realidade um profundo esforço de abstracção e idealização matemáticas:

1. Desprezam-se todas as qualidades não matematizáveis (Galileu considerará estas qualidades – secundárias – como puramente subjectivas, na melhor linha atomista).

2. O ponto anterior supõe uma geometrização da realidade; mas agora afirmam-se além disso os direitos do símbolo (álgebra) sobre a imagem pura geométrica. A mente interpola e extrapola os dados interpretados geometricamente.

4.4.2. Movimento em queda livre

Passemos ao movimento uniformemente acelerado (queda dos graves). Na passagem introdutória a esta questão Galileu diz:

«Não há aumento ou adição mais simples do que aquele que vai aumentando sempre da mesma maneira. Entenderemos isto facilmente se considerarmos a relação tão estreita que se dá entre tempo e movimento.»

Esta «estreita relação» não aparece aos sentidos. Pelo contrário: estes falam-nos de conexão entre aceleração e espaço percorrido. E no entanto o pisano defendia em 1604 esta tese, de «senso comum». A relação estreita dá-se na razão e surge de uma exigência de simetria conceptual entre as noções antitéticas de repouso e de movimento natural (queda livre). Definiremos o repouso pela relação de um corpo com o espaço que ocupa, sem consideração do tempo (estreita relação entre espaço e repouso). Definiremos o movimento pela relação de um corpo com os intervalos em que se afasta da sua trajectória, sem consideração de espaço (estreita relação entre tempo e movimento). De novo, aqui é a razão, e não os sentidos, que dita a essência do movimento. Estabelecido isto, Galileu continua:

«Diz-se que um corpo está uniformemente acelerado quando partindo do repouso adquire, durante intervalos iguais, incrementos iguais de velocidade.»

Isto é: $a = (v - v_o)/t$

Donde: $(v = v_o) + at$.

Para a queda a partir do repouso: $v = at$.

Agora, Sagredo propõe que se pergunte sobre a causa dessa aceleração. A resposta de Salviati marca claramente o rumo da ciência moderna: a primazia do estudo das propriedades físicas (quantidade) sobre as causas (quantidades ocultas) que possam ter produzido tais propriedades. As causas são relegadas para o reino da ficção:

«Tais fantasias, para não falar de muitas outras, seriam examinadas e resolvidas com bem pouco proveito. De momento, é intenção do nosso autor investigar e demonstrar algumas propriedades do

4 GALILEU E O MÉTODO EXPERIMENTAL

movimento acelerado (seja qual for a causa de tal aceleração).»

Apesar de ser impossível a verificação directa da fórmula: $a = vt$, Galileu sabe que tal fórmula é correcta e que descreve a essência do movimento natural da queda. Seria inútil lançar graves do alto de edifícios ou torres, dada a brevidade do tempo (menos de três segundos para um edifício de 10 andares. Diga-se desde já que Galileu nunca lançou graves do alto da torre de Pisa. Se o tivesse feito, os sentidos teriam dado razão a Aristóteles). É por meio de provas estritamente racionais que o pisano refuta a ideia de que a velocidade está em proporção com o peso, sustentando, ao contrário, que seria a mesma para todos os corpos se se pudesse realizar a experiência no vazio. A prova indirecta da aceleração dá ideia do génio de Galileu. Vejamos: a velocidade média de um corpo será: $v = (v + v_o)/2$

Ora, as distâncias percorridas por um grave são, de uma a outra, como os quadrados dos intervalos temporais:

$$\frac{S_1}{S_2} = \frac{t_1{}^2}{t_2{}^2} \;\; ; \text{em geral} \;\; \frac{S_1}{S_2} = \frac{t_1{}^2}{t_2{}^2}$$

Donde (partindo de que a gravidade permanece constante, não é função de tempo e que o móbil parte do repouso):

$$s = \bar{v}t \;\; \left(\frac{v + v_o}{2}\right) t$$

A experiência e o seu carácter matemático

A matemática parte dessa pretensão que consiste em estabelecer uma determinação da coisa que não resulta da experiência com a própria coisa; é essa mesma pretensão que subjaz à determinação das coisas, possibilitando-as e criando-lhes um espaço. Uma tal concepção fundamental das coisas não é arbitrária nem evidente por si, e daí que tenha sido necessária uma longa luta para obter a supremacia. Foi preciso transformar o modo de acedermos às coisas e, simultaneamente, munirmo-nos de um novo modo de pensar. Podemos percorrer a história dessa luta de forma precisa, mas dela referiremos um só exemplo. De acordo com a representação aristotélica, os corpos movimentam-se sempre segundo a sua natureza: os pesados para baixo e os leves para cima. Quando caem, os corpos pesados caem mais depressa do que os leves, dado que estes tendem a mover-se para cima. Foi Galileu quem chegou ao conhecimento decisivo de que todos os corpos caem à mesma velocidade e que a diferença dos tempos da queda resulta somente da resistência do ar e não devs. Para apoiar a sua afirmação, Galileu projectou uma experiência na torre inclinada de Pisa, cidade onde era professor de matemática. Nessa experiência, os diferentes corpos pesados não caíram da torre exactamente ao mesmo tempo, mas com pequenas diferenças de tempo; apesar destas diferenças e, portanto, *contra* a própria evidência da experiência, Galileu manteve a sua afirmação. Mas as testemunhas da experiência ficaram perplexas com a afirmação de Galileu e agarraram-se ainda com mais obstinação ao antigo ponto de vista. Esta experiência agravou tanto a oposição a Galileu que ele teve de deixar o seu cargo de professor e abandonar Pisa.

Ora, Galileu e os seus opositores tinham observado o mesmo «facto»; mas ambos tornaram-no diferente ao observarem e interpretarem de modo diverso o mesmo facto e o mesmo acontecimento. O que apareceu a cada um como facto e verdade autênticos foi uma coisa completamente diferente. Ambos pensaram qualquer coisa em relação ao mesmo fenómeno, mas pensaram coisas diferentes, não acerca de aspectos particulares, mas fundamentalmente em relação à essência do corpo e à natureza do seu movimento. Galileu tinha a ideia prévia de que a determinação do movimento de cada corpo é uniforme e em linha recta desde que não encontre qualquer obstáculo, mas sofrendo modificações uniformemente sempre que uma força constante actuase sobre ele.

Heidegger, *Que É uma Coisa? (Edições 70, pp. 94 - 95).*

⑧ KEPLER E GALILEU: A LUTA PELO MÉTODO EXPERIMENTAL

Partindo do repouso: $(v_o = 0)$: $s = 1/2\, vt$

E como $v = at.$, $s = 1/2\, at^2$

Nem a velocidade nem o tempo podiam medir-se, mas sim o espaço percorrido, se se aceitar que «os graus de velocidade adquiridos pelo mesmo móbil sobre planos de diferente inclinação são iguais se forem iguais as alturas dos diferentes planos».

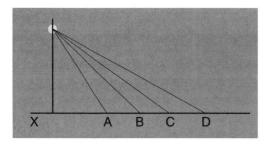

Este princípio só se torna inteligível se entendermos a altura O/A como a imagem do tempo transcorrido (perguntamo-nos pela aceleração no ponto A, não pela velocidade). O princípio diz-nos que a aceleração em A é a mesma que em *B, C, D, E,* etc. Assim, podemos substituir a perpendicular O/A por um plano inclinado perfeitamente polido pelo qual uma bola de cobre desliza sem fricção.

Eis um exemplo perfeito de experiência na ciência moderna. **É a razão que dirige a observação.** Em primeiro lugar, note-se que a distância fica indeterminada: o único que se mede é o tempo decorrido (por certo, mediante gotas de água que transbordavam de uma vasilha. Ainda não fora inventado o relógio de pêndulo). Em segundo lugar, excluem-se as variáveis não controláveis mas reais (resistência do ar, fricção, etc., que se introduziram depois como correcção) a fim de manter perante a mente a pureza (fictícia) de uma função matemática. Em terceiro lugar, a experiência não confirma uma observação prévia, mas é o resultado de uma dedução a partir de uma definição e de um princípio, ambos directamente inverificáveis.

O corolário desta experiência é ainda mais fecundo em consequências. Todo o grave que desce por um plano inclinado sofre uma aceleração. Se tivesse de subir, sofreria uma desaceleração. Podemos pois perguntar-nos o que aconteceria se se mantivesse num plano horizontal, a partir de uma queda prévia. É evidente que não poderia acelerar nem desacelerar: «a velocidade adquirida durante a queda precedente (…) se actuasse somente ela, levaria o corpo numa velocidade uniforme até ao infinito».

Eis, finalmente, dizemos nós a lei fundamental da física clássica: **a lei da inércia. No entanto, Galileu foi incapaz de a apresentar explicitamente.** E isso porque durante toda a sua vida pensou que a gravidade era a propriedade física essencial e universal de todos os corpos materiais. A resistência interna inercial à mudança de movimento seria um caso limite para a superfície cujos pontos fossem equidistantes de um ponto comum: reaparece de novo o movimento circular como perfeito.

Holbein: Astrónomo com a morte e a caveira. Gravado por Mechel.

4 GALILEU E O MÉTODO EXPERIMENTAL

Veja-se a este respeito o seguinte e surpreendente texto de Galileu (não tão estranho se recordarmos que em astronomia segue Copérnico e se recusarmos a crença banal de que a ciência surge completa e perfeita da cabeça de um homem):

«Unicamente o movimento circular pode ser apropriado naturalmente aos corpos que são parte integrante do Universo enquanto constituído na melhor das ordens (…) O mais que se pode dizer do movimento rectilíneo é que é atribuído pela natureza aos corpos e às suas partes, unicamente quando estes estão colocados fora do seu lugar natural, numa ordem má, e que portanto necessitam ser repostos no seu estado natural pelo caminho mais curto.» (*Diálogos. Jornada Primeira.*)

Não pode deixar de lamentar-se esta recaída na física grega quando estava a ponto de levantar-se o novo edifício. A glória da formulação explícita da lei da inércia seria para Descartes, cuja concepção da *res extensa* como simultaneamente matéria física e espaço tridimensional, euclideano, lhe possibilitava a abertura ao infinitismo da nova ciência.

> Tanto Galileu como Kepler sabem que está na gravidade a chave da física clássica. Tanto um como outro falham, no entanto, em seus esforços por fornecer a explicação racional desta noção. Kepler, por ser incapaz de formular matematicamente o magnetismo gilbertiano. Galileu, por se ter refugiado demasiado apressadamente na pura noção matemática da esfera. Um é incapaz de matematizar um facto físico e o outro de dar uma explicação física de um preconceito matemático. Dois brilhantes erros que se entrecruzam e dos quais o génio de Newton extrairá a luminosa verdade da teoria da gravitação universal.

4.4.3. Movimento dos projécteis

No início da *Jornada Quarta* dos *Discorsi,* há uma formulação tão clara do que nós chamariamos lei de inércia que, fora do contexto, poderia induzir em engano. Com efeito, diz-nos Galileu:

«Imaginemos um móbil projectado sobre um plano horizontal do qual se tirou qualquer atrito; sabemos já que em tal caso (…) o dito movimento se desenvolverá sobre tal plano com um movimento uniforme e perpétuo, na suposição de que este plano se prolongue até ao infinito.»

Mas desafortunadamente para Galileu, esse suposto não se dá. O que não é estranho: já Aristóteles tinha dado uma formulação explícita da lei de inércia... para rejeitá-la imediatamente como absurda. São estas as suas palavras:

«de modo que (o corpo) ou estará em repouso, ou necessariamente será levado ao infinito, se outra coisa mais forte não o detiver» (*Physica* IV, 8; 215 a 20).

É conveniente meditar neste ponto: não é só toda a observação mas também toda a teorização física ou matemática que se encontram sustentadas interiormente por bases de tipo metafísico. Neste ponto, Aristóteles e Galileu vêem-se incapacitados de aceitar a lei da inércia por defenderem a perfeição do movimento circular face ao rectilíneo, produzido sempre violentamente.

No entanto, estas hipóteses de base não impediram Galileu de formular exactamente o movimento dos projécteis, apesar de deixar na penumbra (à espera do génio de **Newton**) a razão deste movimento.

No caso dos projécteis, Galileu está a tratar da composição de dois movimentos: um, natural (o da queda); outro, violento (o horizontal da trajectória primeira do projéctil). Não nos interessa desenvolver aqui o aspecto matemático da teoria.

Mas era conveniente fazer notar que Galileu continua neste ponto prisioneiro do sistema aristotélico devido à sua incapacidade de levar até às últimas implicações aquilo que ele próprio iniciou: a matematização do Universo. A ideia de um espaço euclideano, extenso até ao infinito, é aqui coarctada pela ideia, também racional, da perfeição do movimento circular sobre o rectilíneo horizontal, ainda denominado violento.

A diferença entre estas duas ideias racionais — a primeira fecunda e estéril a segunda (no nosso âmbito teórico) — está no facto de que a ideia — cartesiana — de um espaço infinito afirma a primazia do símbolo sobre a

❽ KEPLER E GALILEU: A LUTA PELO MÉTODO EXPERIMENTAL

imagem, da álgebra sobre a geometria. A segunda, em contrapartida, fica indissoluvelmente ligada à sua representação geométrica. Não deve esquecer-se que Galileu, que tanto insistiu na matematização, não foi um criador em matemáticas. **Descartes** e **Newton** sim, foram-no. Por isso chegaram mais longe.

Observação e suposição

Imagine-se um móbil projectado sobre um plano horizontal do qual se retirou qualquer atrito; de acordo com o que atrás expusemos detalhadamente, sabemos já que neste caso o movimento se processará sobre o tal plano de modo uniforme e perpétuo, pressupondo que este plano se prolonga até ao infinito. Pelo contrário, se imaginarmos um plano limitado e em declive, logo que o móbil (que supomos dotado de gravidade) chega ao fim do plano e continua a sua marcha, acrescentará ao movimento precedente, uniforme e inesgotável, essa tendência para baixo, fruto da sua própria gravidade. Disto resulta um movimento composto de um movimento horizontal uniforme e de um movimento descendente naturalmente acelerado. Chamo projecção a este tipo de movimento e irei demonstrar algumas das suas propriedades, a primeira das quais é a seguinte:

Teorema 1, proposição 1: um projéctil cujo movimento é composto de um movimento horizontal e uniforme e de um movimento descendente naturalmente acelerado, descreve com o dito movimento uma linha semiparabólica.

Galileu, *Considerações e Demonstrações Matemáticas sobre Duas Novas Ciências.*

5 MÉTODO RESOLUTIVO-COMPOSITIVO

O método de **resolução** e **composição** (**análise** e **síntese**) não é, rigorosamente, uma descoberta de Galileu. Já era utilizado desde o século XIV pelos filósofos de Oxford e de Pádua, e pode mesmo ter origem – como reconhece o pisano num gesto que o honra – no próprio Aristóteles. Assim, e referindo-se ao Estagirita, diz na *Jornada Primeira* dos *Discorsi*.

«Creio que é certo que ele obtinha, por meio dos sentidos, graças às experiências e às observações, tanta segurança quanto possível sobre as conclusões, e que depois procurava os meios de demonstrá-las.»

O método galilaico insurge-se por um lado contra o nominalismo vigente na sua época, e por outro contra a mera recolha de dados a partir da experiência para conseguir uma generalização indutiva (é o método que **Francisco Bacon** propugnava). Vejamos, primeiro, o seu antinominalismo.

Na *Jornada Segunda* dos *Discorsi*, Simplício queixa-se da trivialidade dos esforços de Salviati, já que – diz – todos sabem que a causa de os corpos cairem é a gravidade. A réplica de Salviati é altamente significativa:

«Enganas-te, Simplício; devias dizer que todos sabem que se chama gravidade. Porém eu não te pergunto pelo nome, mas pela essência da coisa.»

É a essência, exprimível matematicamente, que Galileu procura. São muitas as passagens da sua obra que insistem nisso. Assim, na *Jornada Terceira* dos *Discorsi,* a tarefa proposta consiste em «fazer que esta definição do movimento acelerado mostre as características essenciais dos movimentos acelerados observados».

Por isso, pode afirmar-se com razão que Galileu é mais fiel ao espírito de Aristóteles do que os seus seguidores no séc. XVI. É curioso dar-se conta de como Simplício protesta nos *Discorsi,* dizendo que são os aristotélicos os que fazem experimentos. Isso seria verdade se tivesse dito «experiências» em vez de «experimentos».

> A «experiência»» é uma observação ingénua: pretende ser fiel ao que aparece, ao que se vê e toca. Mas introduz sub-repticiamente crenças e modos de pensar acriticamente assumidos através da tradição e da educação.
>
> O «experimento», pelo contrário, é um projecto matemático que escolhe de antemão as características relevantes de um fenómeno (as que são quantificáveis) e rejeita as demais. Mais ainda: o pitagorismo de Galileu leva-o a considerar essas qualidades não-quantificáveis (qualidades segundas) como irreais e meramente subjectivas. Só existe realmente aquilo que pode ser objecto de medida (qualidades primeiras).

Estamos agora na disposição de seguir os passos do método experimental, tal como Galileu os traça na sua carta a Pierre Carcavy (1637):

1. Resolução. A partir da experiência sensível, resolve-se ou analisa-se o dado, deixando apenas as propriedades essenciais. É um processo que pode caracterizar-se como intuição da essência.

2. Composição. Construção ou síntese de uma suposição (hipótese) abarcando as diversas propriedades essenciais escolhidas. Desta hipótese deduz-se em seguida uma série de consequências, precisamente aquelas que podem ser objecto de:

3. Resolução experimental. Comprovação dos efeitos deduzidos da hipótese.

É interessante notar que em muitos casos Galileu não dá este terceiro passo, limitando-se a um experimento mental. Mais surpreendente ainda é a sua concepção na carta mencionada:

«Se a experiência mostra que as propriedades que deduzimos encontram confirmação na queda livre dos corpos, podemos afirmar sem risco de erro, que o movimento concreto de queda é idêntico a este que definimos e supusemos; se não for esse o caso, as nossas demonstrações, que se aplicavam unicamente à nossa hipótese, nada perdem de sua força e valor, do mesmo modo que as proposições de Arquimedes sobre a espiral não tem menos valor por

❽ KEPLER E GALILEU: A LUTA PELO MÉTODO EXPERIMENTAL

na natureza não existir um corpo a que se possa atribuir um movimento em espiral.»

É esta a expressão genuína da soberba renascentista: a natureza autónoma da razão matemática. É incontestável o facto de que uma lei natural só o será ao ver-se confirmada na resolução experimental. Mas se tal não acontecer, continua a ter valor de proposição consistente em si mesma. É graças a esta confiança na razão que, por exemplo, as equações de **Evariste Galois** poderão ser utilizadas quase um século depois, ao chegar a mecânica quântica, ou, no caso do próprio Galileu, que a lei de queda dos corpos seja estabelecida antes que **Torricilli** consiga realizar a sua comprovação experimental.

O mundo novo surge devido à confiança absoluta na razão projectiva. Por isso, Galileu louva Aristarco e Copérnico que, «com a vivacidade de seus juizos, fizeram tal violência aos seus próprios sentidos que foram capazes de preferir o que a razão lhes ditava e não o que as experiências sensíveis lhes apresentavam da forma mais evidente como o contrário».

A «*hybris*» do pisano vai ao ponto de afirmar que no conhecimento intensivo (isto é, matemático) da realidade a razão iguala-se à do próprio Deus: «Declaro que, efectivamente, a verdade cujo conhecimento é retirado de provas matemáticas é idêntica àquela que a sabedoria divina conhece.» (*Discorsi, Jornada Primeira.*)

A razão impõe as suas leis à experiência, ao ponto de esta última se converter num mero índice do poder do intelecto. É o início da razão como factor de domínio do mundo: «Estou seguro, sem observações, de que o efeito acontecerá tal como digo, porque deve acontecer assim». (*Discorsi, Jornada Segunda.*)

A essência da modernidade experimenta-se pela boca de Galileu e plasma-se num desafio: **a razão desliga-se de toda a autoridade, seja a da tradição como a dos sentidos.** Porque, *chi vuol por termine agli umani ingegni?* (Quem se atreverá a pôr limites ao engenho dos homens? *Carta a Cristina de Lorena*, 1615).

Experiência e imaginação

Uma das experiências imaginárias mais importantes da história da filosofia natural, e também um dos argumentos mais simples e mais engenhosos da história do pensamento racional sobre o nosso universo, estão contidos na crítica de Galileu à teoria do movimento aristotélico. Essa experiência desautoriza a suposição aristotélica de que a velocidade natural de um corpo mais pesado é maior do que a de um corpo mais leve. «Se tivéssemos dois móbiles» – argumenta o porta-voz de Galileu – «de velocidades naturais diferentes, seria de esperar que quando o mais atrasado se juntasse ao mais veloz, este seria em parte retardado pelo mais atrasado e o mais atrasado em parte acelerado pelo mais veloz»; ora, «se assim é, também é verdade que da junção de uma pedra grande que se move, suponhamos, com oito graus de velocidade, com uma pedra menor com quatro graus, resultaria um sistema composto que teria de se mover com velocidade menor que oito graus; com efeito, as duas pedras unidas originam uma pedra maior que a primeira, que se movia com oito graus de velocidade; *com efeito, este composto (que é maior que a primeira pedra isolada) mover-se-á mais lentamente que a primeira pedra isolada, que é menor;* isto vai contra a tua suposição». E como o ponto de partida fora a argumentação contra a suposição de Aristóteles, esta fica agora refutada pois torna-se claro que é absurda.

A experiência imaginária de Galileu é o modelo perfeito do melhor uso que se pode fazer em experiências imaginárias: trata-se do uso crítico.

K. Popper, *A Lógica da Investigação Científica*

9 O RACIONALISMO

INTRODUÇÃO

No capítulo sétimo, falávamos da conveniência em considerar a época renascentista dentro de um período histórico mais amplo, que iria do século XIV ao século XVII. No século XVII, dizíamos, começa a filosofia moderna com **Descartes.**

Descartes inaugura uma nova época da filosofia caracterizada pela **autonomia absoluta da razão.** Em capítulos anteriores assistimos às tensões que perturbaram a filosofia medieval relativamente ao problema da autonomia da razão: a partir do averroismo, este problema converteu-se numa questão crucial para os pensadores medievais. No entanto, em nenhum momento o pensamento medieval conseguiu afirmar a plena autonomia da razão, que sempre ficou sujeita, de um ou de outro modo, à autonomia da fé religiosa.

A autonomia da razão implica, negativamente, que o seu exercício não seja coarctado ou regulado por nenhuma instância exterior e estranha à própria Razão, seja ela a tradição, a autoridade ou a fé religiosa. Positivamente, a autonomia da razão implica que esta é o princípio e o tribunal supremo a quem compete julgar do verdadeiro e do conveniente, tanto no âmbito do conhecimento teórico como no domínio da actividade moral e política. A afirmação da autonomia da razão não é exclusiva do racionalismo mas sim, a partir deste, de todo o pensamento moderno.

Ainda no capítulo sétimo, assinalámos que filosofia moderna surge em íntima ligação com o triunfo da nova ciência. Esta característica estende-se a toda a filosofia moderna, não apenas ao racionalismo mas para além deste, ao empirismo e a **Kant.**

Neste capítulo ocupar-nos-emos do racionalismo, a primeira das correntes filosóficas da modernidade, à qual pertencem **Descartes, Espinosa, Malebranche e Leibniz.** Os dois traços da modernidade que assinalámos realizam-se de um modo pleno pela primeira vez no racionalismo: por um lado, a razão constitui-se em princípio supremo e único no qual se fundamenta o saber; por outro, são as matemáticas que exemplificam o ideal de saber que se pretende instaurar.

Este capítulo está dividido do seguinte modo:
1. **A auto-suficiência da razão como fonte de conhecimento.**
2. **Descartes e a construção do Universo.**
3. **Espinosa e Leibniz.**
4. **A matemática como modelo de saber.**
5. **Razão e liberdade.**

1 A AUTO-SUFICIÊNCIA DA RAZÃO COMO FONTE DE CONHECIMENTO

Os termos «racionalismo» e «racionalista» são usados frequentemente, não apenas em filosofia mas também na linguagem e conversação comuns. Se perguntássemos a qualquer pessoa estranha à filosofia o que significam tais termos, talvez nos respondesse que o racionalismo é a atitude que atribui uma importância fundamental à razão. Esta definição não é à partida desacertada, mas peca por excessiva generalidade e imprecisão. Efectivamente, não basta indicar vagamente que se confere à razão um valor de princípio supremo; é necessário estabelecer o que se entende por razão e de que coisa é ela considerada princípio. Uma e outra coisa só podem ser definidas se se indicar com precisão: a) a que factores ou instâncias se nega a categoria de princípio concedida à razão (já que conceder a primazia a um factor implica obviamente negá-la a outro ou outros factores); b) em que campo ou esfera se concede à razão a categoria de fundamento e princípio.

Das observações precedentes deduz-se com facilidade que se pode falar de racionalismo em diferentes campos ou esferas e que em cada uma o termo «racionalismo» adquirirá um significado específico e concreto. Consideremos, por exemplo, o racionalismo religioso. O termo «racionalismo» aplica-se neste caso a uma esfera determinada, a esfera do religioso, e significa a teoria que concede a primazia à razão na fundamentação das ideias religiosas, negando-a aos dogmas e à fé. O racionalismo religioso pretende construir uma religião natural e universal que exclua todos os dogmas e crenças que não sejam estritamente racionais. (Como vimos no capítulo sétimo, este racionalismo aparece já no Renascimento com o platonismo e difunde-se largamente durante os séculos XVII e XVIII.)

Embora possa tomar diversas acepções específicas e aplicar-se em esferas diferentes, **o termo «racionalismo» refere-se primordialmente à corrente filosófica do século XVII a que pertencem Descartes e Leibniz, Espinosa e Malebranche.** Neste caso, o racionalismo opõe-se ao empirismo inglês do século XVIII. Talvez a melhor forma de entender esta oposição seja comparar o que dizem ambas as correntes sobre a origem do conhecimento: o empirismo defenderá que todos os nossos conhecimentos procedem em última análise, dos sentidos, da experiência sensível; por seu turno, o racionalismo estabelece que os nossos conhecimentos válidos e verdadeiros acerca da realidade procedem da razão, do próprio entendimento. Na filosofia racionalista do século XVII atribui a primazia à razão enquanto fonte e origem dos conhecimentos, negando-a aos sentidos.

Para compreender esta afirmação característica do racionalismo (os nossos conhecimentos válidos e verdadeiros acerca da realidade procedem do próprio entendimento) é conveniente tomar em consideração o ideal e o método da ciência moderna.

Giovanni da Ponte: As sete artes liberais.

1 A AUTO-SUFICIÊNCIA DA RAZÃO COMO FONTE DE CONHECIMENTO

O ideal da nova ciência é construir um sistema dedutivo no qual as leis são deduzidas a partir de certos princípios e conceitos primeiros.

O problema fundamental consiste em determinar donde provêm (e como é possível formulá-las) as ideias e princípios a partir dos quais se deduz o corpo das proposições e teoremas da ciência. Perante este problema, só duas respostas são possíveis: a) os princípios, ideias e definições que estão na base das proposições científicas provêm da experiência sensível, a sua origem está na informação que os sentidos nos proporcionam; b) esse princípios ou ideias básicas não estão na experiência sensível mas é o entendimento que os possui em si mesmo e por si mesmo.

Esta última é a resposta do racionalismo. Não é da experiência que procedem as ideias e princípios a partir dos quais se deve construir dedutivamente o nosso conhecimento da realidade. Certamente que os sentidos nos fornecem informação acerca do Universo, mas esta informação é confusa e muitas vezes incerta. Os elementos últimos do conhecimento científico, as ideias claras e precisas que devem constituir o ponto de partida, não procedem da experiência mas do entendimento que as possui em si mesmo . Esta explicação acerca da origem das ideias chama-se **inatismo,** pois defende que há ideias inatas, conaturais ao entendimento, que não são generalizações a partir da experiência sensível.

> São duas, por conseguinte, as afirmações fundamentais do racionalismo acerca do conhecimento: em primeiro lugar, que o nosso conhecimento acerca da realidade pode ser construído dedutivamente a partir de certas ideias e princípios evidentes; em segundo lugar, que estas ideias e princípios são inatos ao entendimento, que este os possui em si mesmo à margem de qualquer experiência sensível.

Matemática e razão

Estas longas cadeias de razões, completamente simples e fáceis, de que os geómetras costumam servir-se para chegar às suas mais difíceis demonstrações, tinham-lhe sugerido que todas as coisas que podem cair sob o conhecimento do homem se encadeiam da mesma maneira e que, com a condição de simplesmente nos abstermos de aceitar como verdadeira alguma que o não seja, ou de observarmos sempre a ordem necessária para as deduzir umas das outras, nenhumas pode haver tão afastadas a que por fim não se chegue nem tão ocultas que não se descubram. E não me foi muito difícil procurar por quais era preciso começar: pois já sabia que devia ser pelas mais simples e mais fáceis de conhecer; e, considerando que, entre todos os que até aqui procuraram a verdade nas ciências, só os matemáticos puderam encontrar algumas demonstrações, isto é, algumas razões certas e evidentes, não duvidei de que deveria começar pelas mesmas que eles examinaram; embora não esperasse delas nenhuma outra utilidade a não ser a de habituarem o meu espírito a alimentar-se de verdades e a não se contentar com falsas razões (…).

Mas, o que mais me contentava neste método era que, por meio dele, tinha a certeza de usar em tudo a própria razão, se não perfeitamente, pelo menos o melhor que podia; além de que, ao pô-lo em prática, sentia que o meu espírito se habituava pouco a pouco a conceber mais nítida e distintamente os seus objectos, e que, não o tendo submetido a nenhuma matéria particular, prometia a mim próprio aplicá-lo tão utilmente às dificuldades das outras ciências e como o aplicara às da álgebra. Não que ousasse, por essa razão, empreender logo o exame de todas as que se apresentassem; pois isso seria mesmo contrário à ordem que ele prescreve. Mas, tendo notado que os seus princípios se deviam derivar todos da filosofia, na qual eu não encontrara ainda nenhuns certos, pensei ser preciso, antes de tudo, esforçar-me por nela os estabelecer.

Descartes, *Discurso do Método*, (Edições 70 - pp. 58-61)

2 DESCARTES E A CONSTRUÇÃO DO UNIVERSO

2.1. A unidade da razão e o método

2.1.1. A unidade do saber e da razão

Na primeira das suas *Regras para a Direcção do Espírito*, Descartes afirma: «Todas as diferentes ciências mais não são do que a sabedoria humana, a qual permanece uma e idêntica, mesmo quando se aplique a objectos diversos e não receba deles mais distinção do que a luz do Sol recebe dos objectos que ilumina». As diferentes ciências e os diferentes saberes são, pois, manifestações de um saber único. Esta concepção unitária do saber provém em última análise de uma concepção unitária da razão. A sabedoria (*bona mens*) é única porque a razão é única: a razão que distingue o verdadeiro do falso, o conveniente do inconveniente, a razão que se aplica ao conhecimento teórico da verdade e ao ordenamento prático da conduta, é uma e a mesma.

2.1.2. A estrutura da razão e o método

Visto que a Razão, a inteligência, é única, interessa antes de mais conhecer qual a sua estrutura e o seu funcionamento próprio, a fim de ser possível aplicá-la correctamente e deste modo alcançar conhecimentos verdadeiros e proveitosos.

São dois, no entender de Descartes, os modos de conhecimento: a **intuição** e a **dedução**. A **intuição** é uma espécie de «luz ou instinto natural» que tem por objecto as naturezas simples: por seu inter-médio captamos imediatamente conceitos simples emanados da própria razão, sem qualquer possibilidade de dúvida ou erro. A intuição é definida por Descartes do seguinte modo (*Regra III*): «Um conceito da mente pura e atenta, tão fácil e distinto que não resta qualquer dúvida sobre o que pensamos; ou seja, um conceito não duvidoso da mente pura e atenta que nasce só da luz razão, e é mais certo que a própria dedução».

Todo o conhecimento intelectual se desenvolve a partir da intuição de naturezas simples. Efectivamente, entre umas naturezas simples e outras, entre umas intuições e outras, surgem conexões que a inteligência descobre e percorre por meio da **dedução.** Por mais que se prolongue em longas cadeias de raciocínios, a dedução não passa, em última análise, de uma sucessão de intuições das naturezas simples e das conexões entre elas.

Visto que a intuição e a dedução constituem o dinamismo interno e específico do conhecimento, este deve aplicar-se num processo com duas: 1) em primeiro lugar, um processo de **análise** até chegar aos elementos ou naturezas simples; 2) em segundo lugar, um processo de **síntese,** de reconstrução dedutiva do complexo a partir do simples. A um e outro momento se referem respectivamente as regras segunda e terceira do *Discurso do Método*: «Dividir cada uma das dificuldades em tantas partes quantas as possíveis e necessárias para resolvê-las melhor» (regra segunda); e «conduzir por ordem os meus pensamentos, começando pelos objectos mais

---

Intuição e dedução

Poderá agora perguntar-se porque é que à intuição juntámos um outro modo de conhecimento, que se realiza por **dedução***;* por ela entendemos o que se conclui necessariamente de outras coisas conhecidas com certeza. Foi imperioso proceder assim, porque a maior parte das coisas são conhecidas com certeza, embora não sejam em si evidentes, contanto que sejam deduzidas de princípios verdadeiros, e já conhecidos, por um movimento contínuo e ininterrupto do pensamento, que intui nitidamente cada coisa em particular(…) Distinguimos portanto, aqui, a intuição intelectual da dedução certa pelo facto de que, nesta, se concebe uma espécie de movimento ou sucessão e na outra, não; além disso, para a dedução não é necessário, como para a intuição, uma evidência actual, mas é antes à memória que, de certo modo, vai buscar a sua certeza. Pelo que se pode dizer que estas proposições, que se concluem imediatamente a partir dos primeiros princípios, são conhecidas, de um ponto de vista diferente, ora por intuição, ora por dedução, mas que os primeiros princípios se conhecem somente por intuição, e, pelo contrário, as conclusões distantes só o podem ser por dedução.

Descartes, *Regras para a Direcção do Espírito*, regra III (Edições 70 - pp. 21).

2 DESCARTES E A CONSTRUÇÃO DO UNIVERSO

Descartes

Nasceu em 1596, no seio de uma família nobre e abastada. De 1604 até 1614 estudou no colégio dos Jesuítas de la Flèche. A sua relativa fortuna permitiu-lhe dedicar a vida ao estudo, à ciência e à filosofia. Permaneceu na Holanda de 1628 a 1649, transferindo-se neste último ano para Estocolmo, onde morreu no ano seguinte.

As suas obras mais significativas são: *As Regras para a Direcção do Espírito* (*Regulae ad directionem ingenii*), incompletas, escritas por volta de 1628 e publicadas em 1701; as *Meditações* (*Meditationes de prima philosophia in quibus existentia Dei et animae immortalitas demonstrantur*), escritas em 1640 e cujo conteúdo comunicou a diversos filósofos e teólogos, o que originou seis séries de objecções e respostas; o *Discurso do Método* (1637) e os *Princípios da Filosofia* (*Principia philosophiae*), obra aparecida em 1644.

simples e fáceis de conhecer, para subir pouco a pouco, por passos, até ao conhecimento dos mais complexos; supondo inclusivamente uma ordem entre aqueles que não se antecedem naturalmente uns aos outros» (regra terceira).

Esta forma de proceder não é pois arbitrária: é o único método que responde à dinâmica interna de uma razão única. Até agora, pensa Descartes, a razão foi utilizada deste modo apenas no campo das matemáticas, produzindo resultados admiráveis. Nada impede no entanto que a sua utilização se estenda a todos os domínios do saber, produzindo frutos igualmente admiráveis.

2.2. A dúvida e a primeira verdade

2.2.1. A dúvida metódica

Como frisámos mais acima ao caracterizar o racionalismo, o entendimento deve encontrar em si mesmo as verdades fundamentais a partir das quais seja possível deduzir o edifício inteiro dos nossos conhecimentos. **Este ponto de partida tem de ser uma verdade absolutamente certa,** sendo absolutamente impossível duvidar dela. Somente assim o conjunto do sistema ficará firmemente fundamentado.

A busca de um ponto de partida absolutamente certo exige uma tarefa prévia que consiste em eliminar todos os conhecimentos, ideias e crenças que não apareçam dotados de uma certeza absoluta: há que eliminar tudo aquilo de que seja possível duvidar. Daí que Descartes comece pela dúvida. Esta dúvida é metódica, é uma exigência do método no seu momento analítico. O escalonamento dos motivos para duvidar apresentados por Descartes faz que a dúvida adquira a máxima radicalidade.

1. A primeira e mais óbvia razão para duvidar dos nossos conhecimentos encontra-se em **falácias dos sentidos,** que nos induzem às vezes em erro. Pois bem, que garantia existe de que não nos induzem sempre em erro? A maioria dos homens considerará como altamente improvável que os sentidos nos induzam sempre em erro, mas a improbabilidade não equivale a uma certeza e, por isso, a possibilidade de duvidar acerca do testemunho dos sentidos não fica totalmente eliminada.

2. Deve-se pois duvidar de que as coisas sejam como as percebemos por meio dos sentidos, mas isso não nos permite duvidar de que existam as coisas que percebemos. Daí que Descartes acrescente uma segunda razão – mais radical – para duvidar: **a impossibilidade de distinguir a vigília do sonho.** Por vezes os sonhos mostram-nos mundos de objectos com extrema nitidez, e ao despertar descobrimos que tais universos não têm existência real. Como distinguir o estado de sonho do estado de vigília e como alcançar uma certeza absoluta de que o mundo que percebemos é real? (Como no caso das falácias dos sentidos: a maioria

⑨ O RACIONALISMO

O que se entende por pensamento
Por pensamento entendo tudo o que está em nós de tal modo que temos imediatamente consciência disso. Assim, todas as operações da vontade, do entendimento, da imaginação e dos sentidos são pensamentos. Acrescentei imediatamente a fim de excluir as coisas que dependem e são consequências dos nossos pensamentos: por exemplo, o movimento voluntário conta desde logo com a vontade, como princípio seu, mas em si mesmo esse movimento não é pensamento.

Descartes, *Meditações Metafísicas*

---

dos homens – se não todos – tem critérios para distinguir a vigília do sonho; mas tais critérios não servem para fundamentar uma certeza absoluta.)

3. A impossibilidade de distinguir a vigília do sonho permite duvidar da existência das coisas e do mundo, mas não parece afectar certas verdades, como as matemáticas: adormecidos ou acordados, os três angulos de um triângulo somam 180 graus na geometria de Euclides. Daí que Descartes acrescente o terceiro e mais radical motivo de dúvida: talvez exista algum **espírito maligno** – escreve Descartes – «de extremado poder e inteligência que põe todo o seu empenho em induzir-me em erro» (*Meditações*, I). Esta hipótese do «génio maligno» equivale a supor que talvez o entendimento seja de tal natureza que se equivoque necessariamente e sempre quando pensa captar a verdade. Trata-se, uma vez mais, de uma hipótese improvável, mas que nos permite duvidar de todos os nossos conhecimentos.

2.2.2. A primeira verdade e o critério

A dúvida levantada até este extremo de radicalidade parece desaguar irremediavelmente no cepticismo. Isso pensou Descartes durante algum tempo até que, por fim, encontrou uma verdade absoluta, imune a toda a dúvida por mais radical que esta seja: a existência do próprio sujeito que pensa e duvida. Se eu penso que o mundo existe, talvez me engane quanto à existência do mundo mas não pode haver erro quanto ao facto de que eu penso isso; de igual modo, posso duvidar de tudo menos de que eu duvido. A minha existência como sujeito que pensa (que duvida, que se equivoca, etc.) está assim isenta

de todo o erro possível e de toda a dúvida possível. Descartes exprime-o com o seu célebre **«Penso, logo existo».**

Mas a minha existência como sujeito pensante não é somente a primeira verdade e a primeira certeza: é também o protótipo de toda a verdade e de toda a certeza. Porque é que a minha existência como sujeito pensante é absolutamente indubitável? Porque a percebo com toda a clareza e distinção. Daqui deduz Descartes o seu critério de certeza: **tudo quanto perceber com igual clareza e distinção será verdadeiro e, portanto, poderei afirmá-lo com inquebrantável certeza**. «Neste primeiro conhecimento não existe senão uma percepção clara e distinta do que afirmo; o que não seria suficiente para assegurar-me da certeza de uma coisa, se fosse possível que o que percebo clara e distintamente seja falso. Portanto, parece-me que posso estabelecer como regra geral que tudo o que percebo clara e distintamente é verdadeiro.» (*Meditações*, III.)

2.3. As ideias

2.3.1. As ideias, objecto do pensamento

Temos já uma verdade absolutamente certa: a existência do eu como sujeito pensante. Esta existência indubitável do eu não parece implicar no entanto a existência de qualquer outra realidade. De facto, ainda que eu o pense, talvez o mundo não exista na realidade (segundo Descartes, podemos duvidar de sua existência); o único certo é que eu penso que o mundo existe. Como demonstrar a

2 DESCARTES E A CONSTRUÇÃO DO UNIVERSO

existência de uma realidade extramental, exterior ao pensamento? Como conseguir a certeza de que existe algo à parte do meu pensamento, exterior a ele?

O problema é enorme, sem dúvida, já que a Descartes não resta outro remédio senão deduzir a existência da realidade a partir da existência do pensamento. Assim o exige o ideal dedutivo: da primeira verdade do «eu penso» deverão extrair-se todos os nossos conhecimentos, inclusivé, claro está, o conhecimento de que existem realidades extramentais.

Antes de passar adiante com a dedução, vejamos, como faz Descartes os elementos com que contamos para levá-la a cabo. Este balanço mostra-nos que contamos com dois: o **pensamento** como actividade (eu penso) e as **ideias** que pensa. No exemplo citado, «eu penso que o mundo existe», esta fórmula põe a claro a presença de três factores: o eu que pensa, cuja existência é indubitável; o mundo como realidade exterior ao pensamento, cuja existência é duvidosa e problemática e as ideias de «mundo» e de «existência» que indubitavelmente possuo (talvez o mundo não exista, mas não pode duvidar-se de que possuo as ideias de «mundo» e «existência», já que, se as não possuísse, não poderia pensar que o mundo existe).

Desta análise conclui Descartes que **o pensamento pensa sempre ideias.** É importante anotar que o conceito de «ideia» muda em Descartes, relativamente vigente no passado. Para a filosofia anterior, o pensamento não recai sobre as ideias mas directamente sobre as coisas: se eu penso que o mundo existe, estou pensando no mundo e não na minha ideia de mundo (a ideia seria algo assim como um meio transparente através do qual o pensamento recai sobre as coisas: como uma lente através da qual se vêem as coisas, sem que ela mesma seja percebida). Para Descartes, ao contrário, o pensamento não recai directamente sobre as coisas (cuja existência não é certa em princípio) mas sobre as ideias: no exemplo utilizado, eu não penso, no mundo mas na ideia de mundo (a ideia não é uma lente transparente mas uma representação ou fotografia que contemplamos). Como garantir que a ideia de mundo corresponde uma realidade do mundo?

2.3.2. A ideia, realidade objectiva e acto mental

A afirmação de que o objecto do pensamento são as ideias, leva Descartes a distinguir cuidadosamente dois aspectos nelas: as ideias enquanto **actos mentais** («modos de pensamento», na expressão de Descartes) e as ideias enquanto **possuem um conteúdo objectivo.**

Como actos mentais, todas as ideias possuem a mesma realidade; quanto ao seu conteúdo, a sua realidade é diferente: «Enquanto as ideias são somente modos do pensamento, não reconheço desigualdade alguma entre elas e todas elas parecem provir de mim da mesma maneira; mas enquanto uma representa uma coisa, e a outra uma outra coisa, é evidente que são mui distintas entre si. É indubitável que aquelas ideias que me representam substâncias são algo mais e possuem em si, por assim dizer, mais realidade objectiva do que aquelas que representam somente modos ou acidentes.» (*Meditações*, III.)

Noção de ideia

Pela palavra *ideia* entendo aquela forma dos nossos pensamentos cuja percepção imediata nos torna conscientes deles. Assim, quando compreendo o que digo, não posso expressar com palavras nada que não seja certo, porque tenho em mim a ideia da coisa que as minhas palavras significam. Por conseguinte, não designo por ideia as imagens da minha fantasia, nem sequer lhes chamo ideias enquanto estão na fantasia corpórea (ou seja, enquanto estão inseridas em certas partes do cérebro), mas só quando informam o próprio espírito a elas dedicado nessa parte do cérebro.

Descartes, *Meditações Metafísicas*

❾ O RACIONALISMO

2.3.3. Classes de ideias

Temos, pois, de partir das ideias. Temos de submetê--las a uma análise cuidadosa para tentar descobrir se alguma delas nos serve para romper o cerco do pensamento e sair para a realidade extramental. Ao realizar esta análise, Descartes distingue três tipos de ideias:

1. Ideias **adventícias,** isto é, aquelas que parecem provir da nossa experiência externa (as ideias de homem, de árvore, as cores, etc.). Escrevemos «parecem provir» e não «provêm» porque ainda não temos certeza da existência de uma realidade exterior.

2. Ideias **factícias,** ou seja, as que a mente constrói a partir de outras ideias (a ideia de um cavalo com asas, etc.).

É claro que nenhuma destas ideias pode servir-nos de ponto de partida para a demonstração da existência da realidade extramental: as adventícias, porque parecem provir do exterior e, portanto, a sua validade depende da problemática existência da realidade extramental; as factícias, porque ao serem construídas pelo pensamento a sua validade é questionável.

3. Existem, no entanto, algumas ideias (poucas, mas à partida as mais importantes) que não são adventícias nem factícias. Ora bem, se não podem provir da experiência externa, nem são construídas a partir de outras, qual é a sua origem? A única resposta possível é que o pensamento as possui em si mesmo, isto é, são **inatas.** (Eis aqui já a afirmação fundamental do racionalismo de que são inatas as ideias primitivas a partir das quais se irá construir o edifício dos nossos conhecimentos.) Ideias inatas são, por exemplo, a de «pensamento» e a de «existência», que não são construídas por mim nem procedem de experiência externa alguma, mas que encontro na própria percepção do «penso, logo existo».

2.4. A existência de Deus e do mundo

Entre as ideias inatas, Descartes descobre a ideia de infinito, que se apressa a identificar com a ideia de Deus (Deus=infinito). Com argumentos convincentes, Descartes demonstra que a ideia de Deus não é adventícia (e não o é, evidentemente, visto que não possuímos experiência directa de Deus) e com argumentos menos convincentes esforça-se por demonstrar que também não é factícia. Contra a opnião tradicional de que a ideia de infinito provém, por negação dos limites, da ideia de finito, Descartes afirma que a noção de finitude, de limitação,

---

Demonstração da existência de Deus a partir da sua ideia

De modo que só resta a ideia de Deus, mediante a qual posso considerar se existe alguma coisa que não tenha origem em mim próprio. Por «Deus» entendo uma substância infinita, eterna, imutável e independente, sumamente omnisciente e omnipotente, que me criou e criou todas as coisas (se porventura as coisas existem). Ora, o que se entende por Deus é sem dúvida tão notável que quanto mais aprofundo essa ideia menos me parece que possa ter a sua origem só em mim. Por conseguinte, devo concluir forçosamente, pelo exposto que Deus existe . Como sou uma substância, tenho em mim uma certa ideia de substância; no entanto, como sou finito, nunca poderia ter a ideia de uma substância infinita, a não ser que a minha origem se deva a outra substância realmente infinita (...). E deste modo acabam as dificuldades, tendo eu de concluir necessariamente o seguinte: porque eu existo e há em mim uma certa ideia de um ente perfeitíssimo (ou seja, Deus), está demonstrado à evidência que Deus existe.

A força deste argumento reside na certeza de que é impossível que eu, por virtude da minha natureza, tenha em mim a ideia de Deus se Deus não existisse de facto.

Descartes, *Meditações Metafísicas.*

2 DESCARTES E A CONSTRUÇÃO DO UNIVERSO

pressupõe a ideia de infinitude: esta não deriva pois daquela; não é factícia.

Uma vez estabelecido por Descartes que a ideia de Deus – como ser infinito – é inata, o caminho da dedução fica definitivamente desimpedido:

a) A existência de Deus é demonstrada a partir da ideia de Deus. Entre os argumentos utilizados por Descartes merecem ser destacados dois: em primeiro lugar, o argumento ontológico, a que já nos referimos no capítulo quarto ao ocuparmo--nos de **Santo Anselmo;** em segundo lugar, um argumento baseado na causalidade aplicada à ideia de Deus. Esta prova parte da realidade objectiva das ideias e pode ser formulada assim: «a realidade objectiva das ideias requer uma causa tal que possua realidade em si mesma, não só de um modo objectivo mas também de um modo formal ou eminente» isto é, a ideia como realidade objectiva requer uma causa real proporcionada; logo, a ideia de um ser infinito requer uma causa infinita; logo, foi causada em mim por um ser infinito; logo, o ser infinito existe.

b) A existência do mundo é demonstrada a partir da existência de Deus: visto que Deus existe e é infinitamente bom e veraz, não pode permitir que me engane ao crer que o mundo existe; logo, o mundo existe.

Deus aparece assim como garantia de que às minhas ideias corresponde um mundo, uma realidade extramental. Convém no entanto notar que Deus não garante que a todas as minhas ideias corresponda uma realidade extramental. Descartes (como Galileu, como toda a ciência moderna) nega que existam as qualidades secundárias, apesar de termos as ideias das cores, dos sons, etc. Deus garante somente a existência de um mundo constituído exclusivamente pela extensão e pelo movimento (qualidades primárias). A partir destas ideias de extensão e movimento pode deduzir-se a física; as leis gerais do movimento; Descartes tenta realizar esta dedução. Tentaremos uma análise mais pormenorizada da interpretação cartesiana do mundo no capítulo décimo primeiro, na alínea «a máquina cartesiana do mundo»(3.1.).

2.5. A estrutura da realidade

Pelo anteriormente exposto compreende-se facilmente que Descartes distingue três esferas ou âmbitos da realidade: Deus ou **substância infinita,** o eu ou **substância pensante** e os corpos ou **substância extensa.** (Assinalámos já que, segundo Descartes, a essência dos corpos é a extensão: para ele não existem as qualidades secundárias.)

O conceito de substância é um conceito fundamental em Descartes e, a partir dele, em todos os

---

A substância

Chama-se substância àquela coisa na qual, tal como no seu sujeito, algo lhe é inerente, ou seja, pela qual existe algo que concebemos; quer dizer, uma propriedade, qualidade ou atributo do qual temos em nós uma ideia real. A única ideia precisa que temos de substância é que se trata de uma coisa na qual existe formalmente ou eminentemente o que concebemos, ou seja, o que está objectivamente nalguma das nossas ideias, pois a luz natural ensina-nos que o nada não comporta nenhum atributo do real.

Chamamos *espirito* à substância na qual o pensamento está imediatamente inserido. Este nome é, no entanto,

equívoco, pois às vezes é atribuído ao vento ou a certos licores; mas não encontro outro melhor.

Chamamos *corpo* à substância que é sujeito imediato da extensão e dos acidentes que pressupõem extensão, como a figura, a situação, o movimento local, etc. Perguntar-se-á de imediato se a substância chamada *espirito* é a mesma à qual chamamos *corpo* ou se se trata de duas substâncias diferentes e separadas.

Chamamos *Deus* à substância que entendemos ser sumamente perfeita e na qual não concebemos nada que possa incluir defeitos ou limitações de perfeição.

Descartes, *Meditações Metafísicas.*

9 O RACIONALISMO

> **Proposição XVI**
> *Da necessidade da natureza divina derivam coisas infinitas de maneiras infinitas (isto é, tudo o que pode caber num raciocínio infinito).*
> DEMONTRAÇÃO: Esta proposição deve ser evidente para todos, desde que se considere que a razão conclui várias propriedades de uma dada definição de uma coisa, as quais derivam naturalmente, e de um modo necessário, dessa definição (ou seja, da própria essência da coisa), e tantas quanto maior realidade a definição da coisa expressar, isto é, quanto mais realidade a essência da coisa definida implicar. Mas como a natureza divina possui atributos infinitos absolutos (de acordo com a definição 6), cada qual expressando também uma essência infinita do seu género, da necessidade dessa natureza derivam então necessariamente coisas infinitas de modos infinitos (ou seja, tudo o que cabe num raciocínio infinito). Q.E.D.
>
> Espinosa, *Ética*

filósofos racionalistas. Uma célebre definição (que não é a única dada por Descartes, mas a mais significativa) estabelece que a substância é **uma coisa que existe de tal modo que não necessita de nenhuma outra coisa para existir.** Tomando-se esta definição à letra, é evidente que só poderia existir a substância infinita (Deus), já que os seres finitos, pensantes e extensos são criados e conservados por Ele. O próprio Descartes reconheceu (*Princípios*, I, 51) que tal definição só pode aplicar-se de modo absoluto a Deus, embora a definição possa continuar a manter-se no que se refere à independência mútua entre a substância pensante e a substância extensa que não necessitam uma da outra para existir.

A autonomia da alma relativamente à matéria justifica-se, aliás, na clareza e na distinção com que o entendimento percebe a independência de ambas: «posto que, por um lado, possuo uma ideia distinta do corpo enquanto é apenas uma coisa extensa e que não pensa, é evidente que eu sou distinto do meu corpo e que posso existir sem ele» (*Meditações*, VI).

> Ao afirmar que a alma e o corpo, pensamento e extensão constituem substâncias distintas o objectivo último do pensamento de Descartes é salvaguardar a autonomia da alma relativamente à matéria. A ciência clássica (cuja concepção da matéria Descartes compartilha) impunha uma concepção mecanicista e determinista do mundo material, no qual não há lugar algum para a liberdade. A liberdade – e com ela o conjunto dos valores espirituais defendidos por Descartes – só podia salvaguardar-se subtraindo a alma ao mundo da necessidade mecanicista e isto, por seu turno, exigia que se situasse numa esfera da realidade autónoma e independente da matéria. Esta independência da alma e do corpo é a ideia central trazida pelo conceito cartesiano de substância.

H. Testelin: Luís XIV e a cultura. O rei com os membros da Academia das Ciências

3 ESPINOSA E LEIBNIZ

3.1. Espinosa

3.1.1. A noção de substância

A noção cartesiana de substância a que acabámos de referir-nos incluía dois elementos: a) a autonomia e independência da substância expressa na sua definição («que não necessita de nenhuma outra coisa para existir»); b) a percepção clara e distinta da autonomia da substância, da sua independência relativamente a qualquer outra substância. Ambos os aspectos surgem integrados na definição da mesma, dada por Espinosa: «**Por substância entendo aquilo que é em si e se concebe por si; isto é, aquilo cujo conceito não precisa do conceito de outra coisa para se formar**» (*Ética*). Substância é pois o que existe por si mesmo e é conhecido por si mesmo.

Nesta fórmula observe-se que intervêm explicitamente dois elementos distintos (que correspondem aos dois elementos da noção cartesiana): por um lado, a realidade ou existência da substância («o que existe por si mesmo»); por outro, o conhecimento da substância («é conhecido por si mesmo»). Esta fórmula implica que entre a ordem do conhecimento e a ordem da realidade exista uma correspondência perfeita: o que existe por si mesmo é conhecido por si mesmo; e o inverso: o que é conhecido por si mesmo existe por si mesmo.

3.1.2. O monismo panteísta

Espinosa interpreta a realidade como um sistema único em que as partes remetem para o todo e encontram nele a sua justificação e fundamento. Este sistema total, esta substância única, é denominada por Espinosa **Deus sive Natura (Deus ou Natureza).**

Este monismo panteísta encontra justificação lógica na definição espinosista de substância, da qual se deduz necessariamente. Com efeito, se substância é o que se concebe por si mesmo e, portanto, existe por si mesmo, a ideia de uma substância criada é contraditória: enquanto substância há-de ser conhecida e definida por si mesma, sem necessidade de recurso à ideia de outra substância; enquanto criada, não pode ser conhecida e definida por si mesma, mas a sua definição inclui necessariamente a ideia de Deus (como definir uma substância criada senão como uma substância produzida por Deus?). Não existem, pois, substâncias criadas, não há pluralidade de substâncias. Existe uma substância única, infinita, que se identifica com a totalidade do real: as partes não são auto-suficientes, somente o todo o é.

Esta substância infinita, Deus ou Natureza, possui infinitos atributos dos quais dois nos são conhecidos: o pensamento e a extensão. Por sua vez, cada um destes infinitos atributos realiza-se em infinitos

Baruch Espinosa

Descendente de judeus espanhóis ou portugueses (segundo opiniões divergentes) emigrados, nasceu em Amsterdão em 1632. A sua formação intelectual procede de duas fontes: por um lado, a filosofia e religião judaica tradicionais; por outro, a filosofia de Descartes. Excomungado e expulso da Sinagoga em 1656, transferiu-se para Haia, onde viveu modestamente do seu trabalho como polidor de lentes. Morreu aos 44 anos, em 1677.

Escreveu um tratado (por acabar) acerca do método: *Reforma do Entendimento* e um *Tratado Teológico-Político*; ambos, juntamente com a *Ética (Etica more geometrico demonstrata)*, constituem o mais importante da sua produção filosófica.

9 O RACIONALISMO

Godofredo Guilherme Leibniz

Nasceu em Lípsia em 1646 e morreu em 1716. Na Universidade de Lípsia, familiarizou-se com o pensamento aristotélico, platónico e escolástico, bem como com a filosofia de Descartes. Aos dezanove anos doutorou-se em Direito, dedicando a partir de então grande parte da sua actividade à carreira política e diplomática. Durante a sua residência em França conheceu os trabalhos matemáticos de Pascal. Em 1676 inventou o cálculo infinitesimal. Conheceu igualmente Espinosa numa viagem pela Holanda, bem como outros cientistas e filósofos da época.

Leibniz deixou uma ampla e interessante correspondência, bem como inúmeros opúsculos, entre os quais merecem destacar-se o *Discurso da Metafísica*. *O Sistema Novo da Natureza e a Comunicação entre as Substâncias* e *Monadologia*, escrita já no final da sua vida. Obras de maior envergadura são *Novos Ensaios acerca do Entendimento Humano* (em que analisa pormenorizadamente o *Ensaio* de Locke) e *Ensaios de Teodiceia*.

modos. (que são as diferentes realidades individuais, almas e corpos particulares).

3.1.3. A ordem do real

A definição espinosista de substância baseia-se em que existe uma correspondência perfeita entre a ordem das ideias e a ordem do real. Este princípio (implicitamente suposto por Descartes) é explicitamente afirmado por Espinosa na sua proposição: **«A ordem e conexão das ideias é a mesma que a ordem e a conexão das coisas»** (*Ética* II, prop. 7). A correspondência entre as duas ordens constitui a chave e o fundamento de todo o sistema filosófico de Espinosa. Com efeito, tal correspondência implica:

a) que a totalidade do real (Deus, Natureza) constitui um sistema no qual as diferentes partes – os seres particulares – estão relacionadas umas com as outras e, em última análise, com o todo. A realidade apresenta a estrutura de um sistema na sua totalidade. (A obra fundamental de Espinosa tem por título *Ética demonstrada segundo a ordem geométrica* e nela expõe a ordem total da realidade, utilizando a forma de um tratado de geometria: a partir de certas definições – Deus, substâncias, etc. – e de certos axiomas deduz-se em forma de teoremas a estrutura da totalidade do real).

b) A conexão existente entre as ideias (entre as proposições de um sistema matemático-geométrico) é necessária, contínua e intemporal: necessária, porque os teoremas são como são e não podem ser de outro modo; contínua, pois as proposições sucedem-se e derivam umas das outras sem saltos nem lacunas; e intemporal porque a derivação de proposições umas a partir das outras não implica uma sucessão cronológica mas apenas lógica, a sucessão que vai do princípio à consequência.

Dado haver uma correspondência entre a ordem do pensamento e a ordem da realidade, também as conexões existentes na realidade possuirão as características assinaladas de necessidade, continuidade e intemporalidade. Por isso, quando Espinosa contempla a realidade *more geométrico* (segundo a ordem geométrica), fá-lo *sub specie aeternitatis* (numa perspectiva intemporal, de eternidade).

3.2. Leibniz

3.2.1. A noção de mónada

Também Leibniz vai buscar a Descartes a ideia básica de substância como uma realidade que é autónoma e independente de qualquer outra substância em seu ser e em seu comportamento. Leibniz, contudo, critica e rejeita dois pontos fundamentais do cartesianismo: a concepção cartesiana da extensão como essência da substância material e o mecanicismo como execução do movimento. Obviamente, existe uma estreita vinculação lógica entre os dois aspectos da doutrina cartesiana.

3 ESPINOSA E LEIBNIZ

Ao negar que a extensão seja a essência da realidade corpórea, Leibniz chega à conclusão de que existe uma infinidade de substâncias simples, inextensas, a que chama **mónadas.** Ao negar o mecanicismo, Leibniz afirma que estas substâncias são activas: os diferentes processos e determinações que afectam uma mónada têm origem na actividade desta, são interiores a ela e não o resultado de qualquer influxo exterior. As mónadas não actuam, pois, umas sobre as outras.

Ora, apesar de as substâncias ou mónadas não exercerem qualquer influência recíproca, o Universo manifesta uma ordem como totalidade: como é possível esta ordem se cada mónada actua por si e a partir de si, desligada realmente das demais? A resposta de Leibniz a esta pergunta encontra-se na sua teoria da harmonia **pré-estabelecida**: ao criar o mundo, Deus ordenou-as de tal modo que, mesmo sem existirem influências mútuas entre elas, o resultado da actividade de todas é a ordem harmónica da totalidade.

Um dos problemas teóricos cruciais do racionalismo é o da relação existente entre as diferentes substâncias, especificamente entre a substância pensante (alma) e a substância extensa (corpo; ou antes, no caso de Leibniz, a multidão de mónadas que «compõem» o corpo). A noção cartesiana de substância conduzia à negação da intercausalidade das substâncias, da possibilidade de que uma substância influenciasse ou actuasse sobre outra.

Para resolver este problema, Malebranche introduziu a doutrina **ocasionalista.** Segundo o ocasionalismo, não são as substâncias que actuam sobre as outras, mas é Deus quem realmente actua: uma lesão cerebral (corpo) não é causa da perda da memória (alma), mas ocasião para Deus actuar causando a perda da memória. Leibniz, como acabámos de notar, propôs a **harmonia pré--estabelecida.** Quanto a Espinosa, o seu monismo permite obviar perfeitamente ao problema da interacção da mente e do corpo: «são uma e mesma coisa que se concebe, num caso, sob o atributo do pensamento e, no outro caso, sob o atributo da extrosão» (*Ética* III, prop. 2, escólio).

3.2.2. O princípio da razão suficiente

a) Verdades de facto e verdades de razão

Na sua análise do conhecimento, Leibniz distingue estes dois tipos de verdades, sendo as seguintes as respectivas características:

1. As verdades de razão são verdades analíticas, isto é, basta analisar o sujeito da proposição para concluir que o predicado lhe convém. Tomemos um exemplo: «O todo é maior do que as suas partes». Basta analisar a ideia de «todo» («todo» é algo composto de várias «partes») para compreender que o predicado lhe convém necessariamente, que tem de ser «maior do que as suas partes», que não pode ser de outro modo.

Segundo Leibniz, as verdades de razão baseiam-se exclusivamente no princípio de contradição. No nosso exemplo, basta que o todo seja o todo e a parte seja a parte para que a nossa proposição seja verdadeira sem mais requisitos.

2. As verdades de facto não são analíticas, isto é, não é suficiente analisar o sujeito para compreender que o predicado lhe convém. Tomemos outro exemplo: «César passou o Rubicão». Esta proposição enuncia um facto, uma verdade, que podemos encontrar nos livros de história. Esta verdade não é analítica, já que por muito que analisássemos o conceito de César (se isso fosse possível), não poderíamos dele deduzir que passou o Rubicão, como podemos deduzir que a ideia de «todo» tem de ser necessariamente maior do que as partes. Em rigor, César podia não ter passado o Rubicão.

As verdades de facto não se baseiam pois, apenas no princípio da contradição: «César» continuaria sendo «César» e «passar o Rubicão» continuaria a ser «passar o Rubicão», mesmo que aquele não tivesse passado este. Para fundamentar as verdades de facto, é preciso pois outro princípio além do de contradição, o princípio que Leibniz denominou «**razão suficiente**». Este princípio estabelece que **tudo o que existe ou acontece tem uma razão para existir ou acontecer** (caso contrário, não existiria nem aconteceria). Aplicado ao nosso exemplo, o princípio exige que há (houve) alguma razão suficiente para que César passasse o Rubicão (senão,

⑨ O RACIONALISMO

não o teria feito). Tudo é inteligível, tudo pode ser teoricamente deduzido a partir da sua razão suficiente (o ideal dedutivo do racionalismo está presente em Leibniz) e bastaria conhecer a razão suficiente que determinou César para – a partir dela – saber que passaria o Rubicão.

b) O problema da liberdade

A distinção entre verdades de facto e verdades de razão foi introduzida por Leibniz, entre outros motivos para salvaguardar a liberdade dos actos humanos. César, já dissemos, passou o Rubicão, mas podia não o ter passado. A distinção entre os dois tipos de verdade é no entanto difícil de manter, admitindo o princípio de razão suficiente. E parece que as verdades de facto vêm a ser, em última análise, verdades de razão. Vejamo-lo com o exemplo que utilizámos:

– de acordo com a filosofia de Leibniz, se César passou o Rubicão, deve haver uma razão suficiente para o ter feito;

– esta razão suficiente tem de encontrar-se no próprio César e não fora dele, já que, de acordo com o conceito racionalista de substância, nenhuma substância pode influênciar outra e, por conseguinte, é no próprio César que terá de encontrar-se a razão de toda a sua actividade;

– esta razão suficiente não pode ser certamente a pura «vontade». A vontade não é mais do que a carência de razões. Aquele que diz ter feito algo porque Ihe deu na vontade está na realidade a dizer que o fez sem uma razão suficiente. Mas isso é irracional;

– logo, se houve uma razão e a razão também se encontra no próprio César, poderiamos encontrá-la analisando o conceito de 'César' e, por conseguinte, o predicado («passou o Rubicão»). **As verdades de facto seriam portanto, analíticas de razão.**

Leibniz não parecia disposto a aceitar esta conclusão e nas suas obras apresentou duas contestações ao raciocínio acima exposto.

1. Em primeiro lugar – diz Leibniz – seria necessária uma análise infinita realizada por um entendimento infinito, e isso não é possível. Para o entendimento humano, «César passou o Rubicão» será sempre um facto que não é possível deduzir, mas que pode ser conhecido por experiência (baseando-nos no testemunho de alguém que viu). Esta contestação não parece resolver o problema, pois um entendimento infinito poderia levar a cabo tal análise por conseguinte, embora facticamente, para nós não seja uma verdade analítica, vem teoricamente e em si mesma a sê-lo.

Os dois relógios e a harmonia

Imagine-se dois relógios em perfeita correspondência. Ora, esta correspondência pode acontecer *de três maneiras*. A primeira consiste na influência mútua de um relógio sobre o outro; a segunda, nos cuidados do homem que se ocupa deles; a terceira, na sua própria precisão (…).

Substitua-se agora estes dois relógios pela alma e pelo corpo. A sua concordância ou simpatia também acontecerá de uma destas três maneiras. *A via da influência* é a da filosofia vulgar; mas como não é possível conceber partículas materiais, espécies ou qualidades imateriais capazes de passar de uma substância a outra, vemo-nos obrigados a abandonar esta opinião. *A via da assistência* é própria do sistema das causas ocasionais; mas isto é trazer Deus *ex machina* para as coisas naturais e vulgares quando, de acordo com a razão, o seu modo de intervenção não é diferente daquele com que concorre em todas as outras coisas da natureza. Por conseguinte, só resta a minha hipótese, ou seja, a *via da harmonia pré--estabelecida* por um artífice divino previdente que desde o início formou cada uma destas substâncias de uma maneira tão perfeita e as regulou com tal precisão que, regendo-se elas apenas pelas suas próprias leis recebidas com o seu ser, se encontram, com efeito, concertadas uma com a outra.

Leibniz, *Carta a M.D.L.*

3 ESPINOSA E LEIBNIZ

O princípio da razão suficiente

31 - Os nossos raciocínios baseiam-se em *dois grandes princípios:* O princípio da *contradição,* por meio do qual julgamos *falso* o que implica contradição e *verdadeiro* o que é oposto ou contraditório ao falso.

32 - O *princípio da razão suficiente,* por meio do qual consideramos que nenhum facto pode existir ou ser verdadeiro e que nenhuma enunciação é verdadeira se não houver uma razão suficiente para que isso seja assim e não de outro modo, mesmo que não possamos conhecer estas razões na maior parte dos casos.

33 - Há duas espécies de *verdades:* as de *raciocínio* e as de *facto*. As verdades de raciocínio são necessárias, e o seu contrário é impossível; as de facto são contingentes e o seu contrário é possível. Quando uma verdade é necessária, a sua razão pode ser encontrada através da análise das suas ideias e verdades mais simples até se chegar às primeiras (…).

36 - Mas a *razão suficiente* também pode ser encontrada nas *verdades contingentes ou de facto*, isto é, na série de coisas que fazem parte do universo das criaturas, mas aqui a análise em razões particulares poderia levar a uma pormenorização ilimitada devido à imensa variedade das coisas da natureza e à divisão infinita dos corpos. A causa eficiente da minha escrita presente é formada por uma infinidade de imagens e de movimentos, e há ainda uma infinidade de pequenas inclinações e disposições da minha alma, presentes e passadas, que formam a causa final.

37 - Não é possível avançar na análise dado que toda esta *pormenorização* engloba ainda outros contingentes anteriores e porventura ainda mais detalhados, além de que cada um deles requer também uma análise semelhante para lhes conferir razão. A razão suficiente deve, pois, situar-se fora da sequência ou *séries* destes pormenores e contingências por mais infinitos que estes sejam.

38 - Deste modo, a razão última das coisas residirá numa substância necessária na qual a pormenorização das mudanças é apenas eminente, tal como na sua origem: a isso chamamos Deus.

Leibniz, *Monadologia*.

---

2. Existe – diz Leibniz noutras ocasiões – uma diferença radical entre os dois tipos de verdades: as de razão referem-se a essências, enquanto as de facto se referem a existências. Vejamos o que significa esta distinção.

Que as verdades de razão se referem a essências significa que são verdades independentemente de existirem ou não os sujeitos a que se referem: «o todo é maior do que as suas partes» é verdade independentemente de existirem todos, ou de não existirem, do mesmo modo que os três ângulos de um triângulo somam cento e oitenta graus, mesmo que não houvesse triângulos. Não é este o caso das verdades de facto, as quais implicam a existência do sujeito. «César passou o Rubicão» só é verdade num mundo em que existe César; num mundo em que não tivesse existido César, não se teria produzido este facto.

c) Deus e o princípio de razão suficiente

O problema é assim transferido para Deus. Segundo Leibniz, as verdades de razão – que não implicam existências – têm fundamento no entendimento divino, enquanto as verdades de facto têm fundamento na vontade divina, que decidiu criar este mundo em que há César e há Rubicão. Se tivesse decidido criar outro mundo em que não existisse César, o facto em questão não se teria produzido.

Claro que podemos continuar ainda a insistir: por que fez Deus este mundo? Qual a razão suficiente para que Deus criasse este mundo e não outro entre os infinitos mundos possíveis a que Leibniz se refere? É bem conhecida a resposta de Leibniz a esta pergunta: Deus criou este mundo porque é o melhor de todos os mundos possíveis. Eis a razão suficiente da sua criação.

É evidente que o problema da liberdade se coloca agora a respeito do próprio Deus, relativamente à criação deste mundo. A sua criação é realmente livre? – Não se deduziria necessariamente de Deus tudo o que existe e tudo o que acontece no Universo, como acontece no sistema de Espinosa?

4 A MATEMÁTICA COMO MODELO DE SABER

Após a exposição que acabámos de fazer acerca dos temas mais importantes dos filósofos racionalistas, podemos agora indicar quais os pontos fundamentais do racionalismo que derivam da sua aceitação das matemáticas como saber modelo.

a) Em primeiro lugar, temos de assinalar como característica fundamental do racionalismo o seu ideal de ciência dedutiva no seguimento do modelo matemático, ou seja, a convicção fundamental de que é possível deduzir o sistema do nosso conhecimento acerca do Universo a partir de certas ideias e princípios evidentes e primitivos.

b) A influência do modelo matemático manifesta-se, além disso, em duas convicções fundamentais do racionalismo, às quais aludimos também anteriormente:

1. A convicção de que o domínio da razão, do pensamento, é necessário: os três ângulos de um triângulo valem necessariamente dois rectos e tal propriedade deduz-se necessariamente da natureza do triângulo. O raciocínio matemático desenvolve-se como uma cadeia, onde tudo é como tem de ser e não pode ser de outro modo.

Alargando-se esta necessidade desde as matemáticas ao âmbito de toda a realidade, torna-se difícil manter as ideias de liberdade e de contingência. (Um acto livre é precisamente aquele que não é necessário, que é assim mas poderia ser de outra maneira; do mesmo modo, contingente é o não necessário, o que é mas poderia não ser). Vimos como Leibniz pretende criar no seu sistema um vazio para a liberdade e a contingência, distinguindo entre verdades de razão (necessárias) e verdades de facto (contingentes); mas vimos também como esta distinção é difícil – senão impossível – de manter dentro de um sistema racionalista. Espinosa foi mais radical e coerente e negou abertamente que alguma coisa seja livre, contingente: segundo Espinosa tudo o que acontece, acontece necessariamente.

2. A convicção de que o domínio do pen-samento corresponde exactamente ao âmbito da realidade.** Espinosa dizia que «a ordem e conexão das ideias é a mesma que a ordem e conexão das coisas». Como vimos, a definição racionalista de substância baseia-se nesta convicção: o que pode conceber-se por si mesmo, sem necessidade de recorrer à ideia de outra coisa, o que existe por si mesmo e independentemente de tal coisa. São consequência desta convicção e da consequente definição da substância o «ocasionalismo» de Malebranche, a «harmonia pré-estabelecida» de Leibniz e o «panteísmo» de Espinosa.

c) Esta última convicção de que a realidade corresponde ao pensamento conduz logicamente a um notável **desprezo da experiência:** não será necessário recorrer a ela visto que o pensamento por si mesmo é capaz de descobrir a estrutura da realidade.

Semelhante menosprezo da experiência revela-se na tese típica do racionalismo, segundo a qual o pensamento possui ideias e princípios inatos, não extraídos da experiência, a partir dos quais pode construir-se o edifício do nosso conhecimento. Revela-se igualmente na utilização que todos os filósofos racionalistas fazem do argumento ontológico para demonstrar a existência de Deus.

d) Existe, finalmente, uma última característica comum a todos os filósofos racionalistas: **o seu recurso a Deus para garantir a correspondência entre a ordem do pensamento e a ordem da realidade**. A garantia desta correspondência é o Deus perfeito e veraz que não pode enganar-nos; em Leibniz, o Deus que «harmoniza» o Universo de forma tal que a correspondência não falhe («harmonia pré-estabelecida»); em Espinosa, finalmente, Deus é também a garantia última da correspondência entre o pensamento e o mundo corpóreo, pois Deus é a única substância, e o pensamento e a extensão não são mais do que dois atributos seus.

5 RAZÃO E LIBERDADE

5.1. Raízes antropológicas do racionalismo

Nas páginas anteriores insistimos preferencialmente nos aspectos relativos à teoria do conhecimento racionalista: inatismo das ideias, ideal de um sistema dedutivo cujo protótipo é o saber matemático, concepção da realidade como uma ordem racional, etc. Trata-se sem dúvida de aspectos essenciais e significativos do racionalismo. No entanto, **é importante assinalar que a motivação última da filosofia não reside tanto no seu interesse pelo conhecimento científico-teórico da realidade, mas numa profunda preocupação pelo homem,** pela orientação da conduta humana, de modo a possibilitar uma vida plenamente racional. Esta profunda preocupação pela conduta humana aparece explicitamente afirmada em Descartes na primeira parte do *Discurso do Método,* ao expor a trajectória da sua própria actividade filosófica: «Sentia continuamente um desejo imperioso de **aprender a distinguir o verdadeiro do falso, com o fim de ver claro em minhas acções e caminhar com segurança nesta vida».** O objectivo último que Descartes persegue através da filosofia é, pois, a solução de um problema antropológico: fundar na razão o uso da liberdade, a fim de que o uso racional desta torne possível alcançar a felicidade e a perfeição humana.

Apesar da aparente frieza do sistema, construído na forma árida de um sistema geométrico, Espinosa tem também como objectivo último a obtenção da «felicidade suprema». Não é casual nem arbitrário que a sua obra fundamental tenha por título *Ética (demonstrada à maneira da geometria).* As quatro últimas partes que compõem a obra ocupam-se da natureza humana, das paixões ou afectos, da liberdade e do entendimento, ou seja, da determinação do que seja o «bem verdadeiro», a felicidade e a perfeição humanas; na primeira das cinco partes, a *Ética* de Espinosa trata de Deus (da estrutura e ordem da totalidade do real = Deus ou Natureza), o que prova claramente que o conhecimento da realidade é para Espinosa uma condição prévia para o conhecimento da natureza humana que nos é própria.

A motivação profunda do racionalismo é por conseguinte antropológica. Na exposição que se seguirá, não nos ocuparemos contudo de todos os aspectos da antropologia de Descartes e Espinosa mas apenas de um tema relevante da mesma: o tema da liberdade. Ambos os filósofos estudam a liberdade numa dupla relação:

1. Relação da liberdade com o corpo, quer se entenda este como substância, coisa extensa (Descartes), quer como um modo da extensão (Espinosa).

2. Relação da liberdade com o entendimento ou razão interpretados, tanto por Descartes como por Espinosa, dentro de um esquema lógico-matemático. Trata-se, definitivamente, de saber como é possível a liberdade e a consecução da felicidade.

5.2. A experiência cartesiana da liberdade

No capítulo segundo (primeiro volume), ao ocuparmo-nos da concepção platónica da alma, assinalámos as dificuldades com que Platão se debate no momento de explicar as relações existentes entre a parte racional da alma e as partes inferiores da mesma. Dizíamos então que esta mesma dificuldade apareceria posteriormente entre outros filósofos modernos e contemporâneos. Com efeito, **Descartes separa a alma do corpo de uma maneira ainda mais radical do que o platonismo o fizera,** considerando-os substâncias autónomas e auto-suficientes. Agudiza-se desta forma o problema da relação, qualificada por Descartes como «combate», entre as partes inferior e superior da alma, entre os apetites naturais ou paixões, de um lado, e a razão e a vontade, do outro. Qual é a origem das paixões, como afectam a parte superior da alma e qual é o comportamento desta a respeito daquelas?

5.2.1. As paixões

Por paixões entende Descartes as percepções ou

❾ O RACIONALISMO

sentimentos que há em nós e que afectam a alma sem terem origem nela. A sua origem encontra-se nas forças que actuam no corpo, forças que Descartes denomina «espíritos vitais». As paixões são portanto:

1. *involuntárias:* a sua aparição escapa ao controlo e ao domínio da alma racional, pois não se originam nela; 2. *imediatas;* 3. *nem sempre racionais,* isto é, nem sempre concordes com a razão; daí que possam significar uma certa servidão para a alma: «as paixões agitam diversamente a vontade, e assim tornam a alma escrava e infeliz».

Neste ponto Descartes toca um tema tipicamente estóico: o tema do auto domínio, do autocontrolo. A atitude de Descartes perante as paixões não é absolutamente negativa, aliás. Não se põe a questão de ter de afastá-las ou erradicá-las por princípio, pelo simples facto da sua existência. O que é preciso enfrentar não são as paixões enquanto tais, mas a força cega com que procuram arrastar a vontade de um modo imediato, sem dar lugar a uma reflexão razoável.

A tarefa da alma relativamente às paixões consiste, pois, em submetê-las e ordená-las em conformidade com o ditame da razão. É a razão, efectivamente, que descobre e mostra o bem que, como tal, pode ser querido pela vontade. A razão subministra não só o critério adequado a respeito das paixões, mas também a força necessária para se lhes opor. As armas de que a parte superior da alma se serve, escreve Descartes, são «juízos firmes e determinados referidos ao conhecimento do bem e do mal, segundo os quais decidiu conduzir as acções da sua vida».

5.2.2. O eu como pensamento e liberdade

Com o termo «eu» exprime Descartes a natureza mais íntima e própria do homem. Do eu possuímos um conhecimento directo, intuitivo, claro e distinto, que se manifesta no «eu penso». O eu como substância pensante (*res cogitans*) é centro e sujeito de actividades anímicas que, em última análise, se reduzem a duas faculdades, o **entendimento** e a **vontade**; «Todos os modos do pensamento que experimentamos em nós, podem em geral reduzir-se a dois: um é a percepção ou operação do entendimento; o outro, a volição ou operação da vontade. Com efeito, o sentir, imaginar e entender puro não são mais do que diversos modos do perceber, assim como desejar, rejeitar, afirmar, negar, duvidar são distintos modos de querer.» *(Princípios da Filosofia,* I, 32.)

O uso da razão e a felicidade

Na verdade, podemos ser felizes sem esperar nada, desde que observemos três coisas relacionadas com as três regras da moral que eu abordei em *O Discurso do Método.*

A primeira é que devemos fazer o melhor uso possível do espírito de modo a sabermos como agir em todas as circunstâncias da vida.

A segunda consiste em possuirmos uma vontade firme e constante para executarmos tudo o que a razão nos aconselha, de modo a não sermos desviados pelas paixões e pelos apetites; creio que a virtude consiste nesta força de vontade (…).

A terceira é que, regendo-nos assim o mais possível pela razão, devemos ter consciência de que todos os bens que não possuímos estão absolutamente fora do nosso alcance; e deste modo acostumar-nos-emos a não os desejar. Com efeito, é o desejo, o desgosto e o arrependimento que nos impedem de ser felizes: mas se seguirmos sempre o que a razão nos dita, não haverá motivos para arrependimentos; e mesmo que os acontecimentos venham posteriormente demonstrar que nos enganámos, a culpa não foi nossa.

Descartes, «Carta a Elisabeth», de 4 Agosto 1645, in *Correspondência.*

5 RAZÃO E LIBERDADE

Proposição XXXVI

O amor intelectual da alma a Deus é o mesmo amor com que Deus se ama a si mesmo, não como Deus infinito mas na medida em que pode ser explicado através da essência da alma humana considerada na perspectiva da eternidade, ou seja, o amor intelectual da alma a Deus é uma parte do amor infinito com que Deus se ama a si mesmo.

Corolário: Daqui resulta que Deus ama os homens na medida em que se ama a si mesmo e, por conseguinte, são uma e a mesma coisa o amor de Deus aos homens e o amor intelectual da alma a Deus.

Escólio: Em virtude disto, compreende-se claramente em que é que consiste a nossa salvação ou felicidade, ou seja, a nossa liberdade; a saber: num amor constante e eterno a Deus, isto é, no amor de Deus aos homens.

Este amor ou felicidade é chamado «glória» nos livros sagrados, e não sem motivo, pois este amor, por se referir a Deus ou à alma, pode ser chamado mais correctamente «felicidade da alma», o que na realidade não se distingue da glória.

Espinosa, *Ética*

A vontade caracteriza-se por ser livre. A liberdade ocupa um lugar central na filosofia de Descartes:

a) A existência da liberdade está fora de dúvida: diz Descartes que é «tão evidesnte que há-de considerar-se uma das noções primeiras e maximamente comuns que há inatas em nós» (*ibid.* I, 39);

b) a liberdade *é* a perfeição fundamental do homem (ibid. I, 37);

c) o exercício da liberdade constitui um elemento essencial do projecto de Descartes: a liberdade permite-nos ser donos, tanto da natureza (o objecto último do conhecimento para Descartes, como para Bacon, é o domínio da natureza), como das nossas próprias acções. (Entre as acções significativas que tornam a liberdade possível, figura a dúvida, a decisão de duvidar que é o ponto de partida de toda a filosofia de Descartes, como vimos.)

Em que consiste exactamente a liberdade, o seu exercício? Na opinião de Descartes, a liberdade não consiste na mera indiferença perante as possíveis alternativas que se oferecem à nossa escolha: a pura indiferença entre os termos opostos não significa perfeição da vontade, mas imperfeição e ignorância do conhecimento. A liberdade também não consiste na absoluta possibilidade de negar tudo, dizer arbitrariamente não a tudo. **A liberdade consiste em escolher o que é proposto pelo entendimento como bom e verdadeiro.**

A liberdade não é pois a indiferença ou a arbitrariedade, mas *a submissão positiva da vontade ao entendimento,* que descobre a ordem do real, procedendo de um modo dedutivo-matemático.

5.3. Espinosa: liberdade e razão

5.3.1. A libertação das paixões

Para Descartes, a felicidade anda unida à liberdade e esta, por sua vez, ao domínio sobre as paixões. «As paixões» – escreve Descartes – «agitam diversamente a vontade, e assim tornam a alma **escrava** e **infeliz**». A falta de liberdade, a submissão à força cega das paixões, torna o homem infeliz e desgraçado.

Também Espinosa põe o problema da liberdade em relação com a libertação das paixões, fazendo da liberdade um ingrediente fundamental da felicidade. A consecução desta é a aspiração última da filosofia de Espinosa: a nossa salvação identifica-se com a nova liberdade e esta com a felicidade (*Ética* V, 36).

Para Espinosa a essência da alma consiste no conhecimento e, por isso, a libertação das paixões ocorre quando a alma possui o conhecimento das coisas. Suponhamos que alguém se encontra dominado pelo ódio a outra pessoa: o seu ódio cessará logo que compreenda que a conduta reprovável da pessoa odiada, bem como de tudo quanto acontece no Universo, está determinada necessariamente, que não é livre (no sentido

⑨ O RACIONALISMO

habitual deste termo), e logo que compreenda que tanto o odiado como aquele que odeia são modos, realizações particulares da substância única e que, portanto, possuem uma natureza comum e um bem comum. Nesse momento, o ódio cederá lugar ao amor. «Um afecto que é uma paixão» – afirma Espinosa – «deixa de ser paixão quando formamos uma ideia clara e distinta dele» (*Ética* V, prop. 3). As paixões, os afectos negativos, são ideias obscuras e confusas; os afectos positivos são ideias claras e distintas.

5.3.2. Liberdade e felicidade

A salvação, a libertação do homem realiza-se, portanto, através de um processo de conhecimento e de compreensão da realidade. Mas em que consiste a liberdade, segundo Espinosa?

A liberdade não pode consistir, obviamente, na ausência de determinação do sujeito, na possibilidade de fazer isto ou aquilo. Neste sentido, não existe liberdade, pois tudo quanto existe e acontece existe e acontece necessariamente. É este, como vimos, o preço que o racionalismo absoluto tem de pagar, a concepção da ordem da realidade como uma ordem geométrica em que tudo se segue necessariamente de suas causas, como uma consequência se segue das premissas. Segundo Espinosa a liberdade não consiste na possibilidade – absurda – de romper a ordem natural, mas no seu conhecimento cada vez mais profundo e amplo, e na sua aceitação racional.

Ao conhecer a ordem do real, conhecemos Deus, já que toda a ordem do real mais não é do que Deus ou a natureza. Este conhecimento proporciona-nos o sumo prazer ou satisfação intelectuais. Este prazer ou deleite, acompanhado da ideia de que Deus é a causa universal, constitui **o amor intelectual de Deus** (*Ética* V, prop. 32, corolário). Não se trata, evidentemente, do amor a um Deus pessoal, como o amor de que se fala na religião cristã. Em Espinosa Deus não é um ser pessoal e distinto do mundo e do homem.

Visto que Deus se identifica com a totalidade do real, e portanto com o homem (enquanto modo finito em que se realiza a sua essência), o amor com que Deus se ama a si mesmo, o amor com que Deus ama os homens e o amor com que estes amam a Deus, são uma só e a mesma coisa.

Entre a filosofia de Espinosa e o pensamento dos estóicos existem muitos pontos de coincidência fáceis de descobrir. Merecem destaque: a afirmação de um determinismo total; a exigência de aceitação deste determinismo, interpretado como destino pelos estóicos e como ordem racional geométrica por Espinosa; a necessidade de libertar-se das paixões que perturbam a alma; o intelectualismo, finalmente, que procura em ambos os casos a libertação através do conhecimento (ideal do sábio no estoicismo e redução da liberdade à razão na filosofia de Espinosa).

O EMPIRISMO

INTRODUÇÃO

No capítulo anterior ocupámo-nos da primeira grande corrente da Idade Moderna, o racionalismo. O empirismo, do qual vamos ocupar-nos neste capítulo, constitui o segundo grande movimento da filosofia moderna.

Empirista é, em geral, toda a filosofia segundo a qual a origem e valor dos nossos conhecimentos depende da experiência. Entendido desta forma geral, o empirismo é uma constante na história do pensamento: existiu antes da modernidade e vê-lo-emos surgir mais de uma vez na época contemporânea.

Mas este capítulo não se refere ao empirismo em geral nem às diferentes correntes empiristas que aparecem ao longo da história, mas ao **empirismo moderno** (século XVIII), também chamado por vezes «empirismo inglês». (Note-se que todos os autores de que nos ocupamos neste capítulo são britânicos, enquanto todos os autores racionalistas estudados no capítulo anterior são europeus do continente). O empirismo inglês ou moderno caracteriza-se por constituir uma resposta histórica ao racionalismo do século XVII. O primeiro filósofo empirista nesta corrente é **Locke** e a linha por ele inaugurada continua e radicaliza-se sucessivamente em **Berkeley** e **Hume**.

Deverá ainda atender-se a que, além disso, os filósofos empiristas, particularmente Locke e Hume, participam plenamente das ideias do Iluminismo. Alguns aspectos do pensamento destes dois autores serão tratados, portanto, no capítulo seguinte, dedicado ao Iluminismo.

Organizamos este capítulo em duas partes:
1. O empirismo e os limites do conhecimento.
2. Moral e política.

1 O EMPIRISMO E OS LIMITES DO CONHECIMENTO

1.1. Locke

1.1.1. Negação das ideias inatas

No capítulo anterior apontámos que a tese fundamental do racionalismo é a afirmação de que o entendimento possui certas ideias e princípios inatos. Segundo o racionalismo, seria possível deduzir todo o edifício dos nossos conhecimentos fundamentais acerca da realidade a partir dessas ideias e princípios que o entendimento encontra em si mesmo, sem necessidade de recorrer à experiência.

A doutrina empirista, de que nos ocuparemos agora, surge como teoria oposta ao racionalismo quanto à origem do conhecimento. Segundo o empirismo, não existem ideias nem princípios inatos no entendimento.

Anteriormente à experiência, o nosso entendimento é como uma página em branco em que nada está escrito. Podemos, pois, **definir o empirismo como a teoria que nega a existência de conhecimentos inatos e, por conseguinte, todo o nosso conhecimento procede da experiência.**

Locke dedicou o livro primeiro da sua obra (*Ensaio acerca do Entendimento Humano*) à demonstração de que não existem ideias nem princípios inatos. Se existissem, argumenta Locke, todos os homens os possuiriam desde o primeiro momento da sua existência. Ora, não é isso o que se passa. Não há, pois, ideias inatas.

1.1.2. A génese das ideias

O entendimento não tem princípios inatos: todas as nossas ideias provêm da experiência. Desta tese geral deduzem-se duas importantes afirmações de Locke:

a) em primeiro lugar, que o problema fundamental a tratar é o da génese de nossas ideias, isto é, como se originam a partir da experiência, já que todas as nossas ideias – até as mais complexas e abstractas – procedem dela;

b) em segundo lugar, que o nosso conhecimento é limitado, não pode ir além da experiência. E esta limitação é dupla: quanto à sua extensão (o entendimento não pode ir além do que a nossa experiência permite conhecer) e quanto à sua certeza (só podemos ter certeza acerca daquilo que cai dentro dos limites da experiência).

É evidente que destes dois aspectos do conhecimento – a sua génese e os seus limites – o fundamental, no entender de Locke, é o primeiro: como já indicámos, é a experiência que impõe os limites ao nosso conhecimento, precisamente porque todo o nosso conhecimento provém da experiência. Daí que Locke dedique uma atenção muito especial ao estudo da génese das nossas ideias.

Mas como abordar esta questão? Como estudar o modo como os nossos conhecimentos se originam a partir da experiência?

Aparentemente, existe apenas um caminho: tomar as nossas ideias mais complexas e decompô-las até encontrar as ideias simples de que procedem, tomar as nossas ideias mais simples e estudar como se combinam e associam para formar ideias mais complexas. Trata-se pois de estudar os mecanismos psicológicos de associação e de combinação de ideias. Como pode avaliar-se já pela forma como põe o problema, e como ficará patente ao estudar as suas doutrinas, a análise empreendida pelo empirismo é uma análise de tipo psicológico.

Este modo de apresentar o problema do conhecimento costuma chamar-se **psicologismo.** O psicologismo pode definir-se como a doutrina segundo a qual o valor dos conhecimentos depende da sua origem e génese, estudada do ponto de vista dos processos psíquicos da mente humana.

1.1.3. A noção de ideia

Para Locke, a questão fundamental é pois a que diz respeito à génese das nossas ideias. Antes de penetrarmos neste problema, temos de esclarecer o que Locke entende por «ideia».

1 O EMPIRISMO E OS LIMITES DO CONHECIMENTO

John Locke
Nasceu em Bristol em 1632, no mesmo ano que Espinosa. Nascido no seio de uma família de tendências liberais, Locke foi um fervoroso defensor do liberalismo e, em geral, dos ideais ilustrados de racionalidade, tolerância, filantropia e liberdade religiosa. Estudou química e medicina, após ter abandonado os estudos de teologia. Desterrado primeiro (circunstância que aproveitou para viajar pela Holanda, França e Alemanha), regressou a Inglaterra após a Revolução de 1688. Morreu em 1704.
Entre as suas obras destacam-se: o *Ensaio sobre o Entendimento Humano* (1690), os *Dois Tratados sobre o Governo Civil* (1690) e *A Racionabilidade do Cristianismo* (1695).

A noção de ideia em Locke é fundamentalmente a mesma que Descartes introduziu. No capítulo anterior expusemos que segundo Descartes *o conhecimento é sempre conhecimento de ideias*: não conhecemos directamente a realidade, mas as nossas ideias acerca da realidade. Foi precisamente por isso que a Descartes se pôs o problema da existência de uma realidade distinta das ideias e exterior às mesmas.

Também para Locke o nosso conhecimento (Locke chama frequentemente «percepção» ao conhecimento) é conhecimento de ideias. A sua noção de ideia, tomada de Descartes, pode exprimir-se nas seguintes afirmações:

a) **as ideias são o objecto imediato do nosso conhecimento ou percepção.** Ideias são, pois, aquilo que conhecemos, quer se trate de uma cor, uma dor, uma recordação ou uma noção abstracta (costumamos utilizar o termo «ideia» mais restritamente, reservando-o para as noções abstractas; nenhum de nós certamente chamaria ideia a uma cor que vemos ou a uma dor de que padecemos. Locke amplia o significado do termo a tudo o que conhecemos ou percebemos, e daí que uma cor ou uma dor sejam também ideias no sentido lockeano)

b) **as ideias são imagens ou representações da realidade exterior.**

1.1.4. Classes de ideias

O estudo psicológico da génese das ideias leva Locke a distinguir entre **ideias simples** e **ideias complexas.** Estas últimas provêm sempre da combinação de ideias simples.

a) Ideias simples

Dentro das ideias simples – que não são já combinações de outras ideias, mas como que **átomos do conhecimento** – Locke distingue ainda duas classes: as que provêm da sensação (da experiência externa) e aquelas que provêm da reflexão (Locke entende por «reflexão» a experiência interna, o conhecimento que a mente tem dos seus próprios actos e operações). Uma ideia que obtemos por reflexão é, por exemplo, a ideia de pensamento já que, por experiência interna, percebemos que pensamos e em que consiste pensar.

Dentro das ideias de sensação (experiência externa), Locke distingue, por último, as ideias das *qualidades primárias* (figura, tamanho, etc.) e as ideias das *qualidades secundárias* (cores, odores, etc.). Esta distinção é já nossa conhecida, pois aparecia também em Galileu e Descartes; e como eles, Locke afirma que só as qualidades primárias existem realmente nos corpos.

b) Ideias complexas. A ideia de substância

As ideias complexas provêm da combinação de ideias simples. No conhecimento das ideias, o entendimento humano é passivo, limita-se a recebê-las; mas na elaboração das ideias complexas, o entendimento é activo, actua combinando e relacionando ideias simples. Locke distingue três classes de ideias complexas: ideias de **substâncias,** de **modos** e de **relações.**

⑩ O EMPIRISMO

Talvez não valha a pena embrenhar-nos na minuciosa exposição que Locke leva a cabo acerca de cada uma destas três classes de ideias complexas. Mas vale a pena, porém, que nos detenhamos um pouco na primeira dessas classes, as ideias das substâncias. As ideias das substâncias (como, por exemplo, a ideia de homem, de árvore, de pedra, etc.; em geral, todas as ideias de coisas ou objectos) são complexas, compostas de uma série de qualidades ou ideias simples.

Considere-se o caso de um objecto qualquer, uma rosa, por exemplo. O que é que apercebemos? Apercebemos uma certa cor, um volume, uma figura, um tamanho, um odor agradável, uma sensação suave ao tacto, etc.; numa palavra, um conjunto de sensações simples. Mas a rosa é realmente isso? Todos nós, pensa Locke, nos sentiremos inclinados a responder que não. A cor, o odor, a figura não são a rosa: são a cor da rosa, o odor da rosa, etc. O que é então a rosa, para além destas qualidades sensíveis? Visto que o que percebemos é a cor, o odor, etc., é forçoso confessar que não sabemos o que é a rosa, que supomos que, por debaixo destas qualidades, há algo de misterioso que lhe serve de suporte. Segundo Locke, a substância, o suporte das qualidades é incognoscível, um «não sei quê» para usar uma expressão sua.

Não conhecemos, portanto, a substância. Não sabemos o que é a rosa. Está fora de dúvida que esse pedaço de matéria terá uma determinada estrutura

---

Da referência das palavras

§ 4. *Primeiro, as palavras referem-se frequentemente em segredo às ideias que estão na mente de outros homens.* Segundo o uso que os homens lhes dão, as palavras podem apenas significar própria e imediatamente as ideias que estão na mente de quem fala, embora no seu pensamento se refiram secretamente a outras coisas.

Primeiro, supõem que as palavras são também sinais das ideias dos outros homens com quem comunicam, porque, se assim não fosse, estariam a falar em vão e não poderiam fazer-se compreender se os sons que aplicam a uma ideia não fossem os mesmos que quem os escuta aplicaria a outra ideia, pois isso seria falar duas linguagens diferentes. No entanto, tal suposição não implica que os homens se dêem normalmente ao trabalho de verificar se a ideia que têm em mente é a mesma daqueles com quem conversam, contentando-se com pensar que usam a palavra, segundo imaginam, na acepção comum de linguagem, e desse modo supondo que a ideia tornada signo nessa palavra é precisamente a mesma à qual os homens desse país aplicam esse nome.

§ 5. *Segundo, referem-se à realidade das coisas.* Em segundo lugar, como os homens não querem que se pense que falam apenas das suas imaginações mas sim das coisas como elas são realmente, por isso supõem que com frequência as suas palavras também significam a realidade das coisas. Mas como isto se refere mais particularmente às substancias e aos seus nomes, tal como o anterior talvez se refira às ideias simples e aos modos, falaremos mais demoradamente acerca destas duas diferentes maneiras de aplicar as palavras quando abordarmos em particular os homens, os modos mistos e as substâncias. Com efeito, seja-me permitido dizer que é perverter o uso das palavras e ocasionar inevitavelmente obscuridade e confusão no seu significado sempre que as façamos significar qualquer outra coisa que não sejam as ideias que temos na nossa mente.

§ 6. *Como se criam as palavras gerais.* Em seguida devemos considerar como se criam as palavras gerais. Dado que todas as coisas que existem só são particulares, como é que cunhamos palavras gerais? Onde encontramos nós as naturezas gerais que supomos dignificar por esses termos? As palavras tornam-se gerais quando as convertemos em signos de ideias gerais, e as ideias tornam-se gerais quando lhes suprimimos as circunstâncias de tempo e de lugar e quaisquer outras ideias que possam determinar-lhes esta ou aquela existência particular. Através desta abstracção habilitamos as ideias a representar mais do que um indivíduo; como cada indivíduo está em conformidade com a ideia abstracta, então cada um é dessa classe, segundo se diz.

J. Locke, *Ensaio sobre o Entedimento Humano*. Livro III, cap. II, § 4 e 5; cap. III, § 6.

1 O EMPIRISMO E OS LIMITES DO CONHECIMENTO

Berkeley
Irlandês, nasceu em 1685. Estudou na Universidade de Dublin, onde teve ocasião de conhecer as principais correntes filosóficas e científicas da época. Foi um homem profundamente religioso que pôs a filosofia ao serviço da fé e combateu os livre-pensadores. Em 1734 foi nomeado bispo anglicano no sul da Irlanda. Morreu no ano de 1753. A sua obra fundamental é o *Tratado sobre os Princípios do Conhecimento Humano*, escrito quando tinha vinte e cinco anos (1710). Posteriormente escreveu uma obra de divulgação sob o título *Três Diálogos entre Hilas e Filonus*.

em virtude da qual possui sempre essas qualidades e propriedades e não outras. Mas **esta estrutura é-nos igualmente desconhecida**. A consequência do empirismo de Locke é que não conhecemos o ser das coisas, conhecemos apenas aquilo que a experiência nos mostra, e a experiência só nos mostra um conjunto de qualidades sensíveis. **A experiência é, pois, a origem e também o limite do nosso conhecimento.**

1.1.5. A existência de uma realidade distinta

Pela mesmo razão que a Descartes, isto é, por considerar que o objecto do conhecimento são as ideias, também a Locke se colocou o problema da existência da realidade.

Locke nunca duvidou de que existisse uma realidade distinta das nossas ideias. A sua noção de ideia como representação ou imagem da realidade implica que existe uma realidade da qual a ideia é imagem. Ao tratar da existência real, Locke distingue – seguindo Descartes – três grandes âmbitos ou zonas: o eu, Deus, e os corpos. Da existência do eu temos certeza **intuitiva** (neste ponto segue Descartes e o seu célebre «penso, logo existo»); da existência de Deus temos certeza **demonstrativa** (a existência de Deus pode ser demonstrada utilizando o princípio de causalidade: Deus é a causa última da nossa existência); da existência dos corpos temos certeza **sensitiva** (a existência dos corpos está razoavelmente comprovada, pois as nossas sensações são produzidas em nós por eles. Repare-se – e mais adiante voltaremos ao assunto – que tanto a existência de Deus como a existência do mundo exterior, dos corpos, são afirmadas em virtude de um **raciocínio causal:** Deus é a causa última da nossa existência, os corpos são a causa das nossas sensações.

1.2. Berkeley

Berkeley — metade místico, metade empirista — observou que existiam certas incoerências na doutrina de Locke corrigiu-as e o resultado de tudo isso foi uma estranha teoria segundo a qual «**o ser das coisas consiste em serem percebidas**». O raciocínio de Berkeley é o seguinte:

a) As ideias não são representações de uma realidade exterior e distintas delas mesmas.

Tomemos um quadro qualquer, desses que cobrem as paredes dos museus, o *S. Pedro* de El Greco, por exemplo. Temos algum processo de saber se a figura humana ali desenhada é realmente uma representação ou imagem do S. Pedro histórico? Evidentemente que não. Para saber isso, precisaríamos de conhecer não só o retrato mas também o original para os podermos comparar. Este facto simples mostra-nos a incoerência fundamental que, no entender de Berkeley, Locke cometeu: por um lado, afirma que só conhecemos ideias, que não conhecemos nenhuma realidade exterior e distinta delas; por outro, afirma que as nosssas ideias são representações dessa realidade exterior e distinta da qual não temos conhecimento algum.

⓾ O EMPIRISMO

De acordo com este raciocínio, Berkeley estabelece que a afirmação lockeana de que as nossas ideias representam algo diferente delas próprias é incoerente e gratuita. Se conhecemos apenas ideias (e Berkeley é fiel a este princípio), não tem qualquer sentido dizer que são representações.

b) As coisas são, na realidade, ideias e o seu ser consiste portanto em serem percebidas.

Por conseguinte, conhecemos apenas ideias (no sentido amplo de Locke, que inclui sensações, etc.). Uma vez isto assente, Berkeley dirige-nos a seguinte pergunta: Conhecemos as coisas? Conhece o leitor a cadeira em que está sentado, a mesa em que apoia firmemente os braços, a esferográfica que aperta entre os dedos? A maioria das pessoas responderia que sim e Berkeley é uma dessas pessoas. Façamos então um silogismo tomando estas duas afirmações como premissas e preparemo-nos para aceitar a conclusão: só conhecemos ideias, conhecemos as coisas, logo, **as coisas são ideias.**

É inútil procurar qualquer falha lógica no raciocínio, porque não a tem. A mesa, a esferográfica, a cadeira mais não são do que o conjunto das sensações (as ideias, no sentido de Locke e Berkeley) que delas possuímos. Não há duas realidades – coisas e ideias – como pretendia Locke, mas uma só, as ideias ou percepções: **o ser das coisas é,** portanto, **o facto de serem percebidas.**

c) A mente humana e Deus

As ideias pertencem sempre à mente que as percebe. Se o ser das coisas consiste em serem percebidas, **o ser da mente consiste em perceber.** As únicas substâncias são as mentes ou espíritos que percebem. Locke sublinhara – e com razão, pensa Berkeley – que o entendimento é passivo relativamente às ideias simples, que não as produz nem as cria, mas recebe-as. Pois bem, de onde recebe o nosso espírito as ideias? E não se pode responder como Locke que provêm de uma realidade exterior, distinta das ideias. Esta realidade não existe, como vimos. A conclusão de Berkeley é que a nossa mente as recebe de Deus. Note-se também que Berkeley chega à afirmação da existência de Deus através da ideia de causa: Deus é a causa das nossas ideias.

1.3. Hume

1..3.1. Elementos do conhecimento

Hume não estava completamente satisfeito com a maneira como Locke utilizava o termo «ideia» para se referir a tudo aquilo que conhecemos. (A cor que vemos, a dor que sentimos, eram denominadas ideias por Locke, como já dissemos). Consequentemente, reservou a palavra 'ideia' para designar apenas certos conteúdos do conhecimento.

Veja o leitor esta página e feche em seguida os olhos, tentando imaginá-la. Em ambos os casos estará percebendo (ou conhecendo) esta página, embora entre os dois casos exista uma considerável diferença: a percepção desta página é mais viva quando a vemos do que quando a imaginamos. Ao primeiro tipo de percepção chama Hume **impressões** (conhecimento por meio dos sentidos); ao segundo tipo chama **ideias** (representações ou cópias das impressões no pensamento). As ideias são mais débeis e menos vivas do que as impressões.

O exemplo que utilizámos põe, aliás, a claro que **as ideias procedem das impressões,** são imagens ou representações destas.

1.3.2. Tipos de conhecimento

Além da distinção entre impressões e ideias — distinção relativa aos **elementos** do conhecimento —, Hume introduz uma importante distinção relativa aos **modos** de conhecimento. De acordo com esta distinção, o nosso conhecimento é de dois tipos: conhecimento de **relações existentes entre as ideias** e conhecimento factual, **de factos.** Esta distinção tem um certo paralelismo com a classificação leibniziana das verdades em «verdades de razão» e «verdades de facto».

Tomemos a seguinte proposição, já utilizada no capítulo anterior ao expormos a teoria de **Leibniz:** «o todo é maior do que as suas partes». Este conhecimento nada tem a ver com os factos, com o que se passa ou acontece no mundo, é independente de que haja todos e de que haja partes: quer existam, quer não, sejam quais forem os factos, esta proposição é verdadeira. Este conhecimento

1 O EMPIRISMO E OS LIMITES DO CONHECIMENTO

David Hume
Filho de um proprietário rural escocês, nasceu em Edimburgo em 1711. A sua afeição às letras e à filosofia levou-o a abandonar a profissão de comerciante a que se dedicara a princípio. Transferiu-se para França onde, retirado no campo, compôs a sua obra mais importante, o *Tratado acerca da Natureza Humana*. Esta obra não obteve o êxito e reconhecimento que esperava. Escreveu outras obras, entre as quais merecem destacar-se a sua *Investigação Sobre o Entendimento Humano* [Edições 70] e a sua *Investigação sobre os Princípios da Moral*. Morreu em 1776.
A influência de Hume na filosofia foi enorme. Foi a leitura de Hume que despertou Kant, no dizer deste, do seu «sono dogmático». O empirismo contemporâneo reconhece nele a sua fonte e precursor mais qualificado.

não se refere pois a factos, mas à relação existente entre as ideias de todo e de parte. Mesmo que em última análise estas ideias procedam (como todas) da experiência, a relação entre as mesmas é, enquanto tal, independente dos factos. A este tipo de conhecimento pertencem a lógica e as matemáticas. As relações entre ideias formulam-se em proposições analíticas e necessárias.

Para além das relações entre ideias, o nosso conhecimento pode referir-se a factos: o conhecimento que tenho de que agora estou a escrever, de que há pouco escutava música, de que dentro de alguns instantes ferverá a água que pus ao lume, é um conhecimento factual, de factos. O conhecimento de factos não pode ter, em última análise, outra justificação diferente da experiência, das impressões. Nas explicações que apresentamos de seguida iremos ocupar-nos deste tipo de conhecimento.

1.3.3. O empirismo e a ideia de causa

Ao classificar os elementos do conhecimento em impressões e ideias, Hume estava a lançar as bases do empirismo mais radical. As consequências que derivarão desta forma de encarar o problema serão ainda mais radicais do que as de Berkeley, e muito mais radicais do que as de Locke. Com esta formulação, introduz-se com efeito um critério taxativo para decidir acerca da verdade das nossas ideias. Queremos saber se uma ideia qualquer é verdadeira? Muito simples: comprovemos se tal ideia procede de alguma impressão. Se podemos indicar a impressão correspondente, estaremos perante uma ideia verdadeira; caso contrário, estaremos ante uma ficção. O limite dos nossos conhecimentos são, pois, as impressões.

a) A ideia de causa e o conhecimento de factos

Aplicando este critério em sentido estrito, o nosso conhecimento dos factos fica limitado às *nossas* impressões actuais (isto é, ao que agora vemos, ouvimos, etc.) e às nossas recordações (ideias) actuais de impressões passadas (ou seja, o que recordamos ter visto, ouvido, etc.), mas não pode haver conhecimento de factos futuros, pois não possuímos impressão alguma do que acontecerá no futuro (como poderíamos ter impressões do que ainda não aconteceu?).

Pois bem, é indiscutível que na nossa vida esperamos que, no futuro, se produzirão certos factos: vemos cair a chuva através da vidraça e tomamos precauções, supondo que a chuva molhará tudo quanto encontrar no seu caminho; colocamos um recipiente de água sobre o fogo, esperando que ela aqueça. No entanto, só temos a impressão da chuva a cair e a impressão da água fria

⑩ O EMPIRISMO

Noção de causa e efeito

É a relação necessária entre causas e efeitos que nos serve de base para inferirmos de umas e de outros. A base da nossa inferência é a transição que resulta da união por força do hábito. São, portanto, a mesma coisa.

A ideia de necessidade nasce de uma impressão. Mas nenhuma impressão transmitida pelos nossos sentidos pode originar essa ideia. Logo, deve resultar de alguma impressão interna ou imprecisão de reflexão. Nenhuma impressão interna se relaciona com o assunto presente mas apenas essa inclinação, produzida pelo hábito, de passar de um objecto à ideia do seu acompanhante habitual. É esta a essência da necessidade. Em suma, a necessidade é algo que existe na mente e não nos objectos. Aliás, ser-nos-ia impossível fazer a mínima ideia dela se a considerássemos como qualidade dos corpos. Ou não temos qualquer ideia de necessidade ou a necessidade não é mais do que uma determinação do pensamento para passar de causas a efeitos e de efeitos a causas, de acordo com a experiência da sua união.

Há duas definições para esta relação e a sua distinção radica apenas na apresentação de aspectos diferentes do mesmo objecto, o que nos leva a considerá-los como relação *filosófica* ou relação *natural*: ou seja, como comparação entre duas ideias ou como associação entre elas. Podemos definir CAUSA como «objecto precedente e contíguo a outro, de modo que todos os objectos semelhantes ao primeiro se situam em relações parecidas de precedência e contiguidade relativamente aos objectos semelhantes ao último». Se acharmos esta definição defeituosa, porque se realiza a partir de objectos que não têm a ver com a causa, podemos estipular esta outra em vez da anterior: «CAUSA é um objecto precedente e contíguo a outro e de tal forma unido a ele que a ideia de um determina na mente a formação da ideia do outro, e a impressão de um determina a formação de uma ideia mais nítida do outro». Se também se refutar esta definição pela mesma razão, não conheço outro procedimento, a não ser que a pessoa que mostra tais escrúpulos forneça uma definição mais exacta, pois, no que me respeita, confesso que sou incapaz. Quando examino cuidadosamente os objectos correntes denominados causas e efeitos, basta-me um único exemplo para verificar se um objecto é precedente e contíguo ao outro; e ao alargar a minha visão para considerar outros casos, apenas comprovo que objectos similares se situam constantemente em relações similares de sucessão e contiguidade. E de novo, quando considero a influência desta conjunção constante, percebo que uma tal relação nunca poderia ser objecto de razão e que em nenhum caso poderia operar sobre a mente a não ser por hábito, determinando a imaginação a transpor a ideia de um objecto para a do seu acompanhante habitual e a transpor a impressão do hábito para uma ideia mais nítida do outro. Por mais estranhas que estas afirmações possam parecer, penso que é inútil perder mais tempo a investigar ou argumentar sobre o tema; por isso, basear-me-ei nelas como se fossem máximas.

Hume, *Tratado da Natureza Humana.*

---

sobre a chama. Como podemos estar seguros de que posteriormente teremos as impressões dos objectos molhados e da água quente?

Hume observou que em todos estes casos, (isto é, tratando-se de **factos**) a nossa certeza acerca do que acontecerá se baseia numa inferência causal: estamos seguros de que as coisas debaixo da chuva se molharão (em vez de se tornarem azuis, por exemplo) e de que a água aquecerá (em vez de arrefecer mais, por exemplo) baseando-nos em que a água e o fogo produzem esses efeitos. A chuva é causa, o fogo é causa e os seus efeitos respectivos são o molhar e aquecer tudo o que cai sob a sua acção.

b) Causalidade e «conexão necessária»

A ideia de causa é pois a base de todas as nossas inferências acerca dos factos de que não temos uma impressão actual. Mas o que entendemos por causa? Como entendemos a relação causa-efeito quando pensamos que o fogo é a causa e o calor o efeito? Hume observa que esta relação se concebe normalmente como uma conexão necessária (isto é, é impossível que não se dê) entre a causa e o efeito, entre o fogo e o calor: o fogo aquece necessariamente, e portanto, sempre que ponhamos água ao lume, ela aquecerá necessariamente. Visto que tal conexão é necessária, podemos conhecer com certeza que o efeito se produzirá necessariamente.

1 O EMPIRISMO E OS LIMITES DO CONHECIMENTO

c) Crítica da ideia de conexão necessária

Não sejamos contudo tão precipitadamente optimistas e apliquemos o critério acima exposto a esta ideia de causa. Uma ideia verdadeira é, dizíamos, aquela que corresponde a uma impressão. Ora bem, teremos alguma impressão que corresponda a esta ideia de conexão necessária entre dois fenómenos? Não, responde Hume. Temos observado o fogo frequentes vezes, e temos observado ainda que, em seguida, aumentava a temperatura dos objectos situados junto dele, mas nunca observámos que entre os dois factos existe uma conexão necessária. A única coisa que observámos, a única coisa observável, é que entre os dois factos se deu uma sucessão constante no passado, que sempre aconteceu o segundo depois do primeiro. Que além desta sucessão constante exista uma conexão necessária entre os dois factos é uma suposição incomprovável. E como o nosso conhecimento acerca dos factos futuros só teria justificação se existisse uma conexão necessária entre aquilo a que chamamos causa e aquilo a que chamamos efeito, acontece que, para falar com propriedade, não sabemos que a água vai aquecer; acreditamos simplesmente que a água aquecerá.

Que o nosso pretenso conhecimento dos factos futuros por inferência causal não seja em rigor conhecimento, mas **suposição** e **crença** (acreditamos que a água aquecerá), não significa que não estejamos absolutamente certos acerca dos mesmos: todos temos a certeza de que a água do nosso exemplo irá aquecer. Segundo Hume, esta certeza provém do **hábito,** do **costume** de ter observado no passado que, sempre que aconteceu o primeiro, aconteceu também o segundo.

1.3.4. A existência de realidades extramentais

A nossa certeza acerca de factos observados não se apoia pois no conhecimento destes, mas numa **crença.** Na prática, pensa Hume, isto não é realmente grave, pois tal crença e certeza bastam e sobejam para viver. Mas até onde é possível alargar a certeza baseada na inferência causal?

O mecanismo psicológico a que nos referimos (o hábito, o costume), é a chave que nos permite responder a esta pergunta. A inferência causal só é aceitável entre impressões: da impressão actual do fogo podemos inferir a iminência de uma impressão de calor, porque fogo e calor têm-nos surgido repetidas vezes unidos na experiência. **Podemos passar de uma impressão a outra, mas não de uma impressão a algo do qual nunca tenhamos tido experiência.**

a) A realidade exterior

Tomemos este critério e comecemos por aplicá-lo ao problema da existência de uma realidade distinta das nossas impressões e exterior a elas. Segundo Locke a existência dos corpos como realidade distinta e exterior às impressões ou sensações justifica-se numa inferência causal: a realidade extramental é a causa das nossas impressões. Ora, no entender de Hume esta inferência é inválida, pois não vai de uma impressão para outra, mas das impressões para uma pretensa realidade que está para além delas e da qual não temos, por isso, impressão ou experiência alguma. A crença na existência de uma realidade corpórea distinta das nossas impressões é portanto injustificável se apelarmos para a ideia de causa.

b) A existência de Deus

Locke e Berkeley tinham utilizado a ideia de causa, o princípio de causalidade, para fundamentar a afirmação de que Deus existe. No entender de Hume, esta inferência é também injustificada pela mesma razão, porque não vai de uma impressão a outra, mas das nossas impressões a Deus, que não é objecto de impressão alguma.

Pois bem, se nem a existência de um mundo diferente das nossas impressões nem a existência de Deus são racionalmente justificáveis, donde vêm as nossas impressões? (Recorde-se que para Locke procedem do mundo exterior e para Berkeley de Deus). O empirismo de Hume não permite responder a esta pergunta. Simplesmente, **não sabemos,** nem podemos saber: pretender responder a esta pergunta é pretender ir além das nossas

10 O EMPIRISMO

Rubens: Venus olha-se ao espelho (fragmento). Colecção do Príncipe de Liechtenstein.

impressões e estas constituem o limite do nosso conhecimento. Temos impressões, não sabemos de onde procedem, e é tudo.

c) O eu e a identidade pessoal

Das três realidades ou substâncias cartesianas (Deus, mundo, eu) falta apenas ocuparmo-nos do eu como substância distinta das nossas ideias e impressões. A existência de um eu, de uma substância cognoscente distinta dos seus actos, fora considerada indubitável não só por Descartes, mas também por Locke e Berkeley. E não serve de nada a Hume aplicar agora a sua crítica da ideia de causa, já que a existência do eu não foi considerada pelos seus predecessores como resultado de uma inferência causal, mas como resultado de uma intuição imediata («Penso, logo existo»).

No entanto, a crítica de Hume atinge também a realidade do eu. A existência do eu como substância, como sujeito permanente dos nossos actos psíquicos, não pode justificar-se apelando a uma pretensa intuição, já que só temos intuição das nossas ideias e impressões, e nenhuma impressão é permanente, mas sucedem-se umas às outras de maneira ininterrupta: «O eu ou pessoa não é nenhuma impressão, mas aquilo a que supostamente as nossas ideias e impressões se referem. Se alguma impressão originasse a ideia do eu, tal impressão deveria permanecer invariável ao longo do curso de toda a nossa vida, já que se supõe que o eu existe deste modo. No entanto, não há impressões constantes e invariáveis. Dor e prazer, tristeza e alegria, paixões e sensações sucedem-se umas às outras e nunca existem todas ao mesmo tempo (Tratado acerca da Natureza Humana», I, 4, 6)

Não existe, pois, o eu como substância das impressões e ideias, como sujeito da série dos actos psíquicos. E esta afirmação taxativa de Hume não permite explicar facilmente a consciência que todos possuímos da nossa própria identidade pessoal: efectivamente, cada sujeito humano reconhece-se a si próprio através das suas diferentes e sucessivas ideias e impressões. (O leitor que está a ler esta página tem consciência de ser o mesmo que antes contemplava a paisagem ou escutava música com prazer; se existe apenas conhecimento das impressões e ideias, e estas – a página, a paisagem, a melodia – são tão distintas entre si, como é que o sujeito tem consciência de ser o mesmo?). Para explicar a consciência da própria identidade, Hume recorre à memória: graças à memória, reconhe-

1 O EMPIRISMO E OS LIMITES DO CONHECIMENTO

cemos a conexão existente entre as diferentes impressões que se sucedem: o erro consiste em confundirmos sucessão com identidade.

Apesar de os princípios de que partia o obrigarem a chegar a esta conclusão, Hume notou que a sua explicação não é plenamente satisfatória, o que o levou a uma atitude resignadamente céptica.

1.3.5. Fenomenismo e cepticismo

Os princípios empiristas da filosofia de Hume levam-no, em última análise, ao **fenomenismo** e ao **cepticismo.** Efectivamente, por um lado, as impressões isoladas são dados primitivos para os quais não é preciso procurar qualquer justificação, pois são os elementos últimos que constituem o ponto de partida absoluto; por outro, as percepções

aparecem associadas entre si, sem que seja possível descobrir conexões reais entre elas, mas apenas a sua sucessão ou contiguidade. **Não é possível, portanto, encontrar um fundamento real da conexão das percepções,** um princípio de unidade das mesmas que seja distinto delas: nem conhecemos uma realidade exterior diferente das percepções, nem conhecemos uma substância pensante ou eu como sujeito das mesmas. Só conhecemos as percepções, a realidade fica reduzida a estas, a meros fenómenos, no sentido etimológico do termo (fenómeno = o que aparece ou se mostra). É este o sentido do **fenomenismo** de Hume.

O fenomenismo anda associado a uma atitude céptica: «Em resumo» – escreve Hume – «há

A ideia de eu

Alguns filósofos pensam que aquilo a que chamamos o nosso *eu* é algo de que temos consciência intimamente em qualquer momento; algo cuja existência e continuidade sentimos na nossa existência e, para além da evidência de uma demonstração, cuja perfeita identidade e simplicidade sabemos com certeza. Em vez de nos distraírem dessa contemplação, dizem que a sensação mais intensa e a paixão mais violenta apenas a inculcam com maior intensidade e nos leva a verificar a influência que têm sobre o eu, seja pela dor ou pelo prazer.

Todas estas afirmações contrariam, infelizmente, a própria experiência; não temos qualquer ideia do *eu* da maneira que se disse. Com efeito, de que impressão derivaria esta ideia? É impossível refutar isto sem chegar a uma contradição e a um manifesto absurdo. Aliás, esta pergunta colocar-se-ia de imediato se for nossa intenção que a ideia do eu seja clara e inteligível. Para cada ideia real deve haver uma impressão que lhe dê origem. Mas o eu ou pessoa não é nenhuma impressão, é apenas aquilo a que as nossas impressões e ideias distintas supostamente se referem. A haver uma impressão que origine a ideia do eu, essa impressão seria invariavelmente idêntica durante toda a nossa vida, pois supõe-se que o eu existe desse

modo. Mas nenhuma impressão é constante e invariável. Dor e prazer, tristeza e alegria, paixões e sensações sucedem-se umas às outras e nunca existem todas ao mesmo tempo. Logo, a ideia do eu não pode ter origem em nenhuma destas impressões nem tão-pouco noutras quaisquer. Por conseguinte, essa ideia não existe: Quanto à minha pessoa, e sempre que penetro mais intimamente naquilo que chamo eu mesmo, a qualquer momento encontro-me perante outra percepção particular, seja ela de calor ou frio, de luz ou sombra, de amor ou ódio, de dor ou prazer. Nunca consigo encontrar-me a mim mesmo sem uma percepção e nunca observo outra coisa a não ser a percepção. Quando as minhas percepções são suprimidas durante algum tempo, num sono profundo, por exemplo, durante esse tempo dou-me conta de mim mesmo, e pode dizer-se que não existo verdadeiramente. E se todas as minhas percepções fossem suprimidas pela mente e eu já não pudesse pensar, sentir, ver, amar ou odiar, depois da decomposição do meu corpo o meu eu seria completamente aniquilado, de modo que não consigo conceber o que é que faz mais falta para me converter num perfeito nada.

Hume, *Tratado sobre a Natureza Humana.*

🔟 O EMPIRISMO

dois princípios que não sou capaz de tornar consistentes nem me é possível renunciar a qualquer deles: que todas as nossas percepções são existências diferentes e que a mente não percebe nunca conexão real alguma entre existências distintas. Se as nossas percepções tivessem como sujeito algo de simples e individual, ou se a mente percebesse alguma conexão real entre elas, desapareceria a dificuldade do caso. Pela minha parte, vou solicitar que se me permita ser céptico e confesso que esta dificuldade excede a minha capacidade de entendimento» (*Tratado*, Apêndice).

Pierre Patel:
O castelo de Versalhes
em 1668.

2 MORAL E POLÍTICA

Tanto Locke como Hume foram pensadores profundamente imbuídos do espírito e dos interesses do **Iluminismo.** Isto quer dizer, entre outras coisas, que as suas preocupações intelectuais não se limitaram à teoria do conhecimento. Ambos se ocuparam, por exemplo, do tema da religião, como teremos ocasião de expor no capítulo seguinte. Ocuparam-se igualmente de questões políticas e morais, contribuindo com interessantes teorias e soluções, como veremos a seguir.

2.1. Locke e o liberalismo

O pensamento político de Locke exerceu notável influência na formação da filosofia política liberal. Influenciou **Montesquieu,** a revolução americana e, em geral, toda a corrente liberal progressista que ao longo do século XVIII se opôs ao absolutismo político. No primeiro dos seus *Tratados do Governo Civil,* Locke acentua que a teoria da origem divina do poder implica a aceitação de que os homens não são livres e iguais por natureza, afirmação que Locke rejeita de forma categórica. No segundo dos *Tratados* citados expõe as suas teorias político-liberais.

2.1.1. O estado de natureza

A filosofia de Locke (como a de **Hobbes** antes dele e a de **Rousseau** posteriormente) remete para a distinção fundamental introduzida pelos sofistas entre natureza e convenção. É necessário estabelecer qual é o estado natural do ser humano a fim de nele fundamentar racionalmente a sociedade política.

Os homens no estado natural são livres e iguais entre si. Já no capítulo sétimo chamámos a atenção para o facto de que a tese renascentista do homem naturalmente bom seria retomada por **Rousseau,** ao passo que a tese protestante do homem naturalmente mau seria retomada por **Hobbes.** Locke parece não partilhar nenhuma destas duas teses extremas. É certo que no estado natural (no qual não existe organização política) os homens podem

violar os direitos e liberdades dos demais (portanto, o homem não é necessariamente bom), mas também é certo que no estado natural os homens contam com uma lei natural, descoberta pela razão: a lei natural impõe limites à consciência e à conduta dos homens. Além da lei moral, os homens possuem naturalmente certos direitos. Entre os direitos naturais, Locke insiste – de acordo com as circunstâncias socioeconómicas da sua época – no direito de propriedade. Os homens possuem um direito natural à propriedade, cujo fundamento é o trabalho.

2.1.2. A sociedade política

No estado natural, torna-se difícil uma defesa racional dos direitos individuais (e muito especialmente do direito de propriedade), quer porque o indivíduo é incapaz de repelir por si as agressões dos outros, quer porque, ao repeti-las, se excede desnecessariamente e de modo arbitrário. Torna-se então necessária uma organização política e uma lei objectiva que remedeie as desvantagens do estado natural.

São duas, em nossa opinião, as ideias fundamentais de Locke acerca da organização dos indivíduos em sociedades políticas. Em primeiro lugar, Locke não admite que a sociedade política seja antinatural, radicalmente contrária à natureza: mais ainda, concebe-a como algo de útil e adequado para salvaguardar o desfrute pacífico dos direitos naturais. Em segundo lugar, pretende fundamentar racionalmente a sociedade política e o único fundamento racional que encontra é o consenso, o consentimento de todos os indivíduos: a origem da sociedade está, pois, no acordo, no pacto de todos os indivíduos. Através deste pacto (explícito ou implícito), os indivíduos renunciam a parte da sua liberdade para dela poderem gozar com maior segurança, aceitando submeter-se à vontade da maioria.

Locke desenvolve a sua teoria política para além destas ideias gerais, especificando os poderes que devem funcionar no Estado, bem como a supremacia absoluta do legislativo. Mas os pormenores da sua

10 O EMPIRISMO

teoria são menos importantes. Além disso, alguns dos seus princípios (por exemplo, a primazia concedida à defesa da propriedade privada como função do Estado) são reflexo da situação socioeconómica da sua época.

Mais importante é a sua ideia de que aqueles que exercem o poder político têm um mandato popular e são responsáveis perante o povo pelo desempenho da sua missão, que consiste em promover o bem comum. Trata-se sem dúvida de ideias muito gerais, mas que vieram a converter-se em princípios básicos comumente aceites em todo o Estado democrático.

2.2. Hume e o emotivismo moral

Do conjunto da obra filosófica de Hume, a parte mais conhecida é a sua teoria do conhecimento, radicalmente empirista. A teoria do conhecimento, no entanto, constitui apenas uma parte do seu projeto geral de fundar e desenvolver uma ciência do homem, como mostra o próprio título da sua obra fundamental: Tratado acerca da natureza Humana. Hume pretende levar a cabo em relação ao homem uma tarefa análoga à que **Newton** realizou em relação à natureza: a constituição de uma ciência baseada no método experimental.

2.2.1. Crítica do racionalismo moral

Em geral, podemos dizer que um código moral é um conjunto de juízos através dos quais se exprime a aprovação ou reprovação de certas condutas e atitudes: assim, aprovamos a generosidade e a benevolência, reprovamos o crime e a opressão. A maioria dos filósofos que se ocuparam da moral interroga-se sobre a origem e fundamentação destes juízos morais: em que se fundamenta a nossa aprovação da benevolência, por exemplo, e a nossa reprovação ou rejeição do crime e opressão?

Uma resposta, dada já desde os Gregos, a esta pergunta é que a distinção entre o bom e o mau moralmente, entre as condutas viciosas e virtuosas, está baseada na razão; a razão pode conhecer a ordem natural e a partir deste conhecimento pode determinar que condutas e atitudes são concordes com essa ordem; o conhecimento da concordância ou discordância da conduta humana com a ordem natural é, pois, o fundamento dos nossos juízos morais.

Hume considera que o conhecimento intelectual, não é nem pode ser o fundamento dos nossos juízos morais. O seu principal argumento é o seguinte: a razão, não pode determinar nem impedir o nosso comportamento; pois bem, os juízos morais deter-

As quatro verdades do século presente; estampa popular do séc. XVII.

2 MORAL E POLÍTICA

O sentimento moral

Este raciocínio prova não só que a moralidade não consiste em relações – que são objecto da ciência – mas, se se examinar com cuidado, também prova com segurança que a moralidade não consiste em nenhuma *questão de facto* que a razão possa descobrir. Esta é a *segunda* parte da nossa argumentação e, se a conseguirmos tornar evidente, concluiremos que a moralidade não é objecto da razão. Será difícil provar que a virtude e o vício não são questões de facto cuja existência possamos inferir por meio da razão? Tomemos o exemplo de uma acção reconhecidamente visiosa como seja um assassinato premeditado. Examinai-o sob todos os pontos de vista possíveis e verificai se encontrais essa questão de facto ou existência a que chamais vício. Qualquer que seja o ponto de vista sob o qual o observeis, apenas encontrareis certas paixões, motivos, volições e pensamentos. Não existe nenhuma outra questão de facto incluída nesta acção. Enquanto considerais o objecto, já o vício vos escapou completamente. Só o descobrireis se dirigirdes a reflexão para o vosso coração e aí encontreis um sentido de desaprovação contra tal acção. E aqui temos já uma questão de facto, mas ela é objecto do sentimento e não da razão.

Hume, *Tratado sobre a Natureza Humana*.

---

minam e impedem o nosso comportamento; logo, os juízos morais não provêm da razão.

A premissa menor («os juízos morais determinam e impedem o nosso comportamento») é evidente: a aprovação moral de certas condutas inclina-nos a realizá-las, a reprovação doutras condutas impede-nos de as realizar. Quanto à premissa maior («a razão não pode determinar o nosso comportamento nem evitá-lo»), deriva da teoria de Hume do conhecimento. Com efeito, o conhecimento é de relações entre ideias ou de factos. O conhecimento das relações entre ideias, as matemáticas por exemplo, é útil para a vida, mas por si próprio não leva à sua aplicação: as matemáticas aplicam-se às técnicas quando se persegue um fim ou objectivo que não procede das próprias matemáticas.

Quanto ao conhecimento fáctico, limita-se a mostrar-nos factos e os factos não são juízos morais: «Atenta numa acção qualquer» – escreve Hume – «considerada viciosa, um assassínio intensional, por exemplo. Examina-o sob todos os pontos de vista e vê se podes encontrar um facto, uma existência real a que chamas *vício*. Seja qual for o modo como o examinas, encontrarás apenas certas paixões, motivos, volições e pensamentos: não há mais facto nenhum neste caso. Enquanto dirigires a tua atenção para o objecto, o vício não aparecerá em parte alguma. Não o encontrarás nunca até que dirijas a tua reflexão para o teu próprio coração e encontres um sentimento de reprovação que brota em si próprio a respeito de tal acção. Eis um facto, mas um facto que é objecto do sentimento e não da razão. Está em ti próprio, não no objecto» .

2.2.2. O sentimento e os juízos morais

O parágrafo anterior mostra o lado positivo da teoria de Hume acerca do fundamento dos juízos morais: o fundamento destes não está na razão (nem no conhecimento das relações entre ideias nem no conhecimento dos factos), mas no sentimento. Se a razão é incapaz de determinar a conduta, os sentimentos são as forças que realmente nos determinam a agir. O sentimento moral, por seu turno, é um sentimento de aprovação ou de reprovação que experimentamos a respeito de certas acções e maneiras de ser dos seres humanos. É natural e desinteressado.

Ao propor esta teoria sobre o fundamento dos juízos morais, Hume adopta numa corrente de pensamento desenvolvida em Inglaterra na primeira metade do século XVIII por filósofos moralistas como **Shaftesbury** (1671-1713) e **Hutcheson** (1694-1746), corrente que encontrou a sua continuação nos nossos dias na doutrina do **emotivismo moral.**

O ILUMINISMO

INTRODUÇÃO

O Iluminismo foi um amplo movimento de ideias, não apenas de carácter estritamente filosófico, mas cultural num sentido lato, que constituíu um «estado de espírito» que impregnou todas as actividades literárias, artísticas, históricas e religiosas.

Estende-se e desenvolve-se aproximadamente durante o século XVIII, denominado século da Ilustração ou século das luzes precisamente em virtude da exigência de clareza, melhor, de clarificação necessária relativamente a todos os aspectos e dimensões da vida humana. A este propósito, convém fazer duas observações:

a) que toda a atitude e reflexão filosófica se propõem em geral uma clarificação racional da vida humana e do mundo; e assim pode falar-se de «iluminismo», tanto, por exemplo, na sofística grega, como em sistemas posteriores ao século XVIII. O genuíno do Iluminismo do séc. XVIII consiste numa particular maneira de entender essa clarificação racional e as questões a ela submetidas;

b) que, enquanto movimento filosófico e cultural que se estende por um século e em diferentes âmbitos geográficos, culturais e sociopolíticos, não é possível estudar aqui o Iluminismo pormenorizadamente e em detalhe, porque o movimento iluminista não é separável, salvo por razões pedagógicas (como é o nosso caso), dos diferentes filósofos que já foram estudados (**Locke, Hume,** por exemplo) ou o serão mais adiante (por exemplo, **Kant**).

O tema do Iluminismo está estruturado nas seguintes partes:
1. **Enquadramento histórico e sociopolítico do Iluminismo.**
2. **O conceito de «razão esclarecida».**
3. **Newton e o problema da natureza.**
4. **Homem e Deus: o deísmo e a religião natural.**
5. **Homem e sociedade (Rousseau).**

1 ENQUADRAMENTO HISTÓRICO E SOCIOPOLÍTICO DO ILUMINISMO

É oportuno ter presente, e por isso o indicamos (se bem que de forma sucinta), que o Iluminismo tem lugar na época das revoluções liberais burguesas: desde a inglesa 1688 até à revolução francesa de 1789. Em certa medida, o pensamento iluminista vem coadjuvar no processo contra o *ancien régimes*, exprimindo a ideologia crítica das classes médias e a concepção liberal e tolerante em todas as ordens, e significa o que Paul Hazard denominou «a crise da consciência europeia».

Os países em que o Iluminismo teve maior força e relevo foram a Inglaterra, onde propriamente se iniciou; a França onde adquiriu maior brilhantismo e onde se converteu em foco de irradiação; e a Alemanha, para onde passou provindo de França. O Iluminismo, atitude e mentalidade racionalista de clarificação, configurou-se e repercutiu-se de um modo muito diverso nos diferentes países. Em **Inglaterra,** num enquadramento de menor tensão sociopolítica, o Iluminismo (*Enlightenment*) teve um carácter preponderantemente empirista-epistemológico, e previligiou as ciências da natureza e as questões sobre a religião num espírito de liberdade e tolerância.

Em **França**, onde se conjugava a organização política autoritária e a classe média burguesa ascendente, com a progressiva tensão social, são mais relevantes as questões de ordem moral, de direito (especialmente direito político) e do progresso histórico. **O Iluminismo alemão** caracterizar-se-á, não por novos temas, mas pela análise da «razão» no intuito de encontrar nela e dela fazer o sistema de princípios que oriente fundadamente e a partir de si própria o saber da natureza e a acção moral e política da vida humana. **Kant** virá a ser (como veremos) a expressão mais depurada e filosófica da atitude e exigência do Iluminismo.

A *Enciclopédia* ou *Dicionário fundamentado das ciências, das artes e dos ofícios* passa por ser a obra mais representativa do Iluminismo francês. Principalmente sob a égide de **Diderot** e **D'Alembert,** significou uma grande revolução na cultura e no pensamento. Os seus objectivos foram: a) difundir a cultura e os conhecimentos, proporcionando informação e instrução; b) criar uma opinião crítica e antidogmática; c) sobretudo, levar a cabo uma dura crítica dos preconceitos e das crenças tradicionais. Neste sentido, e por este espírito crítico, a *Enciclopédia* é uma obra representativa da atitude iluminista.

A Enciclopédia: *o trabalho de uma fábrica (séc. XVIII).*

2 O CONCEITO DE «RAZÃO ESCLARECIDA»

No pensamento iluminista a «razão» é, segundo se escreveu com acerto, «sinónimo de todas as forças espirituais fundamentais e independentes».

Vejamos como esta razão, assim entendida, se configura e exerce. Na referida configuração se exprime o «espírito» iluminista.

2.1. A autonomia da razão

«O Iluminismo consiste no facto pelo qual o homem sai da menoridade. Ele próprio é culpado dela. A menoridade fundamentava-se na incapacidade de se servir do próprio entendimento, sem a orientação de outro. Cada um é culpável desta menoridade, dado que a sua causa não reside num defeito do entendimento, mas na falta de decisão e ânimo para dele se servir com independência, sem a orientação de outros. *Sapere aude* — tem a coragem de te servir do teu próprio entendimento. Eis a divisa do Iluminismo.» Nestas palavras de **Kant** fica modelarmente expresso o carácter autónomo da razão esclarecida. A razão é suficiente em si e por si mesma, pelo que se exige confiança nela, e por consequência a decisão de se servir dela com independência, sem outros limites para além daqueles que são dados pela sua própria natureza. Daí a necessidade de analisá-la e conhecer os seus limites.

2.2. Os limites da razão

Os limites do entendimento, são impostos pela sua própria natureza. A razão é uma e a mesma em todos os povos, homens, culturas e épocas, e tem uma «essência ou natureza» fixa, desenvolvendo-se no tempo, é verdade, mas sempre segundo a conformação da sua natureza e de acordo com a sua essência. Supõe-se que há uma natureza da razão, como há uma natureza ou legalidade do mundo físico. E, além do mais, esta natureza da razão é «racional». Constitui o que poderíamos chamar o «naturalismo» da razão ilustrada.

Quando no desenrolar do Iluminismo começarem a surgir com clareza os limites da razão e se verificar que a sua «natureza» está submetida, de um modo profundo, à marcha e à evolução da história, e que o componente **racional** está condicionado pelas suas raízes emocionais ou passionais, então estará a assistir-se ao começo de outro mundo intelectual e filosófico, o mundo romântico.

2.3. Carácter «crítico» da razão

Aquilo de que esta razão, autónoma por si, necessita é de ser «clarificada» no seu poder e independência relativamente ao que a sufocava. É pois uma razão crítica, nos seguintes sentidos:

a) Não tanto contra a ignorância, pois esta pode facilmente ser superada, mas contra os preconceitos, que a cegam e paralisam;

b) Não contra a história e o passado, como se quisesse e pudesse começar absolutamente de novo a estrear o mundo (uma ilusão e uma quimera), mas contra a tradição, entendida como a carga que pressiona e se suporta sem outro motivo que não seja o de ser passado, não permitindo a sua reapropriação racional e livre.

c) Crítica, por isso, não tanto contra a legalidade, pois a razão tem seus próprios princípios e leis , mas contra a autoridade externa, isto é, contra a autoridade não reconhecida nem reconhecível como tal pela própria razão. Autoridades externas serão a tradição e o passado, mas também o presente e o vigente se não for racional, se não se submeter ao juízo da razão.

d) Crítica não apenas contra a credulidade, pois a própria razão poderia reconhecer o sentido da religião, mas contra a superstição e a idolatria. Não, pois, contra o sentido da ideia de Deus, e do divino, mas contra uma determinada representação de Deus.

2 O CONCEITO DE «RAZÃO ESCLARECIDA»

Assim compreendida, a razão crítica esclarecida não é a absoluta e simplista negação de certas dimensões da vida e da realidade, ou de certas questões (a história, a legalidade política, a religião), mas a rejeição do modo de entendê-las, que contraria a sua ideia de clarificação racional. Neste sentido, **a razão esclarecida é tolerante.** A tolerância é, nas palavras de Voltaire, «o património da razão».

2. 4. Carácter analítico da razão

A razão não só tem uma natureza mas é também um *«organon»*, isto é, o instrumento ou meio para conhecer, e com o qual interpretar o mundo e exercer a crítica. De acordo com a sua natureza, no seu proceder cognoscitivo a razão é analítica. Com este termo se estabelece a diferença relativamente à ideia de orientação «racionalista» que se fez da razão no século XVII.

Contra uma razão prenhe de conteúdos (teoria das ideias inatas), que pretende conhecer a partir de si própria de um modo dedutivo e *a priori* e que crê possuir em si mesma os esboços, certamente gerais, mas sem dúvida essênciais de toda a realidade; contra uma razão que poderia denominar-se «sistemática» e dedutiva, a razão esclarecida entende-se como: a) capacidade de adquirir conhecimentos com referência especial à experiência e ao empírico; b) capacidade de analisar o empírico, procurando compreender, numa aliança entre o empírico e o racional, as leis gerais nos elementos particulares.

Voltaire na Bastilha escrevendo La Henriade.

Necessidade e perigo do Iluminismo

A aporia que nos surgiu revelou-se assim como o primeiro objecto do nosso estudo sobre a autodestruição do Iluminismo. Não temos nenhuma dúvida iluminista – e é essa a nossa posição desde o início – em relação ao facto de que na sociedade a liberdade é inseparável do pensamento. Mas julgamos ter descoberto com igual clareza que o próprio conceito de tal pensamento, assim como as formas históricas concretas e as instituições sociais às quais está intimamente ligado, implica já o gérmen da regressão que hoje se verifica em todo o lado. Se o Iluminismo não acolhe em si a consciência deste momento regressivo, estará a assinar a sua própria condenação. E se a reflexão sobre o aspecto destrutivo do progresso é deixada aos seus inimigos, o pensamento cegamente pragmatizado perde ao mesmo tempo o seu carácter de superação e conservação e também a sua relação com a verdade. Em todo este absurdo incompreendido, a debilidade da compreensão teórica de hoje revela-se na misteriosa atitude das massas tecnicamente educadas para se submeterem ao despotismo e na sua tendência autodestrutiva para a paranóia «popular».

Horkheimer, Adorno, *Dialéctica do Iluminismo.*

⑪ O ILUMINISMO

2.5. Secularização da razão

Face à concepção racionalista da razão que se remetia, em última análise, para a teologia e pretendia ter um uso e alcance transcendente, o Iluminismo tem uma ideia ou concepção secularizada da razão. O Iluminismo vem romper o equilíbrio entre a fé e a razão, mediante um processo redutivo da fé ao racional, vem exigir e realizar a progressiva e total secularização da vida humana. É importante apreciar e reconhecer que esta secularização se efectua transpondo os grandes temas do pensamento teológico para o nível do mundano, onde se mantêm reinterpretados num sentido secular.

Efectivamente, a concepção religiosa-teológica do mundo mantinha-se e sobrepunha-se à relação homem-Deus. Deus constitui o centro, origem e princípio do sentido do mundo (teocentrismo); o sentido da humanidade e da história é estabelecido e regido por Deus providente (providência); o destino último do homem e o fim da história é constituído pela salvação sobrenatural e eterna do homem, realizada por e com a graça de Deus (redenção divina).

Ora, a razão *secularizada* vai transpor estas questões para um nível mundano, reinterpretando-as e, de certo modo, dando-lhes um significado secular. Assim, face ao «teocentrismo», postula-se «fisiocentrismo» (de *physis*, natureza), com a natureza como ponto de referência e com a sua «fé» secular-racional nas leis naturais. Face ao «providencialismo divino», manter-se-á a fé no progresso contínuo e sem limites da razão e da humanidade. E face à redenção sobrenatural, a razão secularizada defenderá a salvação do homem como resultado do seu próprio trabalho na história: a sociedade e a história são assim o novo enquadramento e horizonte de salvação.

A partir destes caracteres da razão esclarecida podemos apreciar melhor o espírito e o sentido do Iluminismo, bem como os seus principais núcleos temáticos. O grande filósofo e «historiador» alemão **Hegel** escreve: «O princípio do Iluminismo é a soberania da razão, a exclusão de toda a autoridade. As leis impostas pelo entendimento, essas determinações fundadas na consciência presente e referentes às leis da natureza e ao conteúdo do que é justo e bom, são o que se chamou a razão. Chamava-se Iluminismo à vigência destas leis. O critério absoluto face a toda a autoridade da fé religiosa e das leis positivas do direito, e em particular do direito político, era então que o conteúdo fosse visto com evidência e em livre

---

Iluminismo e consciência crítica da actualidade

Seria sem dúvida uma questão fulcral para o estudo do século XVII em geral e, mais concretamente, da *Aufklärung*, interrogar-se sobre o seguinte facto: a *Aufklärung* denominou-se a si própria *Aufklärung*; é sem dúvida um processo cultural muito específico que teve consciência de si mesmo dando-se um nome, situando-se em relação ao seu passado e ao seu futuro e designando as operações que teria de efectuar no interior do seu próprio presente.

Não será a *Aufklärung* a primeira época que se designa a si própria e que, em vez de se caracterizar simplesmente, de acordo com um velho hábito, como período de decadência ou de prosperidade, de esplendor de miséria, se denomina por via de um determinado acontecimento, que é próprio de uma história geral do pensamento, da razão e do saber, e no interior da qual desempenha o seu próprio papel? A *Aufklärung* é um período, um período que formula a sua própria divisa e os seus próprios preceitos e que diz o que se tem de fazer, tanto em relação à história geral do pensamento como em relação ao seu presente e às formas de conhecimento, de saber, de ignorância e de ilusão, nas quais sabe reconhecer a sua situação histórica.

Parece-me que nesta questão da *Aufklärung* radica uma das primeiras manifestações de um determinado modo de filosofar que teve uma longa história desde há séculos. Uma das grandes funções da chamada filosofia moderna (aquela cujo começo pode ser situado nos finais do século XVIII) é interrogar-se sobre a sua própria actualidade.

Foucault, *O Que É o Iluminismo?*.

2 O CONCEITO DE «RAZÃO ESCLARECIDA»

presença pelo espirito humano» *(Lições sobre a Filosofia da História Universal)*. Como se pode reconhecer no texto de Hegel, os grandes temas do Iluminismo são:

a) a natureza física e o conhecimento da sua legalidade e o seu subsequente domínio;

b) a religião e o sentido da fé e de Deus (deísmo e religião natural);

c) a sociedade e a história, isto é, a organização racional da sociedade e da convivência política; e o estabelecimento de um progresso histórico com base e em consonância com as exigências da razão.

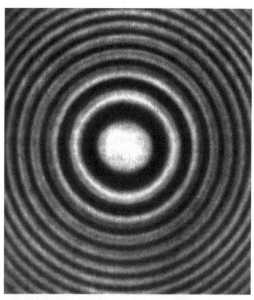

Anel de Newton

E tudo isso a partir do conceito de «natureza humana» ou «razão natural» e da exigência de uma total clarificação racional. O Iluminismo iria assim tentar realizar o projecto que já Hume acariciara de uma «ciência do homem»: «É evidente» – escreveu no seu *Tratado da Natureza Humana* – «que todas as ciências se relacionam em maior ou menor grau com a natureza humana e que, embora pareçam desenvolver-se a grande distância desta, regressam afinal a ela por uma ou outra via. Inclusivamente as matemáticas, a filosofia natural e a religião natural dependem de algum modo da ciência do homem, pois estão sob a compreensão dos homens e são julgadas segundo as capacidades e faculdades destes».

Como lema do Iluminismo, poderia servir a frase de **Pope**: «O estudo próprio da humanidade é o homem». O homem, eixo e matriz da natureza, Deus e sociedade, é o ponto vivo de união em torno do qual se articulam todos os esforços do século XVIII. E será o mesmo **Alexander Pope** quem exaltará a figura de Newton que desenvolverá esplendidamente o Iluminismo, ao enlaçar harmonicamente a natureza e a divindade. O epitáfio que orna o túmulo de Newton servir-nos-á de charneira para expor o seu pensamento e as suas contribuições:

> *Envoltas estavam em trevas*
> *A natureza e suas leis.*
> *E Deus disse: Faça-se Newton!*
> *E tudo foi luz.*

(Pope, *Epitáfio de Newton*)

3 NEWTON E O PROBLEMA DA NATUREZA

3.1. A máquina cartesiana do mundo

O século XVIII vê triunfar na Europa a revolução científfica iniciada por **Copérnico, Kepler** e **Galileu.** Aos esforços destes pioneiros para instaurar um método experimental, e à sua insistência quase religiosa em valorizar a precisão e a exactidão das matemáticas, junta-se agora uma cosmovisão de perspectivas tão ambiciosas como as do derrubado sistema aristotélico: a filosofia **mecanicista** de **René Descartes.**

Podemos agrupar assim as linhas essenciais deste mecanicismo:

a) Só existe o matematizável: figura, tamanho e movimento; que são as qualidades primárias. As restantes qualidades ficam reduzidas ao âmbito do subjectivo.

b) Por consequência, as «coisas» naturais reduzem-se a massas pontuais movendo-se no espaço euclideano (infinito, isotópico e tridimensional).

c) Toda a acção e reacção devem exercer-se mediante choque ou impulso. Em todo o caso, por contacto.

d) É suficiente descrever matematicamente as leis que regem estes movimentos e acções; o âmbito da causalidade reduz-se à causa eficiente e esta à função que relaciona duas variáveis.

e) O tempo torna-se um conceito secundário a partir do momento em que a ubiquidade das massas se dá num espaço infinito: o ponto de partida de um movimento (medida do tempo) é arbitrário e reversível.

f) Os princípios que regem a imensa maquinaria do sistema são dois: o princípio de inércia e o de conservação do momento ou quantidade de movimento (mv).

Como consequência deste postulados do mecanicismo cartesiano, a física fica integrada na cinemática (deslocação de massas pontuais num espaço infinito). Assim, se Descartes podia enunciar pela primeira vez, explicitamente, a lei da inércia (princípio fundamental da física), era-lhe impossível introduzir no seu sistema as considerações dinâmicas de **Galileu** (queda dos graves) e de ***Kepler*** (segunda lei). Por outro lado, o seu repúdio das qualidades ocultas leva-o necessariamente a postular um espaço pleno (acção por contacto). A descoberta de forças aparentemente actuantes à distância (gravidade, magnetismo e electricidade) ficava no seu sistema reduzida à imaginária, não matemática, dos turbilhões.

Com efeito, para poder explicar estes novos fenómenos Descartes foi obrigado a fingir um Universo pleno composto por três elementos:

a) As partes mais espessas da matéria, agrupadas em diferentes centros pelo movimento universal em turbilhão.

b) Partículas mais subtis e redondas, transparentes e em contínuo movimento, introduzidas nos interstícios da matéria espessa e preenchendo os espaços interplanetários. Descartes chamou *éter* a esta matéria, seguindo uma respeitável tradição grega (assim chamava também Aristóteles à sua *quinta essentia*).

c) Partículas mais diminutas ainda, que formam o tecido das estrelas e ocupam os interstícios do éter: constituem a luz.

Este artifício do turbilhão explicava certamente alguns factos interessantes em astronomia, a saber, que todos os planetas se moviam aproximadamente no mesmo plano e na mesma direcção em volta do Sol.

Mas para o cientista, e precisamente em nome das exigências absolutas da matemática – o próprio programa cartesiano –, não deixava de ser um escândalo que o sistema físico do mundo fosse irredutível às matemáticas, tendo de refugiar-se na fantasia dos turbilhões. E também não deixava de o ser o facto de que as decisivas descobertas de Galileu (dinâmica) e de Kepler (astronomia física) não tivessem cabimento na cinemática cartesiana. A segunda metade do século XVII está inteiramente preenchida por um esforço de renovação mental poucas vezes igualado na história, orientado para a conciliação num sistema unitário das descobertas parciais destes grandes homens:

3 NEWTON E O PROBLEMA DA NATUREZA

Isaac Newton
Woolsthorpe, 1642; Londres, 1727. Atrabiliário, áspero e mal-humorado, jamais reconheceu o valor dos seus companheiros e fez o possível por diluir as pegadas dos que o precederam. Culpado de dezanove mortes durante o seu cargo de Director da Casa da Moeda. Presidente da Royal Society, nunca houve tantos nobres estúpidos na sábia instituição como sob o seu mandato. É, no dizer dos especialistas, o maior cientista de todos os tempos. A sua imensa influência estende-se da *análise* (cálculo de fluxos) à *mecânica* (lei da gravitação universal), à *óptica* (teoria corpuscular da luz), à *astronomia* (construção do primeiro telescópio de reflexão) e à teologia (Comentário aos livros proféticos de Daniel e João).

a) tratava-se de conjugar a geometria analítica cartesiana com o conceito dinâmico de derivada do tempo, implicitamente descoberto por Galileu. Assistiam assim aos alvores da razão empírico-analítica anteriormente explicada. O resultado, decisivo na história da matemática, foi a invenção do cálculo infinitesimal.
b) Tratava-se, também, de atribuir uma causa física às leis empíricas de Kepler. O resultado seria a descoberta, ainda não ultrapassada, da teoria da gravitação universal.
c) Em terceiro lugar, havia que combinar a cinemática cartesiana com a dinâmica de Galileu num único sistema físico: a mecânica.
d) Por último, havia que tentar introduzir no edifício da mecânica forças como o magnetismo e a electricidade, incompatíveis com o Universo inerte de Descartes.
Estas quatro conquistas, pilares do imenso edifício da ciência moderna, reúnem-se em torno de um homem (embora na primeira e na quarta não deva silenciar-se a decisiva contribuição de **Leibniz**): **Isaac Newton** (1642-1727).

3.2. O sistema do mundo

São duas as obras que cimentam a glória de Newton: os *Princípios Matemáticos da Filosofia Natural* (1687) e a *Óptica* (1704). Nesta exposição vamos limitar-nos, claro está, à importância filosófica das descobertas newtonianas.
O título da primeira obra é um claro desafio aos *Princípios da Filosofia* de Descartes (1638). No entanto, a precisão «*princípios matemáticos*» não deve induzir em erro. Apesar desta insistência no matemático, Newton vai efectuar uma viragem decisiva na filosofia natural (física), abandonando o racionalismo dos pioneiros e cumprindo, antes, o programa empirista iniciado por Francis Bacon (1561-1626) e Robert Boyle (1627-1691). Com Newton, a matemática deixa de ser o fundamento para se converter num meio auxiliar: a geometria nasce da mecânica e sem ela não tem sentido. Está no próprio Prefácio dos *Princípios*:

> «Descrever linhas rectas e círculos são problemas, mas não problemas geométricos. Precisamos da mecânica para a solução destes problemas; e uma vez demonstrados, a geometria esclarece o seu uso. E é uma glória para a geometria que com estes poucos princípios, trazidos do exterior, possa fazer tantas coisas. Portanto, a geometria fundamenta-se na prática da mecânica, e não é mais do que uma parte da mecânica universal, que se propõe e demonstra exactamente a arte de medir.»

Assim, na contínua polémica entre a resolução e composição, entre análise e síntese, Newton concede decididamente a primazia à segunda (o que vem a ter consequências decisivas na filosofia de Kant). Note-se que, desta forma, Newton acaba por se separar do ideal Iluminista da razão empírico-analítica, que ele próprio tão poderosamente

⑪ O ILUMINISMO

contribuiu para forjar. A geometria serve para esclarecer, para expor com maior exactidão o que já de antemão se demonstrou (diríamos melhor: mostrou, pois aparece num modelo mecânico). Falando com rigor, a ciência não começaria pois por uma demonstração matemática, mas por uma construção a partir do sensível. O método da ciência é a indução afirma Newton face ao racionalismo continental. Estudem-se atentamente as famosas *regulae philosophandi* (regras do filosofar) do Livro III dos *Principia*:

«I. Não devem admitir-se como causas das coisas naturais mais do que aquelas que simultaneamente sejam verdadeiras e bastem para explicar os fenómenos. Assim, dizem os filósofos: a natureza nada faz em vão; e se faz em vão é aquilo que, podendo ser produzido por poucas coisas, o foi por muitas. Com efeito, a natureza é simples, e não se preocupa com as causas supérfluas.

«II. Na medida do possível, a efeitos naturais do mesmo género há que atribuir causas do mesmo género.

«III. As qualidades dos corpos que não admitem aumento ou diminuição de graus e que pertencem a todos os corpos nos quais seja possível experimentar, deverão ser consideradas como qualidades universais dos corpos (...). A extensão, dureza, impenetrabilidade, mobilidade e forças de inércia do todo surge da extensão, dureza, impenetrabilidade, mobilidade e forças inerciais das partes: donde concluímos que as partes mínimas de todo o corpo são extensas, duras, impenetráveis e dotadas de força de inércia. E este é o fundamento de toda a filosofia (…). Mas eu não afirmo em absoluto que a gravidade seja algo constitutivo dos corpos. Por força inerente entendo apenas a força inercial.

«IV. Na filosofia experimental, as proposições, extraídas mediante indução a partir dos fenómenos – e apesar de hipóteses em contrário –, devem ser tidas por verdadeiras, seja exactamente ou da maneira mais aproximada possível, enquanto não aconteçam fenómenos pelos quais essas proposições se tornem ainda mais exactas ou sujeitas a excepções. É isto que deve fazer-se, e não suprimir,

«Não simulo hipóteses»

Até aqui explicámos os fenómenos dos céus e do nosso mar pela força da gravidade, mas ainda não atribuímos uma causa a essa força. A sua origem deve com certeza radicar numa causa que chega a penetrar nos próprios centros do Sol e dos planetas sem que a sua força sofra a mínima diminuição; também não opera segundo a quantidade das superfícies das partículas sobre as quais actua (como acontece com as causas mecânicas), mas de acordo com a quantidade de matéria sólida que elas contêm, propagando-se em todas as direcções até distâncias enormes e decrescendo sempre como o quadrado inverso das distâncias. A gravidade até ao Sol é formada pela gravidade das diversas partículas que compõem o seu corpo; e ao afastar-se do Sol essa gravidade decresce exactamente como o quadrado inverso das distâncias até à órbita de Saturno, como o demonstra com clareza a quietude do afélio dos

planetas, e inclusive o afélio mais remoto dos cometas, se tais afélios forem também invariáveis. Mas até hoje não se conseguiu ainda descobrir a causa dessas propriedades da gravidade a partir dos fenómenos, e eu não vou simular hipóteses. Devemos chamar hipótese a tudo aquilo que não é deduzido a partir dos fenómenos, e as hipóteses metafísicas ou físicas, sejam elas de qualidades ocultas ou mecânicas, não têm lugar na filosofia experimental. Nesta filosofia, as proposições particulares são inferidas a partir dos fenómenos e são logo generalizadas por via da indução. Foi deste modo que se descobriu a impenetrabilidade, a mobilidade, a força impulsiva dos corpos e as leis do movimento e de gravidade. E é suficiente que a gravidade exista realmente e actue conforme as leis que expusemos, servindo para explicar todos os movimentos dos corpos celestes e do nosso mar.

Newton, *Princípios Matemáticos da Filosofia Natural.*

3 NEWTON E O PROBLEMA DA NATUREZA

por causa de uma hipótese, um argumento indutivo».

É escusado insistir na importância decisiva – embora nem sempre favorável – que estas regras têm tido na história da ciência moderna.

A primeira, expressão da famosa «navalha de Ockham», é o postulado de regularidade e simplicidade na natureza (e, por conseguinte, na investigação científica), que desempenhou um papel decisivo – como vimos – na aceitação do sistema copernicano.

A segunda, que hoje, poderíamos chamar, *lei de continuidade* cimenta a chamada «síntese newtoniana». Esta lei permitiu a Newton distinção entre céu e terra e entre diversas classes de elementos (presente ainda, paradoxalmente, em Descartes), mas é também esta mesma lei que impedirá a constituição da química (baseada na diferença dos elementos) até ao século XIX.

A terceira mostra o princípio de indução (ou, mais exactamente, da transdução: passagem do observável ao não observável, de consequências graves na teologia de Newton, como depois veremos). Newton volta assim, claramente, a Arquímedes: primeiro faz-se uma experiência mecânica, construindo um modelo físico aproximado, e logo se idealiza geometricamente. Observe-se que este método está em absoluta oposição directa com o de Galileu, e que não permite nunca uma confiança absoluta no poder matemático da razão.

Nesta terceira regra (Newton não era muito cuidadoso na exposição doutrinal), abandonam-se por um momento os aspectos metodológicos para nos mostrar a estrutura da matéria. Trata-se de um claro atomismo (frente ao continuismo cartesiano) do qual se exclui explicitamente toda a afirmação de vivacidade ou actividade por parte da matéria. A atracção da gravidade é extrínseca aos corpos. Vamos deixar sem resposta, por agora, a interrogação acerca da sua origem.

Por fim, a quarta regra – continuação da terceira – insiste no carácter indutivo da ciência e é a má vontade newtoniana contra as hipóteses. Note-se que se trata tanto de hipóteses metafísicas (as

qualidades ocultas e escolásticas), como mecânicas (as teorias *a priori* cartesianas ou galilaicas). Curiosamente, se por um lado o sistema fica reconhecidamente reduzido ao verosímil (voltando assim à velha exigência platónica de «conto provável» para a ciência natural), assegura-se, por outro a sua validade quase eterna, pois – salvo um milagre – os fenómenos continuam a ser como são, sem poderem ser explicados mediante hipóteses diferentes (o que vai em certa medida contra a regra I: Newton assume tacitamente que ninguém encontrará princípios mais simples e «evidentes»).

Também no final dos *Principia* se voltará a insistir, obsessivamente, nas duas proibições: a atribuição de actividade aos corpos e a postulação de hipóteses:

«Na verdade, a razão destas propriedades da gravidade não se pode deduzir a partir dos fenómenos, e eu não simulo hipóteses».

Ora, esta afirmação é falsa no âmbito do próprio sistema newtoniano, que utiliza hipóteses mecânicas (a construção de modelos segundo o modelo da simplicidade), metafísicas (o espaço e o tempo absolutos) e metodológicas (o princípio de transdução, que passa do geral para o universal). Se assim for – e há inumeráveis provas disso –, devemos questionar-nos sobre a origem desta má vontade contra as hipóteses. A resposta será dada de seguida, ao aprofundarmos as implicações destes três tipos de hipóteses.

3.3. A antologia dualista de Newton

3.3.1. Actividade e passividade

As hipóteses mecânicas são fornecidas pela crença de que a natureza não actua em vão; é simples e não se preocupa com o supérfluo. Ora, sabemos que o Universo newtoniano é composto por átomos inertes, absolutamente passivos. O conjunto destas passividades não pode, obviamente, originar uma actividade. O que é pois a natureza para actuar sempre infalivelmente e para ordenar o mundo do modo mais simples possível?

11 O ILUMINISMO

No final da *Óptica* Newton fixou uma série de *queries* («questões») de importância fundamental, já que nelas se vislumbram os verdadeiros interesses do cientista. É na questão 28 que encontramos uma resposta, tão audaz quanto clara:

«Para a rejeição de tal meio (refere-se ao éter contínuo cartesiano) dispomos da autoridade dos mais antigos e célebres filósofos da Grécia e Fenícia, que fizeram do vácuo, dos átomos e da gravidade dos átomos, os primeiros princípios da sua filosofia, atribuindo tacitamente a gravidade a uma causa diferente da matéria densa. Filósofos posteriores apagaram da filosofia natural a consideração de tal causa, imaginando hipóteses para explicar mecanicamente todas as coisas e relegando para a metafísica todas as demais causas. No entanto, o objectivo básico da filosofia natural é argumentar a partir dos fenómenos, sem imaginar hipóteses e deduzir as causas a partir dos efeitos até atingir a primeiríssima causa que, certamente, não é mecânica».

Aqui, Newton revela claramente as suas intenções. É surpreendente esta união do atomismo (que hoje sabemos ateu ou, quando muito, não preocupado com os deuses – Epicuro) com a crença na divindade. Newton não lera os atomistas. Mas, em contrapartida, havia estudado apaixonadamente os filósofos platónicos de Cambridge (em cujo Trinity College estudou e ensinou) e especialmente **Henry More** e **Ralph Cudworth.** Este último defendia a existência de uma idade de ouro, incontaminada, na qual os homens possuíam uma *prisca sapientia* («sabedoria antiga»), segundo a qual dividiam o mundo em potência activa (Deus) e passiva (matéria). Uma centelha desta sabedoria perdida teria chegado até à Fenícia e à Grécia (note-se que as categorias aristotélicas de acção e não-acção passam agora a constituir a verdadeira realidade). Pois bem, os esforços de Newton vão orientar-se na reconstrução desta sabedoria revelada e imediatamente perdida pelo pecado dos homens (o dilúvio). Assim, a *Óptica* conclui com esta admoestação:

«Não restam dúvidas de que se o culto aos falsos deuses não tivesse cegado os pagãos (...) ter-nos-iam ensinado o culto ao verdadeiro Autor e Benfeitor, do mesmo modo que o fizeram os seus antepassados sob o governo de Noé e seus filhos antes de se terem corrompido».

W.Blake: Newton (detalhe).
Tate Galery, Londres

3 NEWTON E O PROBLEMA DA NATUREZA

Princípios gerais da filosofia natural

Também me parece que estas partículas não só possuem uma *vis inertiae*, acompanhada das leis passivas do movimento que derivam naturalmente dessa força, mas que estão também movidas por certos princípios activos, como a gravidade e aqueles que causam a fermentação e a coesão dos corpos. Julgo que estes princípios não são qualidades ocultas, supostamente derivadas das formas específicas das coisas, mas sim leis gerais da natureza por via das quais as próprias coisas se formam e cuja verdade nos é dada pelos fenómenos, mesmo que as suas causas não tenham sido descobertas ainda. Estas qualidades são visíveis e só as suas causas é que são ocultas. Os *aristotélicos* não deram o nome de qualidades ocultas às manifestações mas apenas àquelas qualidades que supunham ocultas nos corpos e que eram causas desconhecidas de fenómenos visíveis, como o caso das causas da gravidade, das atracções eléctricas e magnéticas e das fermentações; e isto na suposição de que essas forças ou acções derivavam de qualidades desconhecidas que não podiam ser descobertas mas que se tornavam visíveis. Essas qualidades ocultas colocam obstáculos ao desenvolvimento da filosofia natural, e por isso foram refutadas nos últimos anos. Dizer que todas as coisas estão dotadas de uma qualidade oculta específica pela qual actua e produz efeitos visíveis, equivale a não dizer nada. Com efeito, constituiria um grande passo na filosofia conseguir derivar dois ou três princípios gerais do movimento a partir dos fenómenos para depois dizer como as propriedades e acções de todas as coisas corpóreas derivam desses princípios visíveis, mesmo que as causas desses princípios não tivessem sido ainda descobertas. Assim, não me custa propor os princípios do movimento atrás mencionado, dado que são de aplicação geral, mesmo que as suas causas estejam ainda por descobrir.

Newton, *Óptica.*

Assim se explica a insistência de Newton em que não se transforme a gravidade em potência interior aos corpos. O Universo seria então activo (como em Leibniz) e não haveria necessidade da acção de Deus Leibniz resolveu o dilema de forma filosoficamente mais subtil. É esta hipótese religiosa que proíbe o emprego de outras hipóteses. **Deus e matéria opõem-se frontalmente como actividade para e passividade inerte.** Não há gradação possível da matéria até a Deus: as causas finais desapareceram; todo o movimento, toda a força, têm Deus como causa.

É então a própria Divindade a causa directa da gravidade? Aqui o pensamento de Newton vacila. A partir da edição latina da *Óptica* (1706), orienta-se decididamente no sentido de postular a acção de um éter (descontínuo) subtilíssimo, mais densamente agrupado nas regiões vazias interestelares do que nos interstícios dos corpos. Seria esta diferença de densidade que explicaria a atracção. Contudo, importa referir que em múltiplas ocasiões nos fala de espíritos etéreos, pelo que é possível supor que este éter não actua mecanicamente apenas por meio da sua força (nem poderia, se toda a acção vem de Deus). Não é isto um regresso não apenas às qualidades ocultas, mas à própria angelologia medieval? **Leibniz** acusaria Newton, ironicamente, de «comer bolotas após a descoberta do trigo» (*Quinta carta a Clarke*), isto é, de converter o Universo numa teofania, num milagre permanente, precisamente na idade do triunfo da mecânica.

Mais ainda: **este Universo inerte exigia a contínua intervenção de Deus** (providência, face ao puro papel de criador que Descartes atribuiu a Deus), e não apenas para o conservar, mas para continuamente o reformar, pois estaria em contínua degradação (curiosa ressurreição da concepção neoplatónica da matéria como mal). Em particular, os cometas seriam corpos enviados por Deus para subministrar novo combustível às estrelas em crise de extinção. Mas Newton não se detém aqui: é possível supor a existência de outros sistemas com outras leis da natureza, segundo apraza a Deus:

«Deus é capaz de criar partículas de matéria de diversos tamanhos e figuras, em diferentes proporções no espaço e talvez de diferentes densidades e forças, a fim de com isso mudar as leis da natureza e formar mundos de diferentes tipos em diversas partes do Universo» (*Óptica,* Questão 31).

⑪ O ILUMINISMO

Tantos esforços dispendidos pelos maiores génios do século XVII – incluindo em parte o próprio Newton – para criar uma imagem unitária e matematicamente estruturada do mundo, pareciam vir agora abaixo pela irrupção do **Deus voluntarista e irracional** prefigurado já no augustinismo inglês do século XIV. **É desnecessário dizer que nisto a modernidade não iria seguir Newton.**

3.3.2. Espaço e tempo

Passemos agora às **hipóteses metafísicas**, exemplificadas no espaço e no **tempo absolutos.** Os lugares clássicos da sua definição encontram-se no *Escólio Geral* do livro III dos *Principia*:

«I. O tempo absoluto, verdadeiro e matemático, de si e por sua natureza, sem relação a nada externo, flui equavelmente, e chama-se também duração: o relativo, aparente e vulgar, é uma medida sensível e externa (seja exacta ou inexacta) daquela duração e é tomado pelo vulgo como tempo verdadeiro: assim, uma hora, um dia, um mês, um ano».

«II. O espaço absoluto, por natureza sem relação a nada externo, permanece sempre igual a si mesmo e imóvel; o relativo é a medida deste espaço, ou certa dimensão móvel, que é definida pelos nossos sentidos segundo a sua relação aos corpos e que o vulgo toma por espaço imóvel (…). O espaço absoluto e o relativo são iguais em espaço e magnitude; mas nem sempre permanecem iguais quanto ao número».

Newton prossegue depois com as definições, derivadas, de lugar e movimento.

Que estas hipóteses são metafísicas (para além do físico) provam-no as próprias regras do filosofar. Com efeito, por indução poderíamos chegar, em todo o caso, ao espaço e tempo relativos, mas nunca ao absoluto. A relatividade do espaço e do tempo prova-se por sua procedência da medida sensível dos corpos; se uníssemos as diferentes medidas possíveis, teríamos colecções de tempos e espaços.

De modo algum podemos chegar ao carácter absoluto destes âmbitos partindo das relações entre corpos. É certo que Newton aduz duas engenhosas experiências para provar o carácter absoluto do

espaço: a da água a girar dentro de um balde e a das esferas separadas por uma corda tensa. No entanto, estas experiências só provam que o espaço relativo em que acontecem está situado dentro de outro âmbito, que não tem de ser forçosamente absoluto (assim, nos finais do século XIX o cientista alemão Ernst Mach provaria matematicamente que as aparências se explicavam perfeitamente aceitando as estrelas fixas como um sistema de referência).

Hoje sabemos que nada na natureza está em repouso absoluto: há repouso apenas em relação a algum sistema de coordenadas. Newton estava a extrapolar o princípio da relatividade de Galileu (invariância de sistemas inerciais) a fim de estabelecer dois âmbitos de presença e duração. Que razões o moviam a isso? Em princípio, podemos afirmar que os famosos **axiomas** ou **leis do movimento** precisam do carácter absoluto e infinito do espaço. Vejamos a formulação exacta destes axiomas:

«Lei I. Todo o corpo persevera no seu estado de repouso ou movimento uniforme e rectilíneo enquanto não for obrigado a mudar de estado por uma força que lhe seja imprimida».

«Lei II. A mudança de movimento é proporcional à força motriz imprimida e produz-se segundo a linha recta em que actuou a referida força».

«Lei III. Há sempre uma reacção contrária e igual a uma acção; isto é, as acções de dois corpos são sempre mutuamente iguais e de sentido contrário» (*Principia*, liv. I.)

A primeira lei exprime o princípio de inércia e dá uma definição implícita de massa (potência de resistência à mudança de movimento). A segunda lei define a força: $F = ma$. A terceira é o princípio de acção e reacção.

É preciso pôr aqui em relevo dois pontos: a circularidade das leis I e II (uma explica-se pela outra) e o carácter principal, «evidente», da força imprimida, que fica por definir. Unamos agora as duas hipóteses de base: um espaço infinito e absoluto no qual se deslocam massas inertes, e uma força que extrinsecamente actua sobre os corpos. É possível desvendar, finalmente, o segredo destas

3 NEWTON E O PROBLEMA DA NATUREZA

hipóteses: o espaço é o órgão sensorial (*sensorium*) de Deus, aquilo que garante a sua omnipresença; a força o sinal da actividade e potência divinas. Era necessário afirmar o carácter absoluto do espaço para não misturar a matéria com a Divindade; era necessário o carácter extrínseco da força para não dar aos corpos caracteres divinos.

No entanto, Newton não identifica espaço e tempo com Deus; Deus é a pessoa que se manifesta como espaço e tempo: «Não é eternidade e infinidade, mas eterno e infinito; não duração e espaço, mas dura e está presente. Dura para sempre e está presente em todas as partes; e existindo sempre e em todas as partes, constitui o espaço e a duração.» (*Principia*, Escólio Geral.)

Esta é uma ideia presente já em Henry More (que chegara inclusive à identificação de Deus com o espaço), aberta a múltiplas objecções: se Deus está presente substancialmente no espaço, então Deus é um corpo (embora imenso) e converte-se na velha alma do mundo dos filósofos árabes medievais. E se está presente virtualmente, é porque Deus pode ser simultaneamente potência e acto, inactividade (o espaço é inactivo causalmente) e pura acção. Em todo o caso, Deus, aquilo que é simples e sem mistura, aparece sensivelmente como um composto de partes. Tanto Berkeley como Leibniz utilizaram o melhor da sua crítica para lutar contra esta estranha concepção newtoniana, tão inútil para a ciência como nociva para a religião.

Mas os interesses de Newton iam noutra direcção. Era uma ideia comum no seu tempo a existência de um sensório ou lugar onde interagiam a matéria e o espírito – recorde-se a glândula pineal cartesiana. Mas a religiosidade protestante do cientista inglês exigia uma passividade absoluta por parte do sensório humano. O homem recebia no sensório as imagens das coisas (nunca as próprias coisas); e isto devia-se à sua localização espácio-temporal. O homem é um animal receptivo:

«Vemos somente as figuras e cores dos corpos; ouvimos apenas sons; tocamos apenas as superfícies externas; cheiramos unicamente os odores e saboreamos os sabores; mas as substâncias íntimas não as conhecemos mediante nenhum sentido, nem sequer mediante qualquer acção reflexa; muito menos temos ideia da substância de Deus.» (*Principia*, Escólio Geral.)

Ciência e metafísica

Por que razão a natureza não faz nada em vão e donde provém a ordem e a beleza que vemos no mundo? Qual é a finalidade dos cometas e por que razão todos os planetas se movem na mesma direcção em órbitas concêntricas ao passo que os cometas o fazem em todas as direcções segundo órbitas muito excêntricas? O que é que impede as estrelas fixas de caírem umas em cima das outras? Como é que os corpos dos animais foram criados com tanta arte e qual é a finalidade das suas várias partes? Por acaso o olho foi criado sem perícia na óptica ou o ouvido sem conhecimento dos sons? De que modo é que os movimentos do corpo derivam da vontade e de onde provém os instintos dos animais? O aparelho sensitivo dos animais não é o lugar onde está presente a substância sensitiva, a qual recebe as formas sensíveis das coisas através dos nervos e do cérebro para que a sua presença imediata seja apercebida nessa tal substância? E assim, tendo-nos debruçado correctamente sobre estas coisas, os fenómenos não nos levam a crer que há um ser incorpóreo, existente, inteligente e omnipresente que vê intimamente as próprias coisas no espaço infinito como se fosse na sua própria sensibilidade, apercebendo-as plenamente e compreendendo-as totalmente pela sua presença imediata perante ele? Com efeito, o que apercebe e sente em nós é apenas a visão e a contemplação das imagens dessas coisas transportadas pelos órgãos dos sentidos até aos nossos pequenos aparelhos sensitivos. Deste modo, e embora cada passo verdadeiro dado nesta filosofia não nos leve imediatamente ao conhecimento da causa primeira, todavia aproxima-nos dela, e por isso devemos tê-la em grande conta.

Newton, *Óptica.*

11 O ILUMINISMO

As críticas de Locke e Hume estão já prefiguradas no fenomenismo de Newton. O que este não poderia prever era que viessem a ser utilizadas como argumentos em favor do agnosticismo, e inclusive do ateísmo. Ele, que havia retirado do homem todas as potências que Descartes lhe atribuíra, para as colocar em Deus; ele, que escrevera os *Principia* «não com o propósito de apresentar um desafio ao Criador, mas para reforçar e demonstrar o poder e superintendência de um Ser Supremo.» (*Carta a Conduitt.*)

Assim, o sensório divino percebe os corpos tais quais são, já que todos estão nele mergulhados. E pode modificar por seu arbítrio as suas posições, mediante os espíritos etéreos. O homem, ao contrário, é limitado e passivo; não está na sua mão alterar os estados dos corpos (quando crê fazê-lo está, na realidade, a obedecer aos planos de Deus – note-se a reprodução malebrancheana desta teoria).

3.3.3. Da matéria a Deus

Passemos, por último, às **hipóteses metodológicas**. A mais importante dentre elas é o princípio da transdução (regra III). A sua importância é tal que é considerado o «fundamento de toda a filosofia». Em que reside o seu valor? **Reduz, em primeiro lugar, a matéria a qualidades primárias, matematizáveis.** Com o atributo da massa (inércia) confere-lhes o carácter essencial de passividade. Faz do homem um ser duplamente passivo (receptor de passividade). Até aqui, o princípio seria de mera indução: passagem do particular a uma generalização empírica.

No entanto, o princípio vai mais longe e constitui-se numa prova *a posteriori* da existência de Deus: a ordem, finalidade e beleza que o sensório humano descobre não são produzidas por si nem pelas coisas inertes. Portanto, tem-se acesso ao reino da primeira causa: «Este belíssimo sistema (...) só pode proceder do conselho e domínio de um ser inteligente e poderoso». Toda a filosofia natural (e a matemática ao seu serviço) se manifesta agora como uma imensa *praeparatio Dei*. Mais ainda, através do princípio de transdução o mecânico transforma-se em teólogo: «Ocupar-se d'Ele a partir das aparências das coisas compete certamente à filosofia natural.» (*Principia,* Escólio Geral.)

3.4. A ideia de natureza

Se na ordem científica Newton conseguiu sintetizar as diversas descobertas no seio de uma mecânica racional, na ordem filosófica levantou uma muralha entre sentidos e razão, entre a matéria passiva e a força activa. O Iluminismo atesta a luta denodada para alcançar uma nova síntese. Seria **Kant** quem a realizaria. Mas talvez fosse, nalguns aspectos, já tarde de mais.

> Do ponto de vista filosófico e metodológico, Newton surge como a antítese de Galileu. Este mantivera rigorosamente a cisão entre ciência e fé. Aquele esforçou-se, ao longo de toda a sua vida, por apresentar a ciência como prova da fé. O pisano (e Descartes mais ainda) confiou de tal maneira no poder da razão que equiparou o conhecimento intensivo do homem ao divino, enquanto Descartes fazia o mesmo em relação à vontade. Newton, fiel à essência do protestantismo, rebaixou de tal forma o homem que o condenou a viver num mundo de imagens e de sombras, deixando o conhecimento das próprias coisas para Deus. Por isso, insistiu no carácter empírico e indutivo do conhecimento, face ao racionalismo matematizante continental.

Ao homem iluminista interessou de imediato o carácter impressionantemente unitário e estruturado da mecânica newtoniana, e não os seus interesses teológicos, dominantes, em última análise. Assim, combinando o ideal matemático e omnicompreensivo de Descartes com a prudência empírica e o rigor experimental de Newton, foi-se formando uma imagem da natureza, operante de algum modo nos nossos dias, e cujo melhor expoente é talvez a audaz *História Geral da Natureza,* de **Immanuel Kant** (1755).

Seriam estas as linhas essenciais do conceito de natureza no Iluminismo:

3 NEWTON E O PROBLEMA DA NATUREZA

a) A natureza não é tanto um conjunto de fenómenos (natureza materialmente considerada) quanto um sistema de leis (natureza formalmente considerada) regido pelos seguintes princípios:

1) Regularidade: *natura nihil agit frustra* (a natureza nada faz em vão).

2) Continuidade: *natura non facit saltus* (a natureza não dá saltos).

3) Conservação: na natureza nada se cria ou se destrói, apenas se transforma (massa, quantidade de movimento, energia); princípio expressamente formulado em toda a sua generalidade por Lavoisier.

4) Mínimo esforço: *natura agit semper per vias simplices* (a natureza actua sempre pelo caminho mais fácil). Princípio formulado por Maupertuis.

b) A natureza é uma estrutura de tal modo consistente que o conhecimento das suas leis permite-nos predizer o futuro e actuar em consequência (daí que a ideia iluminista de natureza esteja na base da revolução científico-técnica do século XIX). O tempo possui um valor secundário; é reversível relativamente ao espaço infinito.

c) A natureza é autónoma: não necessita de Deus para ser explicada. O próprio Newton suspeitara desta transformação, que se daria mesmo contra a sua vontade: «Um Deus sem domínio, sem providência e sem causas finais, nada mais é do que fatalidade e natureza.» (*Principia* Liv. III.)

d) As leis da natureza configuram o reino da necessidade. A liberdade não existe; a ilusão de ser livre deve-se a um desconhecimento das variáveis intervenientes: determinismo.

e) Todo o existente se pode reduzir ao âmbito mecânico do físico-químico: reducionismo fisicista. No entanto, e face ao cartesianismo, trata-se de um mundo vivo, um mundo de forças em interacção (*vis viva*). A massa é limite entre duas forças (*vis inertiae, vis impressa*): energetismo.

Da matéria a Deus

É eterno e infinito, omnipotente e omnisciente, isto é, perdura desde a eternidade até à eternidade e está presente desde o infinito até ao infinito. Rege tudo e conhece tudo quanto é ou pode ser feito. Não é eternidade e infinitude mas sim eterno e infinito; não é duração ou espaço, mas dura e está presente. Dura *sempre* e está presente em todas as partes e dá origem à duração e ao espaço. Como cada partícula de espaço é sempre, e como cada momento indivisível de duração é *ubíquo,* O criador e senhor de todas as coisas nunca poderá ser *nunca* nem *nenhuma parte.* A alma apercebe-se das coisas em tempos diferentes e com diversos sentidos e órgãos de movimento, mas é sempre a mesma pessoa indivisível. Na duração há partes sucessivas e no espaço há partes coexistentes, mas nem um nem outro se encontram na pessoa do homem ou no seu princípio pensante, e muito menos na substância pensante de Deus. Como coisa dotada de percepção, o homem é uno e idêntico consigo mesmo durante toda a sua vida e em cada um dos seus órgãos sensoriais. Deus é uno e o mesmo Deus sempre e em todas as partes. A sua omnipresença não é apenas *virtual* mas também *substancial,* pois a virtude não existe sem substância. Todas as coisas estão contidas nele e são movidas por ele, mas não se afectam mutuamente. Deus não sofre qualquer alteração pelo movimento dos corpos e os corpos não encontram resistência na ubiquidade de Deus. Assim, há que reconhecer que existe necessariamente um Deus supremo e que, pela mesma necessidade, existe *sempre* e em *todas as partes.*

Newton, *Princípios Matemáticos da Filosofia Natural.*

11 O ILUMINISMO

3.5. Do teísmo ao sensacionismo

Os próprios progressos da ciência tão solidamente estabelecidos por Newton foram tornando cada vez mais desnecessária a intervenção de Deus no âmbito do natural. A descoberta da energia por Christian Huyghens ($1/2\ mv^2$) e da *vis viva* por Leibniz (mv^2), face à inerte quantidade do movimento cartesiano (mv), que Newton não pôde nem quis superar, os progressos em biologia e química e o domínio da energia eléctrica (a garrafa de Leyden) configuraram nos finais do século XVIII um mundo no qual o melhor sucessor de Newton, **Laplace**, podia responder a Napoleão que não havia introduzido Deus no seu sistema por não ter necessidade dessa «hipótese inútil».

Mas a desdivinização do mundo arrastava necessariamente a queda da razão como sujeito cognoscente: a mente humana, privada da sua comparação com Deus, fica fora do sistema mecânico. Ou então (e este é o grande paradoxo), é o próprio sistema mecânico que se mentaliza, que se torna psiquismo. Com efeito, a clássica cisão entre qualidades primárias e secundárias passava pela primazia da razão matemática, reflexo da divina. Eliminados os dois tipos de razão, limitado o homem aos meros fenómenos, cai também a distinção entre qualidades: ambas são objectivas, ou subjectivas, como se queira. O homem é uma colecção de sensações. Eliminados o espaço e o tempo absolutos, não há outro remédio senão o humano. Mas então é impossível distinguir entre coisas e sensações das coisas: é o **sensacionismo** de **Lamettrie** (*L'Homme Machine,* 1748) e de **Condillac** (*Traité des Sensations,* 1754).

Paolo Mascagni: O corpo humano. Instituto de Anatomia Humana. Universidade de Pisa

As saídas deste «cerco psíquico» deram origem ao mundo actual. Encontramos duas explícitas e outra subtilmente tortuosa. A primeira, o transcendentalismo kantiano, que outorga francamente à razão a actividade que Newton reservava a Deus. A segunda, o materialismo mecanicista, chefiado neste domínio por Georges Cabanis (1757-1808) e seu famoso lema: *Les nerfs: voilà tout l'homme* (os nervos: eis o homem). A terceira saída retoma o voluntarismo newtoniano e projecta-o no homem. Se este, diz Condillac, não é explicável como unidade mediante uma razão sintética, reconhecer-se-á como organismo mediante os seus desejos e impulsos. É uma linha que, através do romantismo, chega até Nietzsche e Freud.

4 HOMEM E DEUS: O DEÍSMO E A RELIGIÃO NATURAL

O Iluminismo apresenta-se com frequência como um movimento antiteológico e anti-religioso. Esta interpretação precisa de ser caracterizada. Com efeito, a secularização que, paralelamente ao pensamento moderno desde o seu início, ela prossegue e radicaliza, mantém contudo o reconhecimento do divino, bem como uma peculiar interpretação da religião. Para uma adequada compreensão do problema, convém ter em conta as duas observações seguintes:

a) Em primeiro lugar, deve ter-se em consideração a situação em que surge a reflexão iluminista. Essa situação encontra-se definida pela:

1. explicação científico-mecânica da natureza, com a consequente exclusão da finalidade a ordem a natureza física;

2. experiência histórica da religião revelada, e o problema da justificação do homem diante de Deus;

3. Realidade do mal e pelo problema que este coloca especialmente em relação com a ideia de uma finalidade na natureza, estabelecida providentemente por um Deus bom.

b) Convém ter presente em segundo lugar, a atitude tanto do Renascimento como da Reforma a respeito da religião. O impulso e o espirito religioso da Reforma, que se alimenta da crise da razão e do voluntarismo do século XIV, afirma a impotência da natureza, a radical debilidade humana como sequela do pecado original e a absoluta necessidade da graça divina. Neste sentido, não é mais do que o exagero expresso do augustinismo. A religião humanista do Renascimento, ao contrário, crê na total auto-suficiência da razão: o homem pode salvar-se por si mesmo. Neste sentido, o Renascimento destila pelagianismo. (Recorde-se, a propósito, o exposto nos capitulos quarto e sétimo e aprecie-se a linha de continuidade entre as diversas filosofias).

Das origens da religião natural

Mesmo quando a investigação relativa à religião tem grande relevância, há duas questões particulares que põem à prova a nossa reflexão, a saber: a questão que se refere ao seu fundamento racional e a que se refere às suas origens na natureza humana.

A primeira questão, que é a mais importante, admite felizmente a solução mais óbvia ou, pelo menos, a mais clara. A organização da natureza revela-nos um autor inteligente e nenhum investigador racional, após séria reflexão, pode duvidar por um momento sequer dos princípios primários do monoteísmo e da religião autênticos. Mas a questão relativa às origens da religião na natureza humana já oferece dificuldades maiores. A crença num poder invisível e inteligente difundiu-se amplamente entre a raça humana, em todos os lugares e em todas as épocas. Mas a sua universalidade talvez só tenha existido a fim de não admitir nenhuma excepção, pois não foi de modo algum uniforme nas ideias que sugeriu. A acreditar em certos viajantes e historiadores, foram descobertos povos que não tinham qualquer sentimento religioso. Nunca dois povos e dificilmente dois homens coincidiram com exactidão nos mesmos sentimentos. Por conseguinte, poderia parecer que este preconceito não resulta de um instinto original ou de uma impressão primária da natureza – tal como acontece com o amor-próprio, a atracção entre os sexos, o amor pelos filhos, a gratidão ou o ressentimento –, pois já se comprovou que tais instintos são absolutamente universais em todos os povos e épocas e perseguem sempre um objecto inflexivelmente. Os primeiros princípios religiosos devem ser secundários, a tal ponto que podem ser facilmente pervertidos por diversos acidentes, já que, por um extraordinário conjunto de circunstâncias, em muitos casos certas causas e até o seu exercício podem ser absolutamente impedidos.

Hume, *História da Religião Natural.*

11 O ILUMINISMO

Pois bem, o Iluminismo vai seguir a senda traçada pela experiência renascentista, pois só nela é possível a realização do projecto iluminista.

4.1. Redução do cristianismo à razão: Locke

O Iluminismo pretende levar a cabo uma **fundamentação filosófica do cristianismo** e da fé, de modo que a revelação esteja em consonância com o que a mera e única razão natural pode estabelecer e reconhecer:

A atitude de Locke é clara e modelar. «A razão» – escreve na obra *Ensaio sobre o Entendimento Humano* – «tem de ser o nosso juiz em última instância e o nosso guia em tudo.» (Livro IV, cap. XIX, §14.) Portanto, também na religião. E no entanto, «havendo os homens sido imbuídos na opinião de que não devem consultar a razão em matérias religiosas (...) deram rédea solta à fantasia e às suas naturais inclinações supersticiosas» (o.c., Liv. IV, cap. XVII. §11). A religião, segundo Locke, pertence intimamente ao ser do homem, ao ponto de afirmar que «a religião é o que mais nos deveria distinguir dos animais e o que mais peculiarmente nos deveria elevar como criaturas racionais, acima dos brutos» (*ibidem*). Ora, se quisermos acabar com a superstição, como exige o projecto iluminista, e se além disso, em particular, pretendermos fazer luz sobre a natureza da religião, é preciso que a verdadeira religião seja radical: enquanto não nos guiarmos pela razão «disputaremos em vão, e em vão tentaremos convencer-nos mutuamente em assuntos de religião» (o.c., Livro IV, cap. XVIII, §1).

A religião é pois racional, num duplo sentido. Por um lado, na medida em que o seu conteúdo se deixa compreender pela razão, entendendo aqui «razão» como «a descoberta da certeza ou da probabilidade das proposições ou das verdades que a mente logra alcançar por meio da dedução partindo daquelas ideias que adquire pelo uso das suas faculdades naturais, a saber: a sensação ou a reflexão» (*ibidem*). A racionalidade da religião refere-se pois, neste primeiro aspecto, ao modo do seu conhecimento, à certeza que é possível ter a respeito da religião. Assim, deve estar submetida às condições que a razão impõe em qualquer outro campo de questões, à razão analítica. Mas além disso, por outro lado, a religião é racional na medida em que não só pertence intimamente ao ser natural-racional do homem, como se indicou mais acima, mas na medida em que «a razão é a revelação natural, por onde o eterno Pai da luz e manancial de todo o conhecimento comunica aos homens essa porção de verdade que colocou ao alcance de suas faculdades naturais» (*o.c.*, livro IV, cap. XIX. §4).

Gravura do séc. XIX.
Pesos e medidas.
Instituto Nacional de Investigações Pedagógicas, Paris.

4 HOMEM E DEUS: O DEÍSMO E A RELIGIÃO NATURAL

É esta pertença, no preciso sentido assinalado, da religião à natureza racional do homem que melhor prova a sua verdade, e que a faz estar a salvo e acima da historicidade das diferentes religiões positivas e das suas recíprocas e intermináveis disputas, tão presentes no século das luzes e nas guerras de religião. A invariabilidade da «natureza humana» e a sua universalidade, o facto de ser a mesma em todos os homens e épocas, mostra e justifica a verdade e importância da religião natural ou racional. Pode continuar-se a supor e a admitir que a revelação é supra ou extra-racional mas isto, que é o importante por agora, não contradiz a razão.

Mas devemos dar um passo mais: tendo a revelação de estar em concordância com a razão, a razão natural constitui-se em juiz que decide do que pretende passar por revelação. **A razão converte-se no critério da revelação.** Com isso, em verdade só poderá considerar-se como religião a emanada da razão, isto é, a religião natural.

A religião natural estará pois contra os milagres e as profecias, contra os ritos e os dogmas. Fará uma crítica dura e implacável da religião positiva. Por outro lado, enquanto reduzida aos princípios da mera razão, não haverá diferença entre a religião e a moral. A religião consiste no conhecimento dos deveres ou mandatos morais, e a sua actividade ou exteriorização não será mais do que a acção meramente ética. Voltaire disse-o de forma precisa e paradigmática: «Entendo por religião natural os princípios da moralidade comuns à espécie humana».

4.2. Religião natural e deísmo

O conceito de religião natural está em estreita relação com o deísmo. Na verdade, a disputa entre religião natural e religião revelada não se pode entender à margem do deísmo. Para uma clara compreensão do que este significa, convém distingui-lo do ateísmo e, sobretudo, do teísmo.

Voltaire
Nasce em Paris em 1694. Morre em 1778. A figura de Voltaire é talvez a mais característica do Iluminismo francês, embora a sua imagem tenha sido bastante deformada como símbolo e protótipo da descrença anticristã do século. Voltaire foi uma personalidade complexa, contraditória, apaixonada e inconformista e, por isso, polémica: honrada em alguns momentos da sua vida até à exaltação e injuriada noutros até ao desprezo. A sua vida, longa e agitada, provou todas as experiências de um homem intelectual e público: desde o cárcere na Bastilha (1717) e o exílio na Inglaterra (1726-1729), até às mais fervorosas homenagens populares. A paixão de Voltaire é a recusa de todo o obscurantismo, realizada no meio de um profundo pessimismo acerca do homem, acerca dessa constante estupidez que se comprova através da história. Voltaire discute azedamente sobre este ponto com Rousseau, embora tenham muitas coisas em comum.
Não é este o melhor dos mundos possíveis: o mal está presente na história e sem esperança de erradicação plena. No entanto, o único remédio que se pode e deve opor a este facto é a sã razão esclarecedora e clarificadora.
O génio inquieto e curioso de Voltaire produziu obras em todo o tipo de géneros literários: tragédias, novelas, poemas, tratados de física e de filosofia, de história... Importa destacar entre os seus escritos: *Cartas sobre os Ingleses* ou Cartas Filosóficas (1734), *Metafísica de Newton* ou *paralelo entre as Opiniões de Newton e Leibniz* (1740), *Dicionário Filosófico Manual* (1764)), *O Filósofo Ignorante* (1776), *Ensaio sobre os Costumes e Espírito das Nações* (1740), *Filosofia da História* (1765).

11 O ILUMINISMO

A) Face ao ateísmo, que afirma a inexistência de Deus, **tanto o deísmo como o teísmo coincidem em afirmar a existência de Deus.** Ora bem, o teísmo não só estabelece a existência de Deus como julga poder estabelecer a sua essência por meio da razão e por analogia com a natureza e as propriedades ou predicados do homem; assim, concebe Deus como autor livre do mundo e do homem com os quais mantém uma relação providente: Deus como providência. Portanto, o teísmo pensa Deus como um ser pessoal. «O teísmo autêntico» — comentará Hume nos seus *Diálogos sobre a Religião Natural* — «faz de nós produtos de um ser perfeitamente bom, sábio e poderoso, de um ser que nos criou para que fôssemos felizes, o qual, ao ter implantado em nós um incomensurável desejo de bem, prolongará a nossa existência por toda a eternidade.»

O teísmo encerra numerosos pressupostos, alguns dos quais vamos recordar numa simples enumeração, pois já foram de alguma maneira tratados noutros capítulos:

a) Um uso e um poder transcendente da razão, que lhe permite sobrepor-se ao mundo;

b) Passagem da natureza a Deus mediante uma prova racional da sua existência, tendo aliás especial relevância a prova físico-teológica formulada na ideia de que existe um fim na natureza e, por conseguinte, uma inteligência suprema ordenadora;

c) O optimismo teológico, na medida em que o mundo é o melhor dos mundos possíveis.

Ora bem, se a este três pontos contrapusermos: 1) o carácter empírico, analítico e imanente da razão esclarecida; 2) a explicação científico-mecânica da natureza e a correspondente exclusão de uma finalidade natural; 3) a difícil compatibilidade do providencialismo e do optimismo teológico do teísmo com a realidade do mal (palpável de um modo tão cruel como no famoso terramoto de Lisboa) veremos as tremendas dificuldades em que se encontraria o teísmo, pelo menos na forma como o pensaram os filósofos iluministas.

B) O deísmo, cuja estreita relação com a religião natural não devemos esquecer, exprime as exigências da razão esclarecida e tenta resolver os problemas do teísmo, ao mesmo tempo que mantém a crença na existência de Deus. O deísmo foi cunhado no seu sentido geral e na sua funcionalidade pelo pensamento iluminista inglês. **John Toland** escreveu uma obra cujo título é sumamente expressivo — *Cristianismo não Misterioso* — e **Mattews Tindel** quis mostrar no seu livro *O Cristianismo tão Velho como a Criação* o carácter natural de toda a revelação. É porém o francês **Voltaire** quem melhor expõe as teses gerais do deísmo, cujo sentido e alcance se captará com a sua simples enumeração:

a) Deus existe e é autor do mundo.

b) Não é possível determinar a natureza e atributos de Deus.

c) A criação do mundo por Deus não é fruto de um acto livre, mas necessário, pelo que Deus não é responsável do mal.

d) Uma vez criado o mundo, Deus não volta a intervir nele. Negação, pois, do conceito de providência divina.

e) O mal, se tal é possível, só é explicável a partir do homem; a este incumbe tentar anulá-lo.

O deísmo assim considerado e reduzido a estas teses, baseia-se na razão teórica e obedece a uma posição estritamente intelectual. Por outro lado, o deísmo, na sua relação com a religião natural, entendida esta como o reconhecimento dos mandatos morais, baseia-se na razão prática. É precisamente a debilitação e, em última análise, a negação do poder teológico e transcendente da razão teórica que acabará por deixar o deísmo reduzido ao seu aspecto «moralista» e como «religião natural», uma e outra edificadas sobre o conceito de «natureza humana».

4.3. Negação do deísmo: Hume

Como acabamos de ver, a concepção «deísta» de Deus e a «religião natural» baseiam-se na ideia de uma «natureza humana», «racional». Pois bem, de carácter a dissolução de semelhante «natureza humana racional» virá negar tanto o deísmo como a

4 HOMEM E DEUS: O DEÍSMO E A RELIGIÃO NATURAL

religião natural, para impor uma nova atitude ante o problema de Deus e oferecer uma nova explicação do facto religioso. Tal obra foi levada a cabo por **Hume**.

Já vimos, na teoria do conhecimento de Hume, a importância fundamental atribuída à experiência. Com tal teoria é obviamente negado todo o presumível uso supra-empírico do conhecer. Mas que dizer da «natureza humana racional» e da sua pretensão de ser base e explicação da religião? Pois simplesmente que não existe. O que se tem vindo a considerar como tal não é, em verdade e em última análise, mais do que um complexo de impulsos, instintos e paixões, ordenados e fixados de certa maneira por alguns princípios, cuja natureza é em definitivo inexplicável. «A razão» – escreve Hume nos já citados *Diálogos sobre a Religião Natural* – «é, na sua fábrica e estrutura internas, algo tão pouco conhecido por nós como o instinto ou a vegetação; e quiçá, até a vaga e indeterminada palavra *natureza*, à qual o homem comum tudo refere, não seja também, no fundo, explicável» (Parte VII).

Mas então a que fica reduzida a religião e como explicá-la? A religião não tem o seu princípio na razão, nem é possível encontrar para ela um fundamento e explicação racional. Surge dos sentimentos e alimenta-se do temor, da ignorância e do medo do desconhecido. Tem pois uma base psicológica, e quiçá patológica. As crenças e os princípios religiosos não são, escreve em *História Natural da Religião*, «mais do que sonhos de homens enfermos» (cap. XV). Assim, passou-se de uma religião «natural», fundada e exigida por uma «natureza humana racional», a uma explicação ou «história natural da religião», onde o «natural» significa um conjunto de instintos e sentimentos, cujo precipitado seria a religião. Em qualquer caso, no entender de Hume, não se pode dar uma resposta negativa taxativa e categórica ao problema da religião e de Deus. «O todo constitui um intrincado problema, um enigma, um mistério inexplicável. Dúvida, incerteza e suspensão do juízo surgem como único resultado da nossa mais esmerada investigação sobre o tema» (*ibidem*).

Eis-nos perante o cepticismo de Hume, que é um repto à própria razão e que Kant aceitará, pois o *cepticismo*, dirá o filósofo alemão, pode bem ser um lugar de descanso (*Ruheplatz*) para a razão após a dura luta contra o dogmatismo, mas de modo algum um lugar para residir e habitar (*Wohnplatz*) (*Crítica da Razão Pura*, II. Teoria transcendental do método. Cap. I.).

A comida dos filósofos do Iluminismo (Voltaire com a mão levantada). Gravura dos finais do séc. XVIII. Biblioteca de Paris.

5 HOMEM E SOCIEDADE (ROUSSEAU)

Como acentuámos já, o projecto do Iluminismo podia sintetizar-se na ideia de uma ciência do homem e no exercício de uma razão autónoma e secularizada. O pensamento iluminista acreditou que sobre estas bases seria possível um **contínuo progresso** no desenvolvimento e a realização da «natureza racional do homem». A sociedade e a história constituem o enquadramento deste progresso.

Contra este talvez excessivo optimismo no progresso insurge-se a dura realidade do mal, que vinha também pôr em causa a bondade e providência de Deus. O deísmo tentou solucionar, do modo que já conhecemos, a responsabilidade de Deus relativamente ao mal. Por outro lado, o «naturalismo» da razão e a «bondade» ser humano (em oposição à ideia do homem como uma «natureza caída» afectada pelo pecado original) tornam difícil a explicação do mal, assim como tornava desnecessária a graça divina, pois é o próprio homem e não Deus quem deve proporcionar-se a salvação, a qual não se realizará num além mas no aquém da sociedade e da história, em consonância com o espírito secular.

Do que acabamos de dizer segue-se que o **problema da sociedade adquire uma singular importância.** Não apenas na medida em que questões como a estruturação da ordem social, da origem e natureza da sociedade, da teoria da organização política, etc., são questões que com outras pertencem a essa procurada «ciência do homem». Mas também, e com especial relevância, na medida em que na sociedade e na história (no social, numa palavra) confluem os temas não resolvidos, procurando na sociedade a sua solução e por sua vez recebendo da sociedade a sua nova configuração. Assim, a sociedade vem a ser o domínio para o qual é transposto o problema da *teodiceia* (a tentativa da justificação de Deus relativamente ao facto do mal) e da origem do mal; mas também só na sociedade pode encontrar-se e alcançar-se a solução do mal moral. E tudo isso em relação com a questão sobre a natureza do homem, não só que a origem, a natureza e o significado da sociedade está em estreita relação com a natureza do homem, mas também na medida em que o sentido do social (em sentido lato, poderia equivaler ao «cultural») virá oferecer uma interpretação da cultura e do seu significado relativamente à «natureza» ou ao «natural».

Rousseau
(1712-1778). Nasce em Genebra. Jean-Jacques Rousseau é uma das figuras mais grandiosas do Iluminismo: talvez a que mais ampla influência exerceu na consciência intelectual posterior. As suas *Confissões*, bem como as *Fantasias de um passeante solitário*, ambas publicadas postumamente, dão-nos a medida de um pensamento acutilante, ansioso por penetrar nas profundezas do homem e da sua natureza. O *Discurso sobre as Ciências e as Artes*, escrito quando contava 38 anos, marca o seu distanciamento da corrente enciclopedista e a sua posição básica e radical, «revolucionária» no ajuste da problemática iluminista. A cultura, as ciências e as artes foram de facto o meio fundamental de degeneração e de obscurantismo do homem natural. Tal denúncia é, ao mesmo tempo, uma reivindicação do homem natural. Mas o «homem natural» rousseauniano configura-se na verdade não tanto como a meta de um regresso, mas mais como a «ideia reguladora» de um juízo sempre necessário sobre a cultura e sobre a história. A influência de Rousseau em pensadores geniais, posteriores a ele — como será o caso de Kant – foi extraordinária. Pala além das já citadas, Rousseau publicou outras de igual interesse: *O Contrato Social; Discurso sobre a Origem e Fundamento da Desigualdade entre os Homens, A Nova Heloísa:* Esta última, publicada em 1762, foi rotulada de ímpia e o escândalo obrigou-o a fugir de França, embora tenha voltado de novo a Paris após alguns anos de exílio.

5 HOMEM E SOCIEDADE (ROUSSEAU)

Talvez o filósofo iluminista que mais profundamente pensou sobre estes temas e sobre a sua interconexão, e que mais influenciou a postetidade tenha sido **Rousseau**. Kant assinalou com clareza o seu significado nuclear e modelar relativamente à natureza do homem e da sociedade: «Newton foi o primeiro a ver a ordem e a regularidade unidas a uma grande simplicidade onde antes dele não havia senão desordem e uma mal ponderada multiplicidade e, desde então, os cometas caminham por vias geométricas. Rousseau foi o primeiro a descobrir, sob a multiplicidade das supostas formas humanas, a natureza recôndita do homem e a lei oculta segundo a qual a Providência fica justificada com a sua observância».

O ponto de partida de Rousseau é constituído por uma dura denúncia do artificialismo da vida social e uma crítica da civilização, interpretada sempre, e sobretudo pelo Iluminismo, como progresso. A crítica propõe-se clarificar: a) se o progresso na cultura, ciências e artes implica um progresso humano, um progresso na moralidade e felicidade do homem; b) se o progresso, que a organização social moderna (a chamada sociedade burguesa) parece representar, permite fazer do homem um ser unitário, total e livre.

A resposta de Rousseau às duas questões é negativa. No início do *Emílio*, escreve: «Tudo está bem ao sair das mãos do Autor das coisas; tudo degenera nas mãos dos homens». E no *Contrato Social*: «O homem nasce livre, mas por toda a parte se encontra agrilhoado». Importa reparar, não tanto no carácter negativo da resposta (embora seja importante), mas no sentido preciso da sua intenção e alcance, pois de modo algum significa, como veremos, rejeição indiferenciada da cultura e da sociedade, mas, ao contrário, a rejeição da ordem social existente, da ideia vigente de cultura e do indiscriminado optimismo no progresso. A propósito, partindo da organização fáctica da sociedade, é preciso distinguir e esclarecer: a) se a sociedade é por essência má o social vem por isso a prejudicar o natural, isto é, a «natureza» do homem; b) se a estruturação fáctica actual da sociedade é deficiente e injusta. Para Rousseau, a questão reside neste último ponto.

O problema consiste pois em explicar como a sociedade se tornou deficiente e injusta e como deveria ser reestruturada e ambas as questões em estreita relação com a «natureza» do homem, já que é a partir desta que segundo Rosseau, deve explicar-se e compreender-se a sociedade. Com este propósito, Rousseau distingue entre estado de natureza (estado natural) e estado social, a fim de «distinguir o que há de originário e o que há de artificial na natureza actual do homem», pois «enquanto não conhecermos o homem natural é inútil pretender determinar a lei que recebeu ou a que melhor convém ao seu estado» (*Discurso sobre a Origem da Desigualdade entre os Homens*, prólogo).

O **estado de natureza** designa o «suposto» estado ou situação do homem anteriormente à sua vida em sociedade, estado no qual o homem (o «homem natural») seria bom e feliz, independente e livre, e guiado pelo são «amor de si». Ao contrário, o **estado social** designa a real situação presente na qual ao **viver em sociedade** (em determinada ordem e estrutura social) o homem se torna mau, é movido pelo «amor-próprio» ou insaciável egoísmo (torna-se «homem artificial») e onde reinam a injustiça, a opressão e a falta de uma autêntica liberdade. O problema anteriormente indicado reduz-se pois a compreender a passagem do estado de natureza ao «estado social».

É muito importante notar que o «estado de natureza» (e os conceitos correlativos de «homem natural», «liberdade natural», etc.) não designa uma situação fáctica e empírica, um facto histórico que se considere com nostalgia e ao qual se desejaria regressar. Pois o estado natural, escreve na obra citada, é «um estado que já não existe, que talvez nunca tenha existido, que provavelmente nunca existirá, e do qual, no entanto, é necessário ter conceitos adequados para julgar com justiça o nosso estado presente».

O «estado de natureza» (e seus conceitos correlativos) é pois uma categoria sociopolítica com a qual e a partir da qual se poderá compreender a génese e a condição de possibilidade da sociedade, analisar a sua estrutura a partir desse fundamento, e relativamente a esse *ideal* de natureza e liberdade

⑪ O ILUMINISMO

humanas ajuizar e valorizar o estado presente e habilitar teoricamente a reestruturação de uma nova ordem social que permita e realize o que o homem terá de ser por exigência da sua «natureza».

Por conseguinte, a crítica da injusta ordem social e da cultura não significa em Rousseau um retorno a um estado natural, anárquico e bárbaro, mas a transformação de uma ordem social estabelecida pela força (Hobbes) e vivida de forma heterónoma, numa ordem estabelecida em igualdade e liberdade e vivida em autonomia.

Pois bem, como é possível pensar ou estabelecer a passagem do «estado natural» ao «estado social»? Ou, o que é o mesmo, como determinar a origem da sociedade e o laço, vínculo ou contrato em que se funda e desenvolve a vida social e política? São modelares duas explicações de tal passagem: a de **Hobbes** (1588-1679) e a de **Rousseau.**

Em oposição a Grócio, que via no homem um «instinto social» e na sociedade a simples consequência desta «natural disposição social do homem», tanto Hobbes como Rousseau crêem que o homem não é social por natureza verificando-se a prioridade do indivíduo sobre a comunidade. Porém, são *diferentes as explicações que um e outro apresentam* com base na ideia que cada tinha, do «homem natural» e do «estado de natureza», bem como do ideal de vínculo social e de ordem política em conexão com as respectivas concepções da natureza do homem.

Para Hobbes o homem é o lobo do homem (*homo*

Da cultura, do progresso e do homem «natural»

De todos os conhecimentos humanos, o mais útil e o menos avançado parece-me ser o do homem; aliás, atrevo-me a dizer que até a inscrição do templo de Delfos continha um preceito mais importante e mais difícil que todos os livros dos moralistas. Por isso julgo que o tema deste *Discurso* é uma das questões mais interessantes que a filosofia pode proporcionar e, infelizmente para nós, é também uma das mais espinhosas para os filósofos resolverem. Como é que se pode conhecer a fonte da desigualdade entre os homens se estes não começarem pelo conhecimento deles mesmos? E como é que o homem conseguirá ver-se tal qual a natureza o formou, havendo tantas mudanças que o decurso dos tempos e das coisas produziu na sua constituição original? E como conseguirá ele separar o que corresponde ao seu próprio ser daquilo que foi acrescentado ou mudado no seu estado primitivo pelas circunstâncias e pelos seus progressos? A alma humana assemelha-se à estátua de Glauco que foi de tal modo desfigurada pelo tempo, pelo mar e pelas tempestades que mais parecia um animal feroz do que um deus. Também a alma foi constantemente alterada no seio da sociedade por inúmeras causas, pela aquisição de uma multitude de conhecimentos e de erros, pelas mudanças ocorridas na constituição dos corpos e pelo choque contínuo das paixões; por assim dizer, alterou tanto a sua aparência que é quase irreconhecível. E assim, em vez de um ser que actua sempre segundo princípios certos e invariáveis, em vez dessa simplicidade celestial e majestosa com que o seu amor a havia marcado, agora encontramos apenas a disforme oposição entre a paixão que julga raciocinar e a razão em delírio.

O mais cruel, todavia, é que todos os progressos da espécie humana a afastam cada vez mais do seu estado primitivo; quantos mais conhecimentos novos, acumulamos mais nos privamos dos meios de adquirir o mais importante: e assim, num certo sentido, à força de estudarmos o homem afastamo-nos da possibilidade de o conhecer.

Rousseau, *Discurso sobre a Origem e os Fundamentos da Desigualdade entre os Homens,* in O *Contrato Social*

5 HOMEM E SOCIEDADE (ROUSSEAU)

homini lupus) e o estado natural é um estado de violência e guerra de todos contra todos, considerando que só uma força superior e a submissão podem estabelecer o vínculo ou contrato entre os homens. O vínculo é pois um contrato de submissão e de alienação, pelo que, em rigor, não se pode considerar um «contrato», já que ao ser uma contratação pela força, a ordem social e política assim estabelecida carece de justiça.

Para Rousseau, semelhante forma de contrato imposto por coacção, nega a liberdade «natural» do homem e não institucionaliza nem permite uma adequada liberdade civil e política. O verdadeiro **vínculo social** deve ser pois, baseado num **contrato livre**. Mas isso não significa de modo algum que na ordem social e política estabelecida por esse contrato não haja nem tenha de haver submissão e obrigatoriedade da lei. O carácter genuíno do contrato reside, pelo contrário, precisamente no sentido da submissão à lei em liberdade. Com efeito, «o problema fundamental ao qual o contrato social dá solução» — escreve Rousseau — é «encontrar uma forma de associação (...) pela qual cada um, unindo-se a todos, não obedeça senão a si próprio e permaneça tão livre como antes» *(O Contrato Social,* livro I, cap. VI).

No contrato social, pelo qual se passa de uma liberdade «natural» a uma liberdade «civil e política», dá-se uma alienação voluntária e livre, uma despossessão do que pertence ao «homem natural»; não em favor de uma vontade individual, mas em favor de toda a comunidade, vindo assim a criar uma união social perfeita, cuja expressão e princípio director é aquilo a que Rousseau chama a «vontade geral».

Os homens não se submetem senão à lei que eles mesmos se deram; livre e racionalmente. «Ao dar-se cada um a todos os outros» — escreve Rousseau —, «não se dá a ninguém em particular, e como não existe nenhum membro da comunidade sobre o qual não se adquira o mesmo direito que nos permitimos sobre nós próprios, assim cada um recebe o que entrega na mesma medida, recebendo ao mesmo tempo uma força maior para se afirmar a si próprio e se manter no que é e no que tem» *(O Contrato Social,* livro I, cap. VI). E com isso passaram de um estado natural e de necessidade a um estado baseado na razão e fruto da liberdade, estando tal comunidade social muito acima do «estado de natureza».

Nesta nova ordem social racional e livre será possível erradicar o mal moral e a injustiça e realizar a perfectibilidade e felicidade do homem: a sua plena realização e salvação, como fruto da acção que a sua razão prática leva a cabo.

A consideração reflexiva sobre a natureza e princípios desta razão prática, orientada para uma clarificação racional da acção moral do homem, será uma das grandes tarefas a que **Kant** se proporá. Assim, o filósofo alemão será a expressão mais «filosófica» do amplo movimento cultural que foi o Iluminismo.

Frontespício de Emílio, de Rosseau.

O IDEALISMO TRANSCENDENTAL DE KANT

INTRODUÇÃO

O pensamento de Kant representa um desígnio vigoroso e original de superar, sintetizando-as, as duas correntes filosóficas fundamentais da modernidade: o racionalismo e o empirismo. A obra de Kant não se limita no entanto a essa síntese superadora, pois nela confluem todos os fios mais importantes da trama da época moderna. Pode portanto ser considerada como o apogeu filosófico do século XVIII.

No capítulo anterior fizemos várias referências prospectivas ao pensamento de Kant. Com efeito, este não pode ser adequadamente compreendido a não ser na perspectiva complexa dos interesses e ideias do Iluminismo.

Neste capítulo ocupar-nos-emos da filosofia de Kant, atendendo a quatro núcleos temáticos importantes: em primeiro lugar, a concepção kantiana da filosofia e o sentido que adquire o empreendimento de realizar uma crítica da razão em conexão com os interesses filosóficos do Iluminismo; em segundo lugar, ocupar-nos-emos da crítica a que Kant submete a razão teórica na sua relação essencial com o conhecimento da natureza; em terceiro lugar, ocupar-nos-emos da razão prática na sua relação essencial com o conhecimento moral e com a tarefa moral; por último, procuraremos dar uma visão totalizante do pensamento kantiano através da sua concepção da religião e da história.

Este capítulo consta das seguintes partes:
1. Sentido de uma crítica da razão. A ideia de filosofia.
2. A natureza e a razão teórica.
3. A liberdade e a tarefa da razão prática.
4. História e religião.

1 SENTIDO DE UMA CRÍTICA DA RAZÃO. A IDEIA DE FILOSOFIA

Como Descartes e Espinosa, como Locke e Hume, Kant é por vezes considerado exclusivamente como um teórico do conhecimento. Esta interpretação da filosofia kantiana é unilateral e, por conseguinte, pode conduzir a uma visão deformada e superficial da figura e importância de Kant. De facto, o seu pensamento é motivado pela situação específica em que se encontram a filosofia e a sociedade do seu tempo e por uma exigência de clarificação do homem e da sociedade, no contexto histórico--social – cruzamento antagónico de alternativas e de caminhos – do **Iluminismo.**

Esta exigência de clarificação, assumida pela filosofia kantiana como tarefa principal, é de tal modo importante que só a partir dela é possível determinar o sentido e o alcance da figura de Kant como teórico do conhecimento e como filósofo da ciência.

O cruzamento antagónico de caminhos que Kant vive e experimenta tem origem numa diversidade de interpretações da razão, ponto de partida do pensamento moderno, a partir do qual se determinam: a) o trabalho científico; b) a acção moral; c) a ordenação da sociedade, e d) o projecto histórico em que a sociedade se realiza.

1.1. Necessidade de uma crítica da razão

A diversidade de interpretações da razão, é vivido agudamente por Kant. A expressão «que significa orientar-se no pensamento» (título de um dos seus opúsculos mais importantes) encerra a exigência e o sentido de filosofar para o pensador de Königsberg.

A tarefa fundamental imposta por esta exigência será: **submeter a razão a julgamento.** Para quê? Para resolver, se possível, o antagonismo entre as interpretações da mesma que a dilaceram e a aniquilam:

a) por um lado, o **dogmatismo racionalista**, isto é, a pretensão racionalista de que somente a razão, auto--suficiente e à margem da experiência possa interpretar a estrutura e o sentido da totalidade do real;

b) por outro, o **positivismo empirista,** cuja expressão última é o **cepticismo**, como desígnio de reduzir o pensamento ao dado pelos sentidos, com a consequente derrota da razão;

c) finalmente, o **irracionalismo**, entendido como hipervalorização do sentimento, da fé mística ou do entusiasmo subjectivo, e portanto como negação da própria razão.

Iluminismo e razão

Pensar por si mesmo significa procurar a suprema pedra-de-toque da verdade em si mesmo (ou seja, na própria razão); a máxima de pensar sempre por si mesmo é o *Iluminismo* (*Aufklärung*). Ora, isto implica menos do que pensam aqueles que situam o Iluminismo nos *conhecimentos,* já que o Iluminismo é mais um princípio negativo no uso da própria faculdade de conhecimento, e o mais rico em conhecimentos é com frequência o menos esclarecido no uso dos mesmos; servir-se da própria razão significa apenas perguntar-se a si próprio a propósito de tudo o que se pode admitir. É possível converter em princípio universal do uso da razão aquele fundamento pelo qual se admite algo, ou também se admite a regra daí derivada? Todos nós podemos comprovar isto e nesse exame a superstição e o delírio depressa desaparecerão, mesmo que não se possua os conhecimentos necessários para poder refutar com fundamentos objectivos; com efeito, neste caso cada um serve-se simplesmente da máxima da *autoconservação* da razão. Assim, revela-se fácil instaurar o esclarecimento em *sujeitos singulares* por meio da educação; basta que os jovens sejam desde cedo habituados a uma tal reflexão. Mas esclarecer uma *época* torna-se muito mais demorado e penoso, dado que há muitos obstáculos externos que podem proibir esse tipo de educação e dificultá-lo.

Kant, *O Que Significa Orientar-se no Pensamento.*

12 O IDEALISMO TRANSCENDENTAL DE KANT

Dogmatismo racionalista, positivismo empirista, irracionalismo, eis três interpretações antagónicas e irreconciliáveis da razão que impõem, segundo Kant, **a necessidade de levar a cabo uma crítica da mesma.**

1.2. Iluminismo e liberdade como meta da razão

O julgamento da razão (isto é, o julgamento a que a razão é submetida: genitivo objectivo) significa para Kant um exercício crítico da razão (isto é, realizado pela razão: genitivo subjectivo). Este julgamento é absolutamente necessário, não só por causa da diversidade de interpretações que os filósofos deram da razão (como dizíamos na secção anterior), mas também, e mais originariamente ainda, por causa do modo como os homens da sua época vivem a sua vida humana: um modo que é não esclarecido, isto é, de menoridade. Embora se trate de uma «época de esclarecimento», Kant pensa que os homens desta época não conseguiram torná-la realmente numa «época esclarecida».

Kant regista uma situação humana de «menoridade» favorecida pela negligência, pelo isolamento na individualidade abstracta e, definitivamente, por falta de verdadeira liberdade. A tarefa da crítica da razão (em seu sentido mais pleno, até «orientar-se no pensamento») terá por objectivo primordial a realização da liberdade, a superação das suas constrições: a constrição civil e a constrição da consciência (seja pela religião, seja pelas normas social e historicamente recebidas). Estas limitações da liberdade implicam portanto um uso da razão à margem de uma legalidade imposta por ela própria.

O remédio para essa situação só pode ser a crítica da razão, de modo a que esta ouse procurar em si mesma a pedra-de-toque da verdade. «A máxima de pensar por si próprio: é isso o Iluminismo». Uma crítica da razão será pois a **exigência que o ser humano impõe de se esclarecer acerca do que é e acerca dos seus fins e interesses.**

Precisamente por isso e neste sentido, afirmávamos que a crítica da razão se propõe o exercício e realização da liberdade, uma liberdade que não se satisfaz com ser vivida de modo subjectivo, mas que deve projectar-se para a acção e para a práxis na estruturação de uma nova ordem social.

Esta liberdade é o motor da crítica e aponta para uma situação – época esclarecida – que é talvez inalcançável (daí a importância do elemento *utópico* no pensamento kantiano). Mas entretanto a mesma crítica responde, consagrando-a, a uma «época de esclarecimento». A distinção entre «época esclarecida» e «época de esclarecimento» introduz-nos na relação que Kant estabelece entre Iluminismo e história: por um lado, o Iluminismo é motor e meta da história; por outro, a história deve ser entendida como melhoria e progresso no Iluminismo.

Nicolas-André Monsiau: O rei Luís XVI com o conde de La Pérouse, famoso navegador e explorador (1741-1788).

1 SENTIDO DE UMA CRÍTICA DA RAZÃO. A IDEIA DE FILOSOFIA

Razão e liberdade

À liberdade de pensar opõe-se, em *primeiro lugar*, a *coacção civil*. É verdade que a liberdade de *falar* ou de *escrever* pode ser-nos retirada por um poder superior, mas não a liberdade de *pensar*. Mas estaríamos a pensar bem e com correcção se não pensássemos, por assim dizer, em comunidade com outros, que nos *comunicam* os seus pensamentos e a quem *comunicamos* os nossos? Por conseguinte, pode dizer-se que o poder externo que priva os homens da liberdade de *comunicar* publicamente os seus pensamentos também os priva da liberdade de *pensar*, a qual é o único tesouro que nos resta no meio de tanto peso civil e também o único que pode oferecer um remédio contra todos os males inerentes a essa condição.

Em segundo lugar, a liberdade de pensar é tomada no sentido de que a *intolerância* (*Gewissenszwang*) se opõe a ela . É o que acontece quando em matéria religiosa, sem coacção externa, certos cidadãos se erigem em tutores de outros e, em vez de fornecerem argumentos, procuram antes inspirar um medo angustiante, por meio de fórmulas de fé obrigatórias, em relação ao *perigo de uma investigação pessoal*, anulando assim qualquer exame da razão graças à impressão antecipadamente produzida no ânimo.

Em terceiro lugar, a liberdade de pensar significa que a razão só se submete à lei que ela dá a si mesma e a mais nenhuma outra; e o contrário disto é a máxima de um *uso sem lei* da razão (e assim, fora das limitações das leis, poderá ver mais longe, tal como o génio). Daqui resulta naturalmente que a razão, se não se quer submeter à lei que ela fornece a si mesma, deve então dobrar-se ao jugo das leis que outros lhe dão; pois sem lei, nada, nem sequer o maior absurdo, se mantém por muito tempo. Assim, a ausência explícita de lei no pensamento (isto é, uma libertação em relação às limitações impostas pela razão) produz esta consequência inevitável: a liberdade de pensar perde-se finalmente, e, porque não é por culpa do acaso mas de uma verdadeira petulância, a liberdade *perde-se por ligeireza,* no sentido próprio da palavra.

Kant, *O Que Significa Orientar-se no Pensamento.*

1.3. A ideia de filosofia

A filosofia kantiana inclui pois um duplo elemento: a) crítica das desnaturações da razão; b) projecto de um novo estado da humanidade na liberdade. Ora, o cumprimento de ambos os objectivos exige a descoberta e estabelecimento dos princípios, leis e fins últimos que a razão impõe a partir de si mesma e de acordo com a sua mais genuína natureza.

De acordo com este projecto, «razão pura» significa, num sentido muito preciso (prescindindo agora de outros matizes), a essência da razão enquanto faculdade que estabelece a partir de si mesma:

a) os princípios que regem o conhecimento da natureza;

b) as leis que regulam o comportamento enquanto acção moral ou livre;

c) os fins últimos desta razão, bem como as condições em que podem ser atingidos.

1.3.1. O conceito mundano da filosofia

Na perspectiva desta ideia geral e suprema da razão, a filosofia é, para Kant, «**a ciência da relação de todos os conhecimentos com os fins essenciais da razão humana**». É este o conceito mundano ou cósmico da filosofia, por oposição ao conceito académico da mesma, a que nos referiremos posteriormente. Na sua concepção mundana, compete à filosofia propor-se:

a) estabelecer os princípios e limites a partir dos quais é possível um conhecimento científico da natureza. Ou seja, responder à pergunta: **que posso conhecer?**

b) estabelecer e justificar os princípios da acção e as condições da liberdade. Ou seja, responder à pergunta **que devo fazer?**

c) delinear projectivamente o destino último do homem e as condições e possibilidades da sua realização. Ou seja, responder à pergunta: **que me é permitido esperar?**

⑫ O IDEALISMO TRANSCENDENTAL DE KANT

À primeira questão dedicar-se-á a metafísica, à segunda a moral e à terceira a religião. Ora, nem as três perguntas nem as disciplinas filosóficas correspondentes se encontram desligadas, antes derivam dos fins essenciais da razão. Daí que as três perguntas possam e devam ser retomadas numa quarta que as engloba: **o que é o homem?** Isto mostra à evidência que o projecto total da filosofia kantiana consiste numa clarificação racional ao serviço de uma humanidade mais livre, mais justa, mais orientada para a realização dos fins últimos.

1.3.2. O conceito académico da filosofia

O que acabamos de dizer não esgota a concepção kantiana da filosofia nem a tarefa que lhe compete. De facto, não basta orientar todos os conhecimentos do homem e da sociedade e o legado da história, estabelecendo a sua relação com os fins últimos da razão (filosofia em sentido mundano), pois cabe à filosofia ocupar-se da inter-relação e da unidade interna desses conhecimentos para estabelecer (ou, ao menos, procurar) o sistema de todos eles. É isso que constitui a tarefa da filosofia no seu sentido ou conceito **académico**.

1.3.3. A actividade crítica da filosofia

Deverá atender-se, por fim, a que a filosofia, entendida como exercício da razão, se insere num enquadramento sociopolítico e exige o uso público da racionalidade. Ambas as dimensões da crítica filosófica – inserção sociopolítica e exercício público da razão – devem ser protegidas e impulsionadas pelo próprio poder político: desse modo, tanto o próprio exercício do poder como as realizações das ciências e das técnicas ficarão submetidos ao exercício crítico da razão.

Isso mostra que para Kant todos os conhecimentos e as ciências devem estar ao serviço da promoção dos fins últimos da razão: portanto, ao serviço de uma humanidade mais livre. É a realização de uma humanidade mais livre que determina a submissão da racionalidade científica e tecnológica à racionalidade total, regida por esses fins.

Kant
A sua vida (1724-1804) nada teve de excitante ou extraordinário. Homem de profunda religiosidade, que transparece na sua obra formalmente árida (foi educado no pietismo), sóbrio de costumes, de vida metódica, benévolo, provinciano (só uma vez em sua vida saiu de Königsberg, sua cidade natal, e não foi longe nem por muito tempo) e solteiro (como Descartes, Espinosa, Locke e Leibniz), Kant encarna as virtudes (e talvez o aborrecimento) de uma vida inteiramente dedicada ao estudo e ao ensino. Profundamente imbuído dos ideais do Iluminismo, Kant professou uma profunda simpatia pelos ideais da independência americana e da revolução francesa. Foi pacifista convicto, anti-militarista e estranho a toda a forma de patriotismo exclusivista.
As obras de Kant costumam distribuir-se em três períodos, que habitualmente se denominam pré-crítico, crítico e pós-crítico. O primeiro corresponde à sua filosofia dogmática, à sua aceitação da metafísica racionalista, seguindo Leibniz e Wolff. As suas obras mais conhecidas e influentes foram escritas no segundo período: a *Crítica da Razão Pura* (1781, 2.ª ed. 1787), a *Crítica da Razão Prática* (1788) e a *Crítica da Faculdade de Julgar* (1790). Além destas obras, Kant produziu uma notável quantidade de obras e opúsculos. A originalidade, o vigor e a influência do seu pensamento obrigam a considerá-lo como um dos filósofos mais notáveis da cultura ocidental.

2 A NATUREZA E A RAZÃO TEÓRICA

2.1. O problema do conhecimento

A primeira das perguntas a que uma crítica da razão deve responder é, como indicámos na secção anterior, que **posso conhecer?** A resposta a esta pergunta implica assinalar: a) os princípios a partir dos quais é possível um conhecimento científico da natureza; b) os limites dentro dos quais é possível tal conhecimento. Esta tarefa é levada a cabo por Kant na sua obra *Crítica da Razão Pura*. A ela vamos dedicar esta segunda secção.

2.1.1. Racionalismo e empirismo

Toda a doutrina kantiana do conhecimento se fundamenta na distinção de duas fontes do conhecer: **a sensibilidade** e o **entendimento**, que possuem características distintas e opostas entre si. A sensibilidade é passiva, limita-se a receber impressões provenientes do exterior (cores, sons, etc.; em termos gerais, aquilo que Locke denominava «ideias simples» e Hume «impressões de sensação»); o entendimento, pelo contrário, é activo. Tal actividade (a que por vezes Kant chama «espontaneidade») consiste primordialmente em que o entendimento produz espontaneamente certos conceitos e ideias, sem os derivar da experiência. Conceitos deste tipo são, por exemplo, os de «substância», «causa», «necessidade», «existência», etc.

Esta distinção entre sensibilidade e entendimento (e a consequente afirmação de que este produz espontaneamente certos conceitos) pode utilizar-se para fundamentar filosofias muito distintas. Vejamos:

a) Em primeiro lugar, pode ter como resultado uma doutrina racionalista. De facto Kant foi, de início, um filósofo racionalista. Visto que o entendimento produz espontaneamente certos conceitos sem os derivar da experiência, o entendimento poderá conhecer a realidade construindo um sistema a partir destes conceitos, sem necessidade de recorrer aos dados dos sentidos. É esta a ideia central do racionalismo, como expusemos no capítulo nono. Combinando de forma adequada os conceitos acima assinalados (substância, causa, existência, necessidade), que segundo Kant não derivam da experiência, poderia-mos chegar à afirmação da existência de um ser necessário (isto é, que não pode não existir: Deus) e poderíamos concebê-lo como substância e causa primeira.

b) Mas, impressionado pela filosofia de Hume, Kant acabou por abandonar o racionalismo (Kant dizia que Hume o havia despertado do «sono dogmático» em que estava mergulhado. Sob a influência de

---

Experiência, conhecimento e aprioridade

Não restam dúvidas sobre o facto de que todos os nossos conhecimentos começam com a experiência. Com efeito, só conseguimos exercitar a faculdade de conhecer através de objectos que excitam os nossos sentidos: por um lado, os nossos sentidos produzem representações por si mesmos e, por outro, impulsionam a nossa actividade intelectual a compará-los, a fim de os associar ou separar. Deste modo, a experiência consiste na elaboração da matéria informe das impressões sensíveis em conhecimento dos objectos. Assim, nenhum conhecimento precede a experiência *no tempo* mas começa com ela.

Mas o nosso conhecimento não deriva inteiramente da experiência, embora comece *com* ela. Na verdade, a experiência pode proporcionar-nos um conhecimento compósito, constituído por aquilo que percepcionamos através das impressões e pela nossa capacidade de conhecer (que nesse momento se reduz a simples impressões sensíveis); e assim, por falta de prática que nos habilite a separar ou a associar elementos, não conseguimos distinguir esse conhecimento desta matéria elementar.

Esta questão fulcral necessita de ser aprofundada, a fim de sabermos se existe um conhecimento que seja independente da experiência e mesmo até independente das impressões sensíveis. A este conhecimento chamamos *a priori* e distingue-se do conhecimento *empírico*, cuja fonte é *a posteriori*, ou seja, radica na experiência.

Kant, *Crítica da Razão Pura.*

⑫ O IDEALISMO TRANSCENDENTAL DE KANT

Hume, Kant chegou à conclusão de que *o nosso conhecimento não pode pretender ir para além da experiência.* Que acontece, então, com aqueles conceitos que não procedem dos sentidos, que o entendimento produz espontaneamente?

A resposta de Kant será a seguinte: é certo que existem no entendimento conceitos que não procedem da experiência, mas tais conceitos têm aplicação exclusivamente no âmbito dos dados sensoriais. Tomemos, por exemplo, o conceito de «substância» e recordemos o que dissemos ao expor o pensamento de Locke (ver: capítulo décimo, 1.1). Embora por meio dos sentidos só percebamos figuras, cores e odores, etc., toda a gente diz que vê, toca e cheira uma rosa. O que é a rosa, para lá do conjunto de sensações que percebemos? Locke pensava que era um substrato ou suporte destas qualidades, real mas incognoscível.

Segundo Kant, «substância» é primordialmente um conceito que o entendimento possui e utiliza para unificar os dados sensíveis: se não possuíssemos o conceito de substância e não o aplicássemos ao conjunto das sensações em questão, não poderíamos formular proposições como «a rosa é vermelha» ou «a rosa tem cheiro», etc., já que em todas estas proposições concebemos a rosa como substância, e a cor, o cheiro, etc., como propriedades suas.

Prescinda-se do conceito de substância e não poderemos falar das coisas, já que sempre que formulamos um juízo com um sujeito e um predicado («os gatos são mamíferos», «os corpos são pesados», etc.) concebemos o sujeito como substância e os predicados como propriedades ou acidentes daquela.

Sob a influência de Hume, Kant chegou portanto às seguintes conclusões acerca dos conceitos não derivados da experiência: primeiro, **que o entendimento os utiliza para conhecer os objectos dados pelos sentidos,** para ordená-los e unificá-los; segundo, **que não podem ser legitimamente utilizados para se referirem a algo de que não temos experiência sensível.** O conceito de «substância» que nos é imprescindível para unificar um conjunto de qualidades sensíveis (cores, etc.) não tem sentido se for aplicado, por exemplo, a Deus, do qual não temos experiência sensível.

Note-se, por outro lado, a diferença fundamental entre Kant e os empiristas: a tese fundamental do empirismo é que todos os nossos conceitos provêm dos sentidos. Kant não partilha desta afirmação já que, em sua opinião, o entendimento possui conceitos que não provêm da experiência, embora só tenham aplicação válida dentro desta.

2.1.2. Possibilidade da metafísica como ciência

a) Na introdução à *Crítica da Razão Pura,* Kant mostra-se primordialmente interessado no problema da possibilidade da metafísica, ou seja, no problema de saber se é possível um conhecimento científico rigoroso acerca de Deus, da liberdade e da imortalidade da alma. O interesse de Kant neste problema é perfeitamente compreensível se tivermos em conta a sua própria evolução intelectual. Como vimos, Kant foi a princípio racionalista e esteve profundamente convencido de que o entendimento pode derrubar as fronteiras da experiência e atingir um conhecimento autêntico acerca das realidades que estão para além dela, tais como Deus ou a alma. A influência de Hume, no entanto, fez com que esta fé Kantiana na possiblidade da metafísica vacilasse.

No entender de Kant, são duas as deficiências que tradicionalmente caracterizaram a metafísica, colocando-a numa manifesta situação de inferioridade relativamente à ciência (física, matemáticas): em primeiro lugar, a ciência progride, ao passo que a metafísica continua a debater as mesmas questões que Platão e Aristóteles há tantos séculos atrás já debatiam (existência de Deus, imortalidade da alma, etc.); em segundo lugar, os científicos põem-se de acordo nas suas teorias e conclusões, enquanto o mais escandaloso desacordo reina entre os metafísicos. Urge pois, pôr-se o problema de saber se a metafísica é possível como ciência, se a metafísica pode ser construída como se constroem as ciências matemáticas e físicas. A ser possível, Kant pensa que a Metafísica poderá superar o deplorável estado em que se tem encontrado ao longo de todos os séculos da sua existência, logrando o acordo e o progresso. Se tal não for possível, Kant pensa que o melhor será

2 A NATUREZA E A RAZÃO TEÓRICA

abandonar definitivamente a ilusão de construir sistemas metafísicos com pretensões de conhecimento científico. Como pode ver-se, a colocação do problema não pode ser mais clara nem mais taxativa.

b) O problema fundamental a resolver é pois o de saber **se a metafísica é possível como ciência.** A solução para esse problema exige no entanto que nos coloquemos uma questão prévia: **como é possível a ciência?** Obviamente, só quando tivermos determinado as condições que tornam possível a ciência é que poderemos interrogar-nos em seguida sobre se a metafísica se ajusta ou não a tais condições. A apresentação geral do problema é simples e pode formular-se assim: a ciência é possível sob certas condições; pode a metafísica ajustar-se a essas condições? Se a resposta for afirmativa, a metafísica poderá obter a categoria de ciência; se, ao contrário, a resposta for negativa, a metafísica não poderá constituir-se como ciência e faremos bem em abandoná-la.

Esta maneira de pôr o problema parecerá — com razão — excessivamente abstracta e geral. Falamos em investigar as condições que tornam possível o conhecimento científico, mas **de que condições se trata? e como investigar tais condições?** Vamos tentar concretizar um pouco mais, atendendo a estas duas perguntas.

2.1.3. O conhecimento científico

a) Quais são as condições do conhecimento científico?

Para compreender a maneira como Kant põe o problema, temos de distinguir dois tipos de condições que denomina, respectivamente, condições **empíricas** e condições **a priori**. A terminologia kantiana pode parecer estranha e difícil à primeira vista, mas não nos devemos deixar impressionar pelas palavras, e tentemos esclarecer o seu significado. Para tanto, comecemos com um exemplo.

Como é óbvio, o facto de podermos ver uma coisa depende de um sem-número de condições: de que a nossa vista seja suficientemente aguda e o objecto não se encontre excessivamente afastado ou seja demasiado pequeno, etc. Estas condições são particulares e fácticas: de facto, um indivíduo pode ter uma acuidade visual suficiente para um ver objecto que outro indivíduo é incapaz de perceber por sofrer de miopia, por exemplo; mais ainda, mesmo que se trate de distâncias ou tamanhos tais que nenhum indivíduo humano possa de facto perceber, sempre será possível inventar instrumentos suficientemente poderosos (telescópios ou microscópios) que possibilitem a sua percepção. Este tipo de condições – *particulares e fácticas,* que podem ser alteradas — denominam-se **empíricas.**

Mas existem outras condições de um tipo totalmente diferente. No caso da visão, uma condição para ver algo é que a nossa percepção esteja localizada num lugar do espaço e num momento do tempo. Imaginemos a seguinte cena: um indivíduo aproxima-se de nós e diz-nos que viu uma determinada coisa; perguntamos-lhe: onde? Responde-nos que em parte alguma. Perguntamos-lhe: quando? E responde-nos que em nenhum momento. Então deduzimos que se trata de um louco ou de um brincalhão, em qualquer dos casos, estamos certos de que o indivíduo em questão não viu nada. Espaço e tempo são condições da nossa percepção, mas de um tipo completamente diferente do apontado no parágrafo anterior: não são particulares (não afectam a visão deste objecto ou deste indivíduo em particular) mas gerais (afectam a visão como tal a todos os indivíduos); não são puramente fácticas (que possam ser alteradas) mas estritamente necessárias (deixar de se dar). Estas condições segundo, Kant são *a priori.*

As condições *a priori* são, pois, universais e necessárias. A estas duas características deve acrescentar-se uma terceira que define a sua natureza: são anteriores à experiência. Isso significa que não provêm dos dados dos sentidos mas que os condicionam. São condições que pertencem à estrutura do sujeito. No exemplo anteriormente utilizado, todo o sujeito que capta algo por meio do sentido da visão fá-lo necessariamente num lugar do espaço e num momento do tempo; de outro modo tal não acontece. As coisas são taxativas, segundo Kant. Digamos, a concluir, que as condições **a priori** — universais e necessárias — tornam possível a

12 O IDEALISMO TRANSCENDENTAL DE KANT

Georges Rouault: Três juízes. Art Institute, de Chicago.

Este facto levou Kant a pensar que a pergunta sobre as condições que tornam possível a ciência podia concretizar-se da seguinte maneira: **quais as condições que tornam possíveis os juízos da ciência?** Não é necessário percorrer todos e cada um dos tratados científicos para procurar as condições que tornam possível a ciência. Bastará, pensa Kant, observar *cuidadosamente que tipo de juízos utiliza o saber científico e investigar as condições que os tornam possíveis.*

2.1.4. O juízos sintéticos *a priori*

Falamos dos juízos das ciências e ainda que cada vez mais concretizemos a nossa maneira de pôr o problema, encontramo-nos ainda num nível excessivamente genérico. De facto, que tipos de juízos são característicos da ciência? (Kant entende sempre por ciência as matemáticas e a física, tal como havia sido formulada por **Newton**). *Para um esclarecimento é necessário distinguir entre diversos tipos de juízos.*

a) Juízos analíticos e juízos sintéticos

Kant começa por estabelecer a distinção entre **juízos analíticos** e **sintéticos,** distinção já nossa conhecida em parte através da distinção que Leibniz propusera entre «verdades de razão» e «verdades de facto».

Segundo Kant, um juízo é **analítico** quando o predicado está compreendido no sujeito (ao menos implicitamente) e, por conseguinte, basta analisar o sujeito para compreendermos que o predicado lhe convém necessariamente «o todo é maior do que as suas partes» é um juízo analítico, porque basta analisar o conceito de «o todo» para encontrar a verdade do predicado. Estes juízos não nos dão informação alguma ou, como diz Kant, não são extensivos, não ampliam o nosso conhecimento: como é óbvio, a quem souber o que é um todo, este juízo nada ensina que não soubesse já antes de formulá-lo.

Um juízo é **sintético,** pelo contrário, quando o predicado não está contido na noção do sujeito. «Todos os nativos da aldeia X medem mais de 1,90» é um juízo sintético, pois na noção de sujeito não está incluído o predicado: o conceito de sujeito

experiência sendo anteriores à mesma. Enquanto tornam possível a experiência e o conhecimento, estas condições *a priori* são denominadas por Kant **transcendentais.**

b) Como investigar as condições que tornam possível o conhecimento científico?

Uma vez que sabemos de que condições se trata, tentemos precisar como é possível investigá-las. Perguntar pelas condições que tornam possível o conhecimento científico é formular uma pergunta à primeira vista excessivamente genérica. É no entanto possível concretizá-la se tivermos em conta que uma ciência é um conjunto de juízos ou proposições. Com vontade e paciência podia pegar-se num tratado de física e convertê-lo numa lista de proposições: «os átomos constam de tais partículas», «a partícula X tem tais características», etc. (Evidentemente, os juízos científicos não aparecem formulados isoladamente mas concatenados entre si, formando raciocínios. Mas os raciocínios se compõem de juízos, e portanto podem ser decompostos nestes).

2 A NATUREZA E A RAZÃO TEÓRICA

inclui unicamente o dado de haver «nascido na aldeia X», mas não inclui nenhum dado acerca do tamanho ou estatura. Estes juízos dão realmente uma informação ou, como diz Kant, são extensivos, ampliam o nosso conhecimento. Àquele que sabe ou entende o que significa «nascer na aldeia X» este juízo ensina algo mais, a saber, que tais indivíduos são altos.

b) Juízos *a priori* e juízos *a posteriori*

A classificação anterior está feita atendendo a se o predicado está incluído ou não na noção do sujeito. A classificação de que agora nos ocupamos é feita atendendo a outro critério, a saber, ao modo como é possível conhecer a verdade de um juízo qualquer. (Não deve esquecer-se que, ao serem feitas com base em critérios diferentes, estas classificações são diferentes).

Juízos **a priori** são aqueles cuja verdade pode ser conhecida independentemente da experiência, pois o seu fundamento não se encontra nesta. «O todo é maior que as suas partes» é, de acordo com esta classificação, um juízo *a priori*: conhecemos a sua verdade sem necessidade de comprovar e medir os todos e as partes.

Juízos **a posteriori** são aqueles cuja verdade é conhecida a partir dos dados da experiência. De acordo com esta classificação, «todos os nativos da aldeia X medem mais de 1,90» é *a posteriori:* não temos outro recurso senão observar tais indivíduos se quisermos ter a certeza da verdade deste juízo.

Esta distinção permite diferenciar, na opinião de Kant, certas características importantes de um e outro tipo de juízos. Os juízos *a priori* são universais e necessários: nenhuma excepção é possível ao juízo «o todo é maior do que as partes»; os juízos *a posteriori,* pelo contrário, não são universais nem necessários.

Esta última afirmação de Kant – que os juízos *a posteriori* não são estritamente universais nem necessários – pode, à primeira vista, parecer desconcertante. Quando afirmamos que «os nativos da aldeia X medem mais de 1,90?» não estaremos a fazer um juízo universal? Para compreender a

afirmação kantiana, temos de ter em conta as duas observações seguintes: em primeiro lugar, que só é estritamente universal o juízo que exclua toda a possível excepção; em segundo lugar, Kant aceita a afirmação de Hume de que a experiência não pode mostrar qualquer conexão necessária (recorde-se que era nisto que Hume se baseava para a sua crítica à ideia de causa): a experiência só nos mostra que as coisas acontecem de facto assim, mas não que têm de acontecer necessariamente assim.

Apliquemos estes dois critérios ao juízo que temos utilizado como exemplo: a experiência mostra-nos que os nativos da suposta aldeia X medem de facto mais de 1,90 mas não nos mostra qualquer conexão necessária entre «nascer em tal aldeia» e «ter tal altura»; não é contraditório que em tal aldeia nasça um anão (como seria contraditório que um todo fosse menor do que as suas partes). Nenhum juízo extraído da experiência é, pois, necessário ou universal em sentido estrito. O nosso juízo *a posteriori* exprime simplesmente que, até agora, não se produziram excepções, não que seja impossível que existam.

c) Os juízos sintéticos *a priori*

Até ao momento, Kant não foi excessivamente original. A sua originalidade começa a partir daqui e será manifesta ao comparar as suas conclusões com as de Hume.

Hume aceitaria esta dupla classificação, dos juízos, considerando-a coincidente com a sua própria classificação em «relação de ideias» e «juízos sobre factos». Segundo Hume, as duas classificações coincidem e sobrepõem-se: de um lado, há juízos analíticos que são *a priori* (estritamente universais); do outro, estão os juízos sintéticos que são *a posteriori* (e por conseguinte contingentes e não estritamente universais). Todo o juízo analítico é *a priori* e *vice-versa*; todo o juízo sintético é *a posteriori* e *vice-versa*. Os exemplos que (intencionalmente) utilizámos parecem dar razão a Hume: «o todo é maior do que as suas partes» é analítico (o predicado está contido no sujeito) e é *a priori* (a sua verdade é exequível sem necessidade do recurso à experiência), e portanto estritamente universal e

12 O IDEALISMO TRANSCENDENTAL DE KANT

necessário (sem possíveis excepções); pelo contrário, «os nativos da aldeia X medem mais de 1,90» é sintético (o predicado não está incluído na noção do sujeito) e é *a posteriori* (a sua verdade só pode ser conhecida empiricamente), e portanto não estritamente universal e contingente (não é impossível uma excepção). Segundo Hume, o quadro dos juízos é o seguinte:

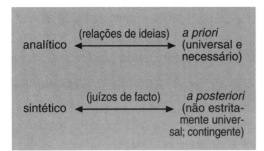

Kant, porém, tem outra história para contar. Tomemos o exemplo seguinte: «a recta é a distância mais curta entre dois pontos». Será um juízo analítico? Certamente que não, pensa Kant, pois o predicado não está contido na noção do sujeito: no conceito de linha recta, não entra para nada ideia alguma de distâncias. É portanto sintético. Será um juízo *a posteriori*? Também não, pensa Kant, já que: a) conhecemos a sua verdade sem andar a medir distâncias entre dois pontos, sem necessidade de recorrer a nenhuma experiência comprobatória; b) é estritamente universal e necessário (carece de possíveis excepções). É portanto *a priori*. Contrariamente a Hume, Kant admite que há juízos sintéticos *a priori*.

Segundo Kant, o quadro dos juízos é o seguinte:

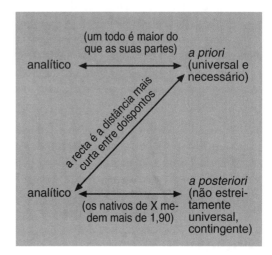

Noção de juízo
Em todos os juízos, a relação de um sujeito com um predicado acontece de duas maneiras (consideraremos apenas os juízos afirmativos, dado que a aplicação aos juízos negativos é fácil). Ou o predicado B pertence ao sujeito A como algo que está contido (oculto) no conceito A, ou então B está inteiramente fora do conceito A, ainda que associado a ele. Chama-se *juízo analítico* ao primeiro caso e *juízo sintético* ao segundo. Nos juízos analíticos (afirmativos) há uma relação de identidade entre o predicado e o sujeito, ao passo que nos sintéticos esta relação é desprovida de identidade. Aos primeiros poderíamos ainda chamar *juízos explicativos* e aos segundos *juízos extensivos*: nos primeiros, o predicado não acrescenta nada ao conceito do sujeito, apenas o decompõe pela análise dos conceitos parciais que haviam sido já pensados pelo sujeito (ainda que confusamente); pelo contrário, os segundos acrescentam ao conceito do sujeito um predicado que não fora pensado pelo sujeito e que nunca poderia ter derivado de qualquer análise. Por exemplo, se eu disser que «Todos os corpos são extensos», trata-se aqui de um juízo analítico. Por isso, não devo afastar-me do conceito que associo ao corpo para encontrar a extensão que lhe é própria; devo apenas decompor este conceito (isto é, tornar-me consciente da multiplicidade que ele comporta) a fim de encontrar este predicado – trata-se, pois, de um juízo analítico. Em contrapartida, quando digo que «Todos os corpos são pesados», já o predicado é completamente distinto do que eu considero em geral como conceito de corpo – a adição de um tal predicado fornece assim um juízo sintético.

Kant, *Crítica da Razão Pura*.

2 A NATUREZA E A RAZÃO TEÓRICA

Existem, pois, juízos sintéticos *a priori:* por serem sintéticos, são extensivos, ou seja, dão-nos informações, ampliam o nosso conhecimento acerca daquilo a que se referem; por serem *a priori,* são universais e necessários e o conhecimento da sua verdade não procede da experiência. Mais ainda, os princípios fundamentais da ciência (matemáticas e física) são deste tipo.

O exemplo que anteriormente utilizamos («a recta é a distância mais curta entre dois pontos») é um juízo das matemáticas, da geometria. Também na Física existem juízos sintéticos *a priori*. Um exemplo deste tipo de juízos é, segundo Kant, o princípio de causalidade: «tudo o que começa a existir tem causa». Na opinião de Kant, não se trata de um juízo analítico: na ideia de «algo que começa a existir» não está contida a ideia de «ter uma causa». É portanto, sintético. Mas é ao mesmo tempo estritamente universal e necessário, e portanto *a priori.* Neste caso, também Kant se afasta de Hume.

Para Hume, o princípio de causalidade é um juízo *a posteriori,* contingente e não estritamente universal: provém da experiência, é uma genealização resultante do facto de repetidas vezes termos observado a sucessão constante de dois fenómenos; ora, como os sentidos não mostram conexões necessárias, e apenas mostram que as coisas acontecem de facto assim, tal juízo não é estritamente universal nem necessário, mas contingente. Certamente, nota Hume, até agora a experiência não nos mostrou nunca algo que comece a existir sem causa, mas isso não implica quê seja logicamente impossível: logicamente impossível seria que algo existisse e não existisse ao mesmo tempo, que começasse e não começasse a existir (violar-se-ia o princípio de contradição), mas não que algo comece a existir sem causa. Se tal acontecesse — pensa Hume —, admirar-nos-íamos sobremaneira, porque estamos habituados ao contrário; no entanto, podemos concebê-lo como possível sem incorrer em contradição.

A argumentação de Hume a favor de que o princípio de causalidade é sintético *a posteriori* (contingente e não estritamente universal) é uma argumentação poderosa. Que tem Kant a opor a esta

argumentação? Segundo Kant, Hume foi vítima de erro ao confundir as leis causais particulares com o princípio geral de causalidade. Tomemos uma lei causal qualquer, por exemplo, «os corpos são dilatados pelo calor». Kant não teria inconveniente em reconhecer que se trata de um juízo sintético *a posteriori:* a experiência mostra-nos de facto que os corpos são dilatados pelo calor, mas não que tenha necessariamente de ser assim; é perfeitamente concebível sem contradição que um corpo se contraia em vez de se dilatar. É pois um juízo *a posteriori*, baseado na experiência e, como tal, nem estritamente universal nem necessário.

Pois bem, suponhamos que um belo dia um corpo se contrai em tais circunstâncias, em vez de se dilatar. Significaria isso uma excepção ao princípio geral de causalidade? Não, pensa Kant. Significaria uma excepção a essa lei particular, mas não ao princípio de causalidade. Tal contracção não deixará por isso de ter uma causa. O princípio de causalidade é uma lei universal e necessária, **uma lei que o entendimento aplica necessária e universalmente a todos os fenómenos da experiência.** Suprima-se essa lei e o mundo da experiência torna-se impossível.

Antes de seguir adiante, façamos um breve resumo da teoria kantiana dos juízos:

a) além dos juízos analíticos (que são sempre *a priori*) e dos juízos sintéticos *a posteriori,* existem juízos sintéticos *a priori;*

b) estes juízos são extensivos (por serem sintéticos) e são também estritamente universais e necessários (por serem *a priori*);

c) visto que são *a priori,* a sua validade é estabelecida e conhecida independentemente da experiência;

d) as ciências — matemáticas e física — possuem juízos sintéticos *a priori*. Mais ainda: os princípios fundamentais das ciências são sintéticos *a priori;*

e) e portanto a pergunta: quais são as contradições que possibilitam os juízos da ciência? equivale a esta outra: quais são as condições (transcendentais) que tornam possíveis os juízos sintéticos *a priori?*

12 O IDEALISMO TRANSCENDENTAL DE KANT

Intuição: matéria e forma do fenómeno
Para se relacionarem com os objectos, o conhecimento e o pensamento servem-se desse modo ou meio imediatos que é a *intuição*. No entanto, esta intuição só acontece quando o objecto nos é fornecido, o que só é possível (pelo menos para nós, homens) se o objecto afectar o nosso espírito. Chamamos *sensibilidade* à capacidade de receber (receptividade) representações provenientes do modo como somos afectados pelos objectos. É a sensibilidade que nos dá os objectos e só ela nos pode fornecer *intuições;* mas é o entendimento que permite concebê-los e só ele forma conceitos. Todavia, em última instância e mediante certos signos, o pensamento reporta-se às intuições, seja em linha recta (pensamento directo), seja por desvios (pensamento indirecto). Por conseguinte, liga-se também à sensibilidade, já que nenhum objecto nos pode ser dado de outra maneira.

A *sensação* é o efeito de um objecto na nossa capacidade de representação, desde que ele nos afecte. É *empírica* a intuição que se reporta ao objecto por meio da sensação. E chama-se *fenómeno* ao objecto indeterminado de uma intuição empírica.
Chamo *matéria* do fenómeno àquilo que nele corresponde à sensação e *forma* é àquilo que dentro da multiplicidade do fenómeno pode ser ordenado através de certas relações e aspectos das sensações. Aquilo que constitui as sensações não é ainda uma sensação, dado que é susceptível de ser ordenado e configurado. Ora, se a matéria dos fenómenos nos é dada somente *a posteriori,* daqui resulta que a sua forma encontra-se já toda *a priori* no espírito por meio de sensações tomadas em conjunto. Por conseguinte, podemos considerar que a forma é independente da sensação.
Kant, *Crítica da Razão Pura.*

2.2. A crítica da razão pura

Na *Crítica da Razão Pura* podemos considerar três partes, a que Kant chama, respectivamente, **estética transcendental, analítica transcendental** e **dialéctica transcendental.**

Estas três partes correspondem às três faculdades que Kant distingue no homem: **sensibilidade**, **entendimento** e **razão**. (Para falar com propriedade — e como anteriormente indicámos —, existem apenas duas faculdades de conhecimento, que são a sensibilidade e o entendimento; mas dentro deste Kant distingue dois tipos de actividade intelectual: a formulação de juízos realizada pelo entendimento propriamente dito e a faculdade de raciocinar, de conjugar juízos formando raciocínios, a que Kant chama razão.)

Estas três partes correspondem também aos três tipos de conhecimento cujo estudo interessa fundamentalmente a Kant: o **matemático**, o **físico** e o **metafísico**. O plano destas três partes é o seguinte:

a) Na estética transcendental Kant estuda a sensibilidade e mostra as condições que tornam possível que existam nas matemáticas juízos sintéticos *a priori.*

b) Na analítica transcendental estuda o entendimento as condições que tornam possível que haja juízos sintéticos *a priori* na Física;

c) Na dialéctica transcendental estuda *a razão,* ao mesmo tempo que se ocupa do problema da possibilidade ou impossibilidade da metafísica, isto é, saber se a metafísica satisfaz as condições que possibilitam a formulação de juízos sintéticos *a priori.*

2.2.1. A estética transcendental

a) As condições sensíveis do conhecimento

A explicação do conhecimento dada por Kant na estética transcendental foi já, referida quando procurávamos explicar o que Kant entende por condições «transcendentais». Utilizando como exemplo a visão, dissemos que esta depende de certas condições particulares e empíricas (como a acuidade visual ou o tamanho do objecto), mas que também — e isto é que é verdadeiramente importante para Kant — depende de duas condições absolutamente gerais e necessárias, o **espaço** e o **tempo.**

Não se pode ver uma coisa, dizíamos, sem a ver num lugar do espaço e num momento do tempo. Para compreender a teoria kantiana da sensibilidade

2 A NATUREZA E A RAZÃO TEÓRICA

basta generalizar este exemplo: espaço e tempo são condições gerais e necessárias — transcendentais — não apenas da visão, mas da sensibilidade. Kant chama-lhes «formas *a priori* da sensibilidade» e ainda «intuições puras». Vamos tentar aclarar o significado das duas expressões.

1. Espaço e tempo, formas *a priori* da sensibilidade

Formas. Que o espaço e o tempo são formas significa que não são impressões sensíveis particulares (cores, sons, etc.), mas a forma ou o modo como percebemos todas as impressões particulares: as cores, os sons, etc., são percebidos no espaço e no tempo.

A *priori*. O termo *a priori* encontrámo-lo já ao ocuparmo-nos dos juízos: um juízo é *a priori* – como vimos – quando o seu conhecimento e a sua validade são independentes da experiência. Em geral, *a priori* significa para Kant aquilo que não procedem os sentidos: o espaço e o tempo não procedem da experiência mas precedem-na como condições para que ela seja possível.

Da sensibilidade. Ou seja, do conhecimento sensível. Kant distingue entre sensibilidade externa (a que Locke denomina «sensação») e sensibilidade interna (a que Locke chamava «reflexão»). A sensibilidade externa está submetida às duas formas de espaço e tempo (cores, sons, etc., percebem-se no espaço e no tempo). A sensibilidade interna está unicamente submetida à forma do tempo (as nossas vivências, imaginações e recordações, etc., sucedem-se umas às outras no tempo).

2. Espaço e tempos, intuições puras

Intuições. Ao afirmar que o espaço e o tempo são intuições, Kant pretende sublinhar que não são conceitos do entendimento. Com efeito, Kant pensa — seguindo certas noções bem conhecidas da lógica tradicional — que os conceitos se caracterizam por poderem ser aplicados a uma multiplicidade de indivíduos (o conceito «homem» é aplicável a todos os membros da espécie humana). No entanto, o espaço e o tempo são únicos, há só um espaço e um tempo. Não há uma pluralidade de espaços e tempos (como há uma pluralidade de homens), mas partes de um espaço único e intervalos de um tempo único que flui sem cessar.

Além disso, há uma segunda razão para negar que espaço e tempo sejam conceitos extraídos da experiência. O conceito «homem» é o resultado da abstracção de certos traços a partir da observação empírica de diversos indivíduos humanos, isto é, forma-se posteriormente à experiência. Não pode ser esse o caso do espaço e do tempo, já que, são condições de toda a experiência, e portanto anteriores a ela (*a priori*, transcendentais).

Puras. O termo «puro» significa, para Kant, vazio de conteúdo empírico. O espaço e o tempo são como duas coordenadas vazias nas quais se ordenam as impressões sensíveis (cores, sons, etc.).

b) Os juízos sintéticos *a priori* em matemáticas

Além de expor as condições sensíveis do conhecimento, Kant ocupa-se na estética transcendental do conhecimento matemático o, que pode parecer

---

Fontes do nosso conhecimento

O nosso conhecimento emana de duas fontes principais do espírito: a primeira consiste na capacidade de receber as representações (a receptividade das impressões) e a segunda na faculdade de conhecer um objecto por meio dessas representações (a espontaneidade dos conceitos). Pela primeira é-nos dado o objecto e pela segunda ele é *pensado em* relação a esta representação (como determinação pura do espírito). Intuição e conceitos constituem pois os elementos de todo o nosso conhecimento, de modo que não há conhecimento quando os conceitos não têm a intuição correspondente, nem quando a intuição não tem conceitos. Ambos são puros ou empíricos. Empíricos se contiverem uma sensação (o que pressupõe a presença real do objecto) e puros se na representação não se misturar qualquer sensação. À sensação pode chamar-se a matéria do conhecimento sensível. A intuição pura, por conseguinte, contém unicamente a forma pela qual alguma coisa é percebida e o conceito puro contém a forma do pensamento de um objecto em geral. Apenas as intuições e os conceitos puros são possíveis *a priori*; e os empíricos só *a posteriori*.

Kant, *Crítica da Razão Pura*.

⑫ O IDEALISMO TRANSCENDENTAL DE KANT

estranho à primeira vista: as matemáticas, de facto, não se fazem com os sentidos, mas com o entendimento. Se Kant se ocupa das matemáticas neste momento é porque pensa que a possibilidade dos juízos sintéticos *a priori* em matemáticas depende precisamente de que o espaço e o tempo sejam intuições puras. O raciocínio de Kant pode resumir-se do seguinte modo:

a geometria e a aritmética ocupam-se, respectivamente, do espaço e do tempo. Que a geometria se ocupe das propriedades do espaço, não parece, em princípio, difícil de admitir. Que a aritmética tenha a ver com o tempo é, porém, uma afirmação estranha, que Kant explica assim: a aritmética ocupa-se da série numérica (1, 2, 3..., n) e esta, por sua vez, baseia-se na sucessão temporal (o 2 antes do 3 e depois do 1, etc.). O tempo é, segundo Kant, o fundamento último da aritmética.

As matemáticas podem formular juízos sintéticos *a priori* porque espaço e tempo são intuições puras, *a priori*:

· as matemáticas formulam juízos acerca do espaço e do tempo; ora, o espaço e o tempo são condições prévias, independentes dos dados sensíveis particulares; logo, os juízos das matemáticas *são independentes de toda a experiência particular* (isto é, a **priori**);

· as matemáticas formulam juízos acerca do espaço e do tempo; ora, todos os objectos da nossa experiência são-nos dados no espaço e no tempo; logo, em todos os objectos da nossa experiência se cumprirão necessariamente os juízos das matemáticas (isto é, estes são rigorosamente **universais e necessários,** sem excepção possível).

2.2.2. A analítica transcendental

a) O conhecimento intelectual: as condições intelectuais do conhecimento. A sensibilidade coloca-nos perante uma multiplicidade de fenómenos, perante uma variedade de impressões no espaço e no tempo. Ora, perceber esses fenómenos (cores, formas, sons, etc.) não é ainda compreendê-los. Se perceber é a função própria da sensibilidade, compreender é a função própria do entendimento. Dela se ocupa Kant na analítica transcendental,

---

Sensibilidade e entendimento

Se chamarmos *sensibilidade* à *capacidade* que o nosso espírito tem de (respectividade) que receber representações que de qualquer modo o afectam, então chamaremos *entendimento* à *espontaneidade* do conhecimento, ou seja, aquela capacidade de nós próprios podermos produzir representações. Devido à nossa natureza, a intuição será necessariamente sensível, pois apenas dá conta do modo como somos afectados pelos objectos. Em contrapartida, o *entendimento* é a capacidade de podermos pensar os objectos fornecidos pela intuição sensível. Contudo, nenhuma destas propriedades se sobrepõe à outra, já que sem a sensibilidade não daríamos conta dos objectos e sem o entendimento nenhum objecto seria pensado. Assim, os pensamentos sem conteúdo são vazios e as intuições sem conceitos são cegas. Daqui resulta que é necessário tornar os conceitos sensíveis (isto é, juntar-lhes um objecto na intuição) e tornar as intuições inteligíveis (ou seja, submetê-las a conceitos). Estas duas capacidades ou faculdades não são susceptíveis de trocar de funções: o entendimento não intui nada e os sentidos não pensam nada. O conhecimento deriva unicamente da sua conjugação; mas nem por isso devemos confundir as suas funções, tornando-se imperioso separá-las e distingui-las cuidadosamente uma da outra. Nesta mesma base assenta também a distinção que fazemos entre a ciência das regras da sensibilidade em geral – a estética – e a ciência das regras do entendimento em geral – a lógica.

Kant, *Crítica da Razão Pura.*

2 A NATUREZA E A RAZÃO TEÓRICA

através de um conjunto de análises complicadas. Apresentamos um esquemático resumo da sua doutrina nos pontos seguintes:

1. A função de compreender ou entender realiza-se por meio de conceitos. Suponhamos que estamos a ver um objecto qualquer que nos é familiar, uma casa, por exemplo. Os nossos sentidos fornecem-nos certas impressões sensíveis (cores, formas, etc.) aqui e agora. Se alguém nos perguntar o que estamos a ver, diremos que vemos *uma casa*. O conceito de casa constitui pois a chave que nos permite compreender e interpretar essas percepções sensíveis. Suponhamos agora que, pelo contrário, se apresenta diante dos nossos olhos algo estranho que em nada se parece com o que vimos na nossa vida. Perceberemos também, como no caso anterior, impressões sensíveis (cores, formas, etc.) aqui e agora. Porém, se alguém nos perguntar o que estamos a ver, não poderemos responder: falta-nos um conceito onde enquadrar essas impressões sensíveis.

Estes dois exemplos mostram-nos como o nosso conhecimento compreende conceitos além de percepções sensíveis. Mostram-nos ainda que compreender os fenómenos é poder referi-los a um conceito: isto **é** uma casa, isto **é** uma árvore, etc. Quando não o podemos fazer, a nossa compreensão fica bloqueada. Observe-se, finalmente, que esta actividade de referir os fenómenos aos conceitos se realiza sempre através de um juízo: isto é uma casa, isto é um cão um cão, é um mamífero, etc. O entendimento pode ser considerado, pois, como a faculdade dos conceitos ou como a faculdade dos juízos. As duas caracterizações implicam-se mutuamente.

2. É necessário distinguir dois tipos de conceitos diferentes, os *empíricos* e os *puros* ou categorias. Os conceitos empíricos são aqueles que procedem dos dados dos sentidos (são *a posteriori,* na terminologia kantiana). Os conceitos de «casa»,«cão», «mamífero», são empíricos, extraídos da experiência a partir da observação das semelhanças e traços comuns a certos indivíduos.

Para além destes, segundo Kant, o entendimento possui conceitos que não procedem da experiência e são, portanto, *a priori.* Recorde-se o que dissemos antes: o entendimento caracteriza-se pela sua espontaneidade, porque produz espontaneamente certos conceitos sem os derivar de dados sensíveis.

Citámos então quatro desses conceitos puros (substância, causa, necessidade, existência) e indicávamos como o entendimento os aplica às impressões sensíveis, aos fenómenos, para os unificar e coordenar. Segundo Kant, não são na realidade quatro, mas exactamente doze os conceitos puros ou categorias do entendimento.

Kant estava seguro desta afirmação porque havia descoberto os doze conceitos, em sua opinião, por um procedimento rigoroso e infalível. A função fundamental do entendimento é formular juízos, unificar e coordenar os dados da experiência sensível por meio de juízos. Ora, pensava Kant, haverá tantas maneiras de unificar os dados da experiência, tantos conceitos puros, como formas possíveis de juízo. Com esta ideia na mente, Kant recorreu à lógica e encontrou que os juízos podem ser: a) universais, particulares e singulares, quanto à quantidade; b) afirmativos, negativos e indefinidos, quanto à qualidade; c) categóricos, hipotéticos e disjuntivos, atendendo à relação; d) problemáticos, assertóricos e apodícticos, atendendo à modalidade.

São doze, pois, as categorias ou conceitos **puros: unidade, pluralidade** e **totalidade,** que correspondem aos três tipos de juízos atendendo à quantidade; **realidade, negação** e **limitação,** que correspondem aos três tipos de juízos segundo a qualidade; **substância, causa, comunidade,** que correspondem aos três tipos de juízos atendendo à relação: **possibilidade, existência** e **necessidade,** que correspondem finalmente aos três tipos de juízos segundo a modalidade.

Esta descoberta dos conceitos puros — quantos e quais são — a partir da classificação dos juízos, é denominada por Kant «**dedução metafísica das categorias**».

Que os conceitos puros sejam exactamente doze

⑫ O IDEALISMO TRANSCENDENTAL DE KANT

(e precisamente estes doze) foi muitas vezes criticado pelos comentaristas de Kant. O mais importante não é no entanto este pleito, mas o papel que desempenham na actividade intelectual.

3. Os conceitos puros são condições transcendentais, necessárias, do nosso conhecimento dos fenómenos. Isto significa que o entendimento não pode pensar os fenómenos senão aplicando-lhes estas categorias, e portanto os fenómenos só podem ser pensados de acordo com elas.

Tomemos um juízo qualquer, por exemplo «todos os nativos da aldeia X medem mais de 1,90», do qual já nos servimos muitas vezes antes. O conhecimento sensível oferece-nos uma pluralidade de figuras, formas, movimentos, cores, etc. Ao formular este juízo o entendimento coordena estas impressões sensíveis aplicando certas categorias: visto que é um juízo geral (segundo a sua quantidade), o entendimento aplica a categoria de unidade: os indivíduos em questão surgem unificados como «nativos da aldeia X»; visto que é um juízo afirmativo (segundo a sua qualidade), o entendimento aplica a categoria de realidade: a altura em questão é algo que realmente lhes pertence; visto que é um juízo categórico (segundo a relação), o entendimento aplica a categoria de substância: os habitantes dessa tantas vezes mencionada e anónima aldeia são concebidos como substâncias e a sua notável estatura é concebida como uma propriedade ou acidente seu; visto que, finalmente, é um juízo assertórico (segundo a modalidade), o entendimento aplica a categoria de existência: a estatura dos nativos da aldeia X, é um facto que se impõe à nossa inspecção e observação.

A exposição e justificação da função que desempenham as categorias no conhecimento é denominada por Kant «**dedução transcendental das categorias**». Elimine-se esta função unificadora do entendimento por meio das categorias e não restará mais do que um conjunto de impressões sensíveis desconexas e desarticuladas.

4. Os conceitos puros são vazios. Assim como o espaço e o tempo se enchem com impressões sensíveis, **as categorias hão-de encher-se com os dados procedentes do conhecimento sensível.** Isso implica que as categorias só são fontes de conhecimento aplicadas aos fenómenos (isto é, às impressões sensíveis que ocorrem no espaço e no tempo). Como dizíamos no início desta parte as categorias não têm aplicação válida para além dos fenómenos, não podem aplicar-se validamente a realidades que estejam para além da experiência.

Tomemos agora o seguinte exemplo: «todos os espíritos são bondosos». Do ponto de vista da sua estrutura, este juízo é equiparável ao que anteriormente considerámos («todos os nativos da aldeia X medem mais de 1,90»: é universal, afirmativo, categórico e assertórico (ou apodíctico); nele se utilizam as categorias de unidade, realidade, substância e existência (ou necessidade); entre os dois juízos existe no entanto, e no entender de Kant, uma diferença radical: no primeiro caso, as categorias aplicam-se a dados dos sentidos, ao passo que no segundo se aplicam a algo que não nos é dado na experiência sensível. Trata-se, pois, de uma aplicação ilegítima das categorias (ilegítima do ponto de vista do conhecimento), e portanto não se pode falar de conhecimento em sentido rigoroso.

b) Os juízos sintéticos *a priori* na física

Já dissemos que na analítica transcendental Kant se ocupa de duas questões: do estudo do entendimento (faculdade dos conceitos, dos juízos) e da possibilidade dos juízos sintéticos *a priori* na física. A primeira questão foi já exposta nos parágrafos precedentes e a explicação kantiana da mesma pode resumir-se nas duas seguintes proposições: 1) o entendimento conhece aplicando os conceitos puros aos fenómenos, aos dados dos sentidos 2) as categorias ou conceitos puros só têm validade quando são aplicados aos fenómenos, ao que é dado na experiência. Abordaremos em breve a segunda questão.

Os princípios fundamentais em que a física se baseia são, segundo Kant, juízos sintéticos *a priori*. Mais acima, propúnhamos como exemplo de juízo sintético *a priori* o princípio de causalidade, que constitui uma lei fundamental do nosso conhecimento da natureza. Existem outros princípios importantes relativos à natu-

2 A NATUREZA E A RAZÃO TEÓRICA

Fenómeno e número

Devido à sua origem, as categorias não se baseiam na sensibilidade, como acontece com as *formas da intuição* espaço e tempo, e por isso parecem permitir uma aplicação para além dos objectos dos sentidos. Mas, por sua vez, são apenas *formas de pensamento,* que só contêm a faculdade lógica de reunir *a priori* numa consciência o múltiplo que é dado pela intuição. Assim, e se lhes retirarmos a única intuição que nos é possível, podem ter ainda menos significação que aquelas formas sensíveis e puras por meio das quais pelo menos um objecto nos é dado. Em contrapartida, um modo de combinar o múltiplo, próprio do nosso entendimento, não significa absolutamente nada se não lhe acrescentarmos aquela única intuição na qual esse múltiplo pode ocorrer. Com efeito, o nosso conceito permite-nos denominar como *entes dos sentidos (phaenomena)* certos objectos a título de fenómenos, distinguindo entre o modo como os intuímos e a sua própria constituição; de maneira que por essa última constituição (ainda que não a contemplemos neles), os opomos àqueles, por assim dizer, àqueles ou também a outras coisas possíveis que não sejam objecto dos nossos sentidos, como os objectos somente pensados pelo entendimento – a estes chamamos *entes da razão (noumena)*. Coloca-se então a seguinte questão: por acaso os nossos conceitos puros do entendimento não terão uma significação relativamente a estes últimos, sendo assim uma espécie de conhecimento dos mesmos? Ora, desde o primeiro momento que uma ambiguidade ficou patente, a qual pode provocar um grave equívoco: em certas relações o entendimento denomina um objecto como mero *phaenomenon;* mas fora dessa relação há ao mesmo tempo, todavia, uma representação de um *objecto em si* e, por conseguinte, imagina-se que pode haver *conceitos* desse objecto; mas como o entendimento não proporciona mais que categorias, em última instância o objecto deve pelo menos poder ser pensado; contudo, o objecto desencaminha o entendimento e leva-o a aceitar como conceito determinado de um ente (que nunca pudéssemos conhecer pelo entendimento) o conceito totalmente indeterminado de um ente da razão, que é algo que está fora da nossa sensibilidade. Se por *noumenon* entendemos uma coisa *que não seja objecto da nossa intuição sensível* abstraindo do nosso modo de a intuir, dizemos que é um *noumenon* em sentido negativo. Mas se por tal entendermos um *objecto de uma intuição não-sensível,* supomos já uma espécie particular de intuição, a saber: a intuição intelectual, que todavia não é a nossa, cuja possibilidade tampouco podemos compreender, e assim dizemos que esse seria *noumenon* no sentido positivo.

Kant, *Crítica da Razão Pura.*

---

reza que, segundo Kant, são também desta classe, mas prescindiremos deles, já que o seu caso é exactamente o mesmo que o do princípio de causalidade. Tomemos, pois, este como exemplo e vejamos como – sendo **sintético** – pode ser ***a priori.***

1. O princípio de causalidade baseia-se na categoria de causa. Ora, a causa (como todas as categorias) é um conceito puro que não procede dos sentidos, mas é prévio à experiência a que se aplica: logo, a validade do princípio de causalidade não depende da experiência, mas precede-a. É por conseguinte *a priori.*

2. Como já acentuámos, os fenómenos só podem ser conhecidos pelo entendimento se este lhes aplicar as categorias. Por conseguinte, as categorias aplicam-se a todos os fenómenos que o entendimento conhece; logo, o princípio de causalidade (baseado na categoria de causa) será aplicável a todos os fenómenos que o entendimento conhece (ou pode conhecer). É portanto estritamente **universal** e **necessário.**

c) O idealismo transcendental. Fenómeno e número. As categorias não são aplicáveis para além

131

12. O IDEALISMO TRANSCENDENTAL DE KANT

da experiência, para além do que ocorre no espaço e no tempo. Isto denomina-se **fenómeno** (o que aparece ou se mostra ao sujeito). Ora, a própria ideia de algo que aparece implica, correlativamente, a ideia de algo que não aparece, a ideia de algo em si. O objecto – porque aparece e é conhecido – chama-se «**fenómeno**»; ao correlato do objecto, considerado à margem da sua relação com a sensibilidade, chama-se «**coisa em si**» ou melhor «**número**» (na medida em que é algo apenas inteligível).

A distinção entre fenómeno e número é fundamental no sistema kantiano. Ao tratar desta questão na *Crítica da Razão Pura,* Kant distingue dois sentidos no conceito de número: negativo e positivo. Negativamente, «número significa uma coisa na medida em que não pode ser reconhecida por meio da intuição sensível»; positivamente, significa um «objecto que pode ser conhecido por meio da intuição não sensível», ou seja, por meio da intuição intelectual. Ora, visto que carecemos de intuição intelectual e possuímos apenas intuição sensível, o nosso conhecimento é limitado aos fenómenos e, por conseguinte, o conceito de número permanece como algo negativo, como limite da experiência, como limite do que pode ser conhecido. Não há conhecimento das coisas em si, dos números. O acesso às coisas em si não se faz na razão teórica, mas na razão prática, como veremos. A distinção entre fenómeno e número permite compreender por que razão Kant chama à sua doutrina «**idealismo transcendental**»: **porque o espaço o tempo e as categorias são condições de possibilidade da experiência, dos fenómenos, e não propriedades ou traços reais de todas as coisas em si mesmas.**

2.2.3. A dialéctica transcendental

Na dialéctica transcendental, Kant ocupa-se da possibilidade da metafísica, bem como da natureza e funcionamento da razão.

a) Impossibilidade da metafísica como ciência

A pergunta sobre a possiblidade da metafísica que como a princípio indicámos, preocupava Kant profundamente – recebe resposta negativa na dialéctica transcendental. A metafísica – entendida como um conjunto de proposições ou juízos acerca de realidades que estão para além da experiência – é impossível, já que as categorias só podem usar-se legitimamente na sua aplicação aos fenómenos, aos dados dos sentidos.

A aplicação das categorias para além da experiência é logicamente ilegítima e dá lugar a erros e a ilusões. A missão da dialéctica consiste em mostrar como tais erros ou ilusões – e muito especialmente os da metafísica especulativa – provêm de passar por alto a distinção entre fenómeno e coisa em si. A dialéctica transcendental é pois uma crítica do entendimento e da razão na sua pretensão de alcançar o conhecimento das coisas em si, do que está para além da experiência.

Mas se a aplicação das categorias é logicamente ilegítima, é também uma tendência inevitável, de acordo com a própria natureza da razão. Como veremos já de seguida, a razão tende inevitavelmente para a procura **do incondicionado,** tende a estender o seu conhecimento para além da experiência, a fazer perguntas e formular respostas acerca de Deus, da alma e do mundo como totalidade.

b) A razão

O conhecimento intelectual não se limita a formular juízos, mas liga também uns juízos aos outros, formando raciocínios. Tomemos um exemplo simples utilizado pelo próprio Kant: "Todos os homens são mortais; todos os investigadores são homens; logo, todos os investigadores são mortais». Este simples silogismo mostra-nos como a conclusão, o juízo «todos os investigadores são mortais», tem o seu fundamento num juízo mais geral, a premissa «todos os homens são mortais». (Os investigadores são uma parte dos homens; portanto, se estes são mortais, aqueles também o são.) O nosso raciocínio pode ir, no entanto, mais longe: poderíamos perguntar-nos pelo fundamento da premisssa maior e então teríamos o seguinte silogismo: Todos os animais são mortais; todos os homens são animais; logo, todos os homens são mortais.

2 A NATUREZA E A RAZÃO TEÓRICA

O juízo que no primeiro silogismo aparecia como fundamento da conclusão surge neste silogismo como fundado num juízo mais geral ainda: «todos os animais são mortais». Novamente podemos procurar um juízo ainda mais geral que sirva de fundamento à premissa maior, e visto que os animais são uma parte dos seres vivos, podemos estabelecer o seguinte silogismo: Todos os seres vivos são mortais; todos os animais são seres vivos; logo, todos os animais são mortais.

Que fizemos no exemplo que estamos a considerar? A resposta é simples: a razão procura encontrar juízos cada vez mais gerais, susceptíveis de abarcar uma multiplicidade de juízos particulares que lhes sirvam de fundamento. O juízo «todos os animais são mortais» abarca e serve de fundamento a uma multiplicidade de juízos («os homens são mortais», «os cães são mortais», etc.); o juízo «todos os seres vivos são mortais» abarca juízos ainda mais gerais, servindo-lhes de fundamento «os animais são mortais», «plantas são mortais», etc.).

A razão é, pois, de tal natureza que tende a encontrar juízos, leis, hipóteses cada vez mais gerais e que abarquem e expliquem um maior número de fenómenos. Assim se constrói a ciência. Pensemos, por exemplo, nas leis do movimento. Aristóteles considerava que as leis que explicam os movimentos dos corpos celestes deviam ser distintas das leis que regem os movimentos dos corpos sublunares e, ainda dentro destes, indicava princípios dificientes para os movimentos naturais e para os movimentos violentos. Galileu acabou com a distinção entre

Razão e ideias transcendentais

A razão nunca se refere directamente a um objecto, fá-lo unicamente através do entendimento e, através deste, refere-se ao seu próprio uso empírico; ou seja, não *cria* conceitos (de objectos), limitando-se a *ordená-los* e a dar-lhes a unidade que podem ter na sua extensão máxima possível, isto é, relativamente à totalidade das séries; o entendimento não atende a isto mas apenas à união *mediante a qual em todas as partes se produzem séries* de condições em vez de conceitos. Em consequência, o entendimento e o seu emprego idóneo é propriamente o objecto da razão; assim como o entendimento une por meio de conceitos múltiplos do objecto, por sua vez também a razão une o múltiplo dos conceitos por meio de ideias, dado que, a título de finalidades, conferem uma certa unidade colectiva aos actos do entendimento, e só noutros casos é que se ocupam da unidade distributiva.

Por conseguinte, afirmo que as ideias transcendentais nunca são o uso constitutivo graças ao qual surgem conceitos de certos objectos; e, no caso de as entendermos assim, as ideias são apenas conceitos dialécticos. Pelo contrário, têm antes um uso regulativo que é indispensavelmente necessário e que consiste em dirigir o entendimento: ou para certo fim em relação ao qual as linhas directivas de todas as suas regras convergem para um ponto, apesar de ser somente uma ideia (*focus imaginarius*); ou para um ponto do qual os conceitos do entendimento não partem realmente, uma vez que se encontra totalmente fora dos limites da experiência possível, mas servindo no entanto para lhes proporcionar ao mesmo tempo a unidade máxima e a extensão máxima.

Kant, *Crítica da Razão Pura*.

12 O IDEALISMO TRANSCENDENTAL DE KANT

O carácter regulativo das ideias da razão

Se repararmos no nosso conhecimento do entendimento em toda a sua extensão, verificamos que o *carácter sistemático* do conhecimento é aquilo de que a razão dispõe com toda a propriedade, e que ela se encarrega de produzir; ou seja, é a sua coerência como base de um princípio. Esta unidade da razão pressupõe sempre uma ideia: a ideia da forma do todo do conhecimento, a qual precede o conhecimento concreto das partes e contém as condições para determinar *a priori* o lugar e a relação que correspondem a cada parte relativamente às outras. Por conseguinte, esta ideia postula a unidade completa do conhecimento do entendimento; e assim, este não surge como um mero agregado contingente mas como um sistema coerente segundo leis necessárias. Não se pode dizer que esta ideia seja propriamente um conceito do objecto, mas antes a unidade completa destes conceitos, na medida em que serve de regra para o entendimento.

Kant, *Crítica da Razão Pura*.

movimentos naturais e violentos, explicando-os a todos pelas mesmas leis. Posteriormente, Newton formulou a lei da gravitação universal, lei mais geral ainda, pois explica conjuntamente os movimentos celestes e os terrestres. É este o funcionamento da razão como consequência da sua tendência natural para procurar condições cada vez mais gerais e, em última análise, o incondicionado.

Lápide com a Declaração dos Direitos do Homem e do Cidadão (1789).

c) A razão e a metafísica

A razão impele-nos a procurar leis e condições cada vez mais gerais e susceptíveis de explicarem um número maior de fenómenos. Enquanto esta procura se mantém dentro dos limites da experiência, tal tendência é eficaz e amplia o nosso conhecimento. Mas esta tendência da razão leva inevitavelmente a ultrapassar as barreiras da experiência, à procura do **incondicionado:** os fenómenos físicos pretendem unificar-se e explicar-se por meio de teorias metafísicas acerca do mundo (a substância material do racionalismo), o que dá lugar a os fenómenos psíquicos pretendem unificar-se e explicar-se por meio de teorias metafísicas acerca da alma (a substância pensante do racionalismo), o que dá lugar a paralogismos; uns e outros tentam unificar-se e explicar-se por meio de teorias metafísicas acerca de uma causa suprema de ambos (a substância infinita do racionalismo, Deus, ideia da razão).

Deus, alma e mundo são, segundo Kant, **três ideias da razão** que desempenham um papel muito especial no sistema do nosso conhecimento. Pois apesar de não nos proporcionarem nenhum conhecimento objectivo, expressam contudo o ideal da razão de encontrar leis e princípios cada vez mais gerais: como o horizonte que nunca se atinge (que não pode ser alcançado), mas que nos indica continuamente que há que avançar mais e mais.

3 A LIBERDADE E A TAREFA DA RAZÃO PRÁTICA

3.1 A razão prática e o conhecimento moral

Na *Crítica da Razão Pura* — a cujo estudo dedicámos a parte anterior — Kant fez um notável esforço para explicar como é possível o conhecimento dos factos (possível graças à conjunção de dois elementos: as impressões sensíveis procedentes do exterior e certas estruturas *a priori* que o sujeito impõe a tais impressões, a saber, as formas de espaço-tempo e as categorias) e até onde é possível o conhecimento de objectos (conhecimento que só tem lugar na aplicação das categorias aos fenó-menos; a metafísica, ao aplicar as categorias para além dos fenómenos, não proporciona conhecimento objectivo).

Ora, a actividade racional humana não se limita ao conhecimento dos objectos. O homem necessita também de conhecer como deve agir, qual deve ser a sua conduta: a razão possui também uma função moral, em correspondência com a segunda das perguntas que propúnhamos na primeira parte: **que devo fazer?**

Esta dupla vertente pode exprimir-se por meio da distinção entre **razão teórica** e **razão prática.** Não se trata, obviamente, de duas razões, mas de duas funções perfeitamente diferenciadas. A razão teórica ocupa-se em conhecer como são as coisas a razão prática, ocupa-se de saber como deve ser a conduta humana. À razão prática não corresponde o conhecimento de como é de facto a conduta humana, mas o conhecimento de como deve ser: não lhe interessam quais os motivos que empírica e psicologicamente determinam os homens (desejos, sentimentos, egoísmo, etc.), mas quais devem ser os princípios que hão-de levá-lo a agir, caso a sua conduta deva ser racional e, portanto, moral. Esta separação entre as duas esferas costuma exprimir-se dizendo: a ciência (a razão teórica) ocupa-se do ser, ao passo que a moral (a razão prática) se ocupa do dever ser.

A diferença entre as duas actividades racionais manifesta-se, segundo Kant, no modo totalmente distinto de uma e outra exprimirem os seus princípios ou leis: a razão teórica formula juízos («o calor dilata os corpos»), ao passo que a razão prática formula imperativos ou mandamentos («não matarás», etc.).

3.2. O formalismo moral

A teoria moral de Kant não é menos original do que a sua teoria do conhecimento científico. A ética kantiana representa uma autêntica novidade dentro da história da filosofia: se antes dele as diversas éticas tinham sido materiais, a ética de Kant é formal.

3.2.1. As éticas materiais

Para compreender o significado da teoria kantiana, é necessário entender o que é uma ética material. Comecemos por indicar que não deve confundir-se ética material com ética materialista: o contrário de uma ética materialista é uma ética espiritualista, o contrário de uma ética material é uma ética formal. (Por exemplo, a ética de Aquino é material, mas não é materialista.)

De um modo geral, podemos dizer que são matesriais aquelas éticas segundo as quais a bondade ou maldade da conduta humana depende de algo que se considera bem supremo para o homem: por conseguinte os actos serão bons quando nos aproximem da consecução de tal bem supremo, e maus (reprováveis, não aconselháveis) quando dele nos afastem. De acordo com esta definição, podemos encontrar em toda a ética material os dois elementos seguintes:

a) A noção de que **há bens,** coisas boas para o homem as diferentes éticas materiais começam por determinar qual – dentre todos eles – é o bem supremo ou fim último do homem (prazer, felicidade, etc.).

b) Uma vez estabelecido tal bem supremo, a ética **estabelece normas** ou preceitos orientados para alcançá-lo.

⑫ O IDEALISMO TRANSCENDENTAL DE KANT

A razão prática

A especulação da razão no uso transcendental dirige-se em definitivo para um propósito final referente a três objectos: a liberdade da vontade, a imortalidade da alma e a existência de Deus. É muito exíguo o interesse especulativo da razão dos três, e assim dificilmente se empreenderia um tão laborioso trabalho de investigação transcendental que, além disso, tem de lutar com constantes obstáculos, porque todas as descobertas a esse respeito ainda não demonstraram a sua utilidade em concreto, ou seja, na investigação da natureza.

Tudo o que é possível por meio da liberdade é prático. Mas se as condições do exercício do nosso livre arbítrio são empíricas, nesse caso a razão só pode ter um uso regulativo e serve apenas para operar a unidade das leis empíricas; é o caso, por exemplo, da doutrina da prudência, na qual a união de todos os fins propostos pelas nossas inclinações se opera no fim único da felicidade. E a concordância dos meios para chegar a essa unidade constitui a tarefa da razão que, consequentemente, não pode proporcionar leis puras completamente determinadas *a priori* mas apenas leis pragmáticas da conduta livre para a consecução dos fins que os sentidos nos recomendam. Pelo contrário, seriam produtos da razão pura as leis práticas puras cujo fim seja completamente dado pela razão e que não estejam condicionadas empiricamente. É o que acontece com as *morais;* em consequência, só elas pertencem ao uso prático da razão pura e permitem um canone.

Kant, *Crítica da Razão Pura.*

Por outras palavras, podemos dizer que uma ética material é uma ética que tem conteúdo. E tem conteúdo no duplo sentido que acabamos de indicar: a) na medida em que estabelece um bem supremo (por exemplo, o prazer na ética epicurista) e na medida em que diz o que deve fazer-se para consegui-lo («não comas em excesso», «afasta-te da política», são preceitos da ética epicurista, por exemplo).

3.2.2. Crítica de Kant às éticas materiais

Kant rejeitou as éticas materiais porque em seu entender apresentam as seguintes deficiências:

a) Em primeiro lugar, as éticas materiais são **empíricas,** são *a posteriori,* ou seja, o seu conteúdo é extraído da experiência. Tomemos o exemplo da ética epicurista: Como sabemos que o prazer é um bem máximo para o homem? Indubitavelmente, porque a experiência nos mostra que desde pequenos os homens procuram o prazer e fogem da dor. Como sabemos que para se conseguir um prazer duradouro e razoável devemos comer com sobriedade e permanecermos afastados da política? Sem dúvida porque a experiência nos mostra que a longo prazo o excesso produz dor e enfermidades, e a política produz desgostos e sofrimentos. Trata-se pois de generalizações a partir da experiência.

Possivelmente, um epicurista pouco se preocupará com o facto de a sua ética ser empírica, *a posteriori.* Mas isso preocupa Kant sobremaneira, pela seguinte razão: porque pretende formular uma ética cujos imperativos sejam universais e porque em sua opinião, da experiência não se podem extrair princípios universais. (Este último ponto ficou claramente exposto na primeira parte do tema: nenhum juízo que proceda da experiência pode ser rigorosamente universal; para ser tal, um juízo há-de ser *a priori,* ou seja, independente da experiência.)

b) Em segundo lugar, os preceitos das éticas materiais são **hipotéticos** ou condicionais: não valem de modo absoluto, mas apenas de modo condicional, como meios para conseguir um certo fim. Quando o sábio epicurista aconselha «não bebas em excesso», deve entender-se que pretende dizer «não bebas em excesso, se queres alcançar uma vida regrada e aprazível». Que acontecerá se alguém responder ao sábio epicurista: «eu não quero alcançar essa vida de prazer moderado e contínuo»? O preceito epicurista carecerá, evidentemente, de validade para ele. Este é um segundo motivo pelo qual uma ética material não pode ser, no entender de Kant, universalmente válida.

c) Em terceiro lugar, as éticas materiais são **heterónomas.** «Heterónomo» é o contrário de «autónomo» e se a autonomia consiste em que o sujeito

3 A LIBERDADE E A TAREFA DA RAZÃO PRÁTICA

> **O bem moral**
>
> O valor moral da acção não reside, pois, no efeito que dela se espera nem tão-pouco em nenhum princípio de acção cujo fundamento determinante dependa desse efeito esperado. Na verdade, todos esses efeitos (o nosso próprio prazer ou a promoção da felicidade alheia) podem realizar-se por meio de outras causas, e para isso não era necessária a intervenção da vontade de um ser racional, que é o único onde se pode encontrar o bem supremo e absoluto. Por conseguinte, esse bem moral só pode ser constituído pela representação da própria lei, que só se encontra no ser racional, desde que o fundamento determinante da vontade seja ela e não o efeito esperado. Não é lícito esperar que esse bem moral resulte do efeito de qualquer acção, pois que ele está já presente na própria pessoa que age segundo essa lei.
>
> Kant, *Fundamentação da Metafísica dos Costumes*.

se dê a si próprio a lei, em que o sujeito se determine a si próprio no agir, a heteronomia consiste em receber a lei a partir de fora da própria razão.

As éticas materiais são heterónomas, segundo Kant, porque a vontade é determinada a agir deste modo ou daquele por deesejo ou inclinação. Continuando com o exemplo da ética epicurista, o homem é determinado na sua conduta por uma lei natural, pela inclinação ao prazer, sendo por este dominado.

3.2.3. A ética formal de Kant

a) Sentido de uma ética formal

Segundo Kant as éticas materiais encontram-se inevitavelmente afectadas pelas três deficiências que apontámos. A partir desta crítica, o raciocinio kantiano é simples e pode ser exposto do seguinte modo:
– todas as éticas materiais são empíricas (e portanto incapazes de apresentar princípios rigorosamente universais), hipotéticas em seus imperativos e heterónomas;
– ora, uma ética rigorosamente universal não pode ser nem empírica (mas ***a priori***), nem hipotética em seus imperativos (mas estes devem ser absolutos, **categóricos**), nem heterónoma (mas **autónoma**, isto é, o sujeito deve determinar-se a si próprio a agir, deve dar-se a si próprio a lei);
– uma ética estritamente universal e racional não pode ser material. Tem de ser, portanto, formal.
O que é então uma ética formal? É uma ética vazia de conteúdo, que não tem conteúdo em nenhum dos sentidos em que o tem a ética material:

1. não estabelece nenhum bem ou fim que deva ser perseguido, e portanto,
2. não nos diz o que devemos fazer, mas como devemos agir, a forma como devemos actuar.

b) O dever

A ética formal não estabelece pois o que devemos fazer: limita-se a indicar como devemos agir sempre, seja qual for a acção concreta. Segundo Kant um homem age moralmente quando age **por dever**. O dever «é a necessidade de uma acção por respeito à lei» (*Fundamentação da Metafísica dos Costumes*), isto é, a submissão a uma lei, não pela utilidade ou satisfação que o seu cumprimento possa proporcionar-nos, mas por respeito para com a mesma.

Kant distingue três tipos de acções: contrárias ao dever, conformes ao dever e feitas por dever. Somente as últimas têm valor moral. Suponhamos, utilizando um exemplo do próprio Kant, o caso de um comerciante que não cobra preços abusivos aos seus clientes. A sua acção é conforme ao dever. Ora, talvez o faça assim para assegurar a clientela e, neste caso, a acção é conforme ao dever, mas não por dever: a acção (não cobrar preços abusivos) converte-se num meio para atingir um objectivo, um fim (garantir a clientela). Se, ao contrário, actua por dever, por considerar ser esse o seu dever, a acção não é um meio para atingir um fim ou objectivo, mas um fim em si mesma, algo que deve fazer-se por si que determina a sua realização, quando este móbil é o dever: «uma acção feita por dever tem o seu valor moral, não no objectivo que por meio dela se pretende atingir, mas na máxima pela qual foi

⑫ O IDEALISMO TRANSCENDENTAL DE KANT

decidida; não depende pois da realidade do objecto da acção, mas exclusivamente do princípio do querer» (*ibidem*).

c) O imperativo categórico

A exigência de agir moralmente exprime-se num imperativo que não é – nem pode ser – hipotético (como os mandamentos das éticas materiais), mas **categórico.**

Kant deixou-nos diversas formulações do imperativo categórico, das quais a primeira é a seguinte: «**age somente segundo uma máxima tal que possas querer ao mesmo tempo que se torne lei universal**» (*ibidem*). Esta formulação revela claramente o seu carácter formal; de facto, este imperativo não estabelece nenhuma norma concreta, mas a forma que devem ter as normas que determinam a conduta de cada um, denominadas «máximas» por Kant): qualquer máxima deve ser tal que o sujeito possa querer que se converta em norma para todos os homens, em lei universal. Esta formulação do imperativo categórico mostra ainda a exigência de universalidade própria de uma moral racional.

Kant apresenta, ainda na *Fundamentação Metafísica dos Costumes*, a seguinte formulação do imperativo categórico: «**age de tal maneira que uses a humanidade, tanto na tua pessoa como na pessoa de qualquer outro, sempre e como um fim e nunca apenas como um meio**». Tal como a formulação anterior, também esta mostra o seu carácter formal e a sua exigência de universalidade; diferentemente da anterior, nesta formulação inclui--se a ideia de fim.

Só o homem, enquanto ser racional é fim em si mesmo. Portanto nunca deve ser utilizado como um simples meio.

3.3. Liberdade, imortalidade e existência de Deus

A *Crítica da Razão Pura* pusera a claro a impossibilidade da metafísica como ciência, isto é, como conhecimento objectivo do mundo, da alma e de Deus. Contudo a alma – a sua imortalidade – e a existência de Deus constituem interrogações de interesse fundamental para o destino do homem.

Kant nunca negou a imortalidade da alma ou a existência de Deus. Na *Crítica da Razão Pura* limitou--se a estabelecer que a alma e Deus não são acessíveis ao conhecimento científico, objectivo, visto que este apenas tem lugar na aplicação das categorias aos fenómenos fornecidos pela experiência. Deste

---

O primado da razão prática

Por primado entre duas ou mais coisas ligadas pela razão entendo eu a supremacia de uma delas como princípio primeiro e determinante de união com todas as outras. Num sentido mais restrito e prático, primado significa a superioridade do interesse de uma coisa, ao passo que as outras se subordinam a esse interesse (o qual não se submete a nenhum outro interesse). Podemos atribuir um *interesse* a qualquer capacidade do espírito, ou seja, um princípio que contém em si a condição sem a qual não poderíamos exercer essa capacidade. A razão é a faculdade dos princípios e por isso determina o seu próprio interesse e o dos poderes do espírito. O interesse do uso especulativo da razão consiste no *conhecimento* do objecto, incluindo-se aí os princípios *a priori* mais elevados; é uma aplicação prática que determina a vontade em relação a um fim último e total. O interesse desta capacidade da razão não reside nos requisitos para o seu uso genérico (ou seja, que não haja contradição entre princípios e afirmações), mas na condição genérica de ter razão; o interesse da razão não é a simples concordância consigo própria mas unicamente a sua amplitude.

Kant, *Crítica da Razão Prática.*

3 A LIBERDADE E A TAREFA DA RAZÃO PRÁTICA

modo, para Kant o lugar adequado para as questões sobre o problema de Deus e da alma não é a razão teórica, mas a razão prática.

Segundo Kant a liberdade, a imortalidade da alma e a existência de Deus são **postulados da razão prática.** O termo «postulado» deve entender-se aqui em seu sentido estrito, como algo que não é demonstrável mas que é suposto necessariamente como condição da própria moral. Com efeito, a exigência moral de agir por respeito ao dever supõe a liberdade, a possibilidade de agir por respeito ao mesmo, vencendo as inclinações contrárias. Segundo Kant também a imortalidade da alma e a existência de Deus são postulados da moral, embora nestes dois casos o seu raciocínio seja mais complicado e tenha sido objecto de diversas objecções. Quanto à imortalidade o seu raciocínio é o seguinte: a razão ordena-nos que aspiremos à virtude, isto é, à concordância perfeita e total da nossa vontade com a lei moral; esta perfeição é inatingível numa existência limitada; a sua realização só se consegue num processo indefinido e infinito que, portanto, exige uma duração ilimitada, isto é, a imortalidade.

No que se refere à existência de Deus, Kant afirma que a falta de acordo que encontramos no mundo entre o ser e o dever ser exige a existência de Deus como realidade em quem o ser e o dever ser se identificam e em quem se dá uma união perfeita de virtude e felicidade.

A terceira pergunta kantiana – **o que me é permitido esperar?** – tem um sentido escatológico e a ela responde a religião.

Mas esgotar-se-á o sentido da pergunta – e da sua resposta – na simples dimensão religiosa? Kant pensou claramente que não. A consecução do fim cuja realização última e perfeita se espera da religião, implica e exige a acção social e política, por meio da qual este fim se realizará através do tempo: assim, a história representa um momento igualmente essencial na resposta à pergunta: o que me é lícito esperar?

David: Juramento do "Jeu de Paume": os deputados do Terceiro Estado comprometem-se a redigir uma Constituição para França (1789).

4 HISTÓRIA E RELIGIÃO

4.1. O ser humano

a) Na *Crítica da Razão Pura,* Kant estabelece a distinção fenómeno-número como único meio de resolver as contradições da razão consigo mesma. Esta distinção aplica-se igualmente ao homem. Como fenómeno, o homem está submetido e é explicado segundo as leis matemático-físico-biológicas da natureza, como um objecto mais entre os objectos do mundo físico. Mas enquanto número, o homem, ser livre, pertence ao âmbito inteligível da razão prática. As ideias de moralidade e de liberdade possibilitam a tematização desse âmbito que, como já vimos é objecto de um saber não teórico mas prático.

b) Kant reconhece no homem aquilo que ele chama suas «disposições naturais» estas articulam-se segundo três direcções ou vertentes ou constituintes da sua natureza; 1) disposição para a animalidade, explica a capacidade técnica do homem; 2) disposição para a humanidade, que explica a sua capacidade pragmática; c) disposição para a personalidade, que explica a sua capacidade moral.

c) Estas disposições, no seu conjunto, constituem a estrutura radical, do homem, que remete a uma dualidade de dimensões, em consonância com a primeira distinção: a dimensão empírico-sensível e a dimensão ético-social. A primeira refere-se ao homem no seu conjunto individual, egoísta, fechado sobre si, como um objecto mais entre as coisas. Em atenção a ela, pode e deve falar-se da natural insociabilidade do homem, sem que a este nível – que não é susceptível de juízos morais – a descrição tenha qualquer sentido pejorativo.

A segunda – dimensão ético-social – refere-se ao homem como inserido no reino dos fins e da moralidade, como pertencente a uma comunidade de pessoas. Segundo esta dimensão, pode e deve falar-se da sociabilidade do homem. Visto que as duas dimensões o constituem estritamente, temos de extrair decididamente a conclusão de que Kant

---

Disposições que constituem o ser humano

Em relação à sua finalidade, os elementos que determinam a natureza humana podem ser delimitados sucintamente em três classes:
1) Como ser vivo, o homem tem disposição para a *animalidade;*
2) Como ser vivo racional, o homem tem disposição para a *humanidade;*
3) Como ser racional susceptível de ser responsabilizado, o homem tem disposição para possuir uma *personalidade*

1. Genericamente, a disposição do ser humano para a *animalidade* corresponde ao amor físico a si próprio, que é meramente mecânico pois não requer o uso da razão.

2. A disposição para a *humanidade* corresponde genericamente ao amor físico a si próprio mas fazendo uso da *comparação* (o que implica o uso da razão): ou seja, só sabemos se somos felizes ou infelizes por comparação com os outros.

3. A disposição para ter uma *personalidade* consiste na capacidade de respeitar a lei moral *enquanto motivo suficiente para o exercício do livre arbítrio.* Esta capacidade de respeitar a lei moral corresponde em nós ao sentimento moral: por si só não é uma finalidade da disposição natural, mas poderá sê-lo enquanto motivo do livre arbítrio.

Segundo as suas condições de possibilidade, verificamos que a base da *primeira* disposição não integra a razão; que a *segunda* radica indubitavelmente na razão prática, mas unicamente ao serviço de outros motivos; e que a terceira é prática por si mesma e por isso tem por base a razão legisladora incondicional.

Kant, *A Religião nos Limites da Simples Razão.*

4 HISTÓRIA E RELIGIÃO

concebeu o homem como um ser que encerra em si uma paradoxal complexidade: uma «insociável sociabilidade» ou uma «sociável insociabilidade».

Estas considerações sobre o homem são necessárias, para explicar o que é a história ou a religião em Kant. Recordemos agora uma formulação do imperativo categórico, que aparecia em quarto lugar na *Crítica da Razão Prática:* «Cada um deve propor-se, como fim último e supremo, o soberano bem possível no mundo». Em estrita concordância com esta formulação, Kant acentuou muito bem a ideia da filosofia como «um guia para o conceito em que se deve colocar o soberano bem e para a conduta mediante a qual se pode atingi-lo». Ora bem, nesta concepção da Filosofia resulta que **história** e **religião** são as peças que fecham o sistema kantiano, as que lhe dão amplitude, às quais tudo se ordenava, porque elas encerram o segredo da realização humana, motor primeiro dessa complexa actividade – mundana e académica ao mesmo tempo – que, é o filosofar para Kant.

Com efeito, Kant concebe a história como um desenvolvimento constantemente progressivo, embora lento, das disposições originárias do género humano na sua totalidade. A filosofia da história kantiana aborda as seguintes questões em que medida e sob que condições e até que ponto a história, enquanto evolução da comunidade humana, pode conduzir à realização do soberano bem.

Kant estabelece a ideia de uma «sociedade de cidadãos do mundo» e promove a acção prático-política da razão para organizar a sociedade nesse sentido acção que deve comportar a maior realização possível da liberdade.

Em contrapartida e Kant reajusta o lugar e significado da religião e estabelece a ideia do soberano bem como união de virtude e felicidade.

4.2. História

A História é uma consequência necessária da natureza do homem: um conjunto de disposições, como vimos mais acima. Mas «todas as disposições naturais de uma criatura estão destinadas a de-

senvolver-se alguma vez de uma maneira completa e em conformidade com o fim». Realização completa e atingir o seu fim, referidos os dois aspectos às disposições humanas, são, segundo Kant, o «primeiro» princípio da história. Primeiro e necessário para a explicar, mas não suficiente.

O conceito de história ilumina-se para Kant quando adverte que um só homem, essa «única criatura racional da Terra», não pode, como indivíduo, desenvolver completamente todas as disposições originárias da natureza humana. A tarefa, na sua totalidade, está confiada à espécie. Daí o curso temporal da história («segundo» princípio).

Esse momento que será o desenvolvimento pleno da natureza é a meta das acções humanas e o que dá vigência aos princípios práticos da razão. Deste modo, pode dizer-se do homem e só dele que, longe de ser conduzido pelo instinto ou por conhecimentos inatos é obra de si próprio. («terceiro» princípio). Esta tese kantiana deve ser entendida na sua pureza mais genuína como assentando no reconhecimento da disposição «racional» do homem, que em si mesma implica a liberdade.

Kant referiu mais pormenorizadamente a explicação da história, dada a complexidade deste conceito, que assenta em múltiplos «princípios». Aludamos em resumo a mais dois.

A diversidade das disposições originárias da natureza joga como promotor do seu próprio desenvolvimento, justamente pelo antagonismo dessas mesmas disposições. Neste princípio explicativo, Kant vislumbrou claramente a tensão dialéctica da história uma tensão radicada nas oposições indivíduo-sociedade, fenómeno-número, o empírico-ético das acções humanas. É neste contexto que Kant alude claramente à «insociável sociabilidade» dos homens.

Kant, por fim tem de dar mais um passo. A realização da essência humana exige à sociedade que se justifica como aspecto indispensável da compreensão da história. «O magno problema da espécie humana», para cuja solução o homem é compelido pela natureza, é o estabelecimento de uma sociedade civil que administre o direito de modo universal.

12 O IDEALISMO TRANSCENDENTAL DE KANT

A sociedade, assim entendida, como meta última da tarefa que é a história, significa simultaneamente: (1 um meio onde se encontre a maior liberdade; 2) um meio que contenha a mais rigorosa determinação e segurança dos limites dessa liberdade. No entender de Kant, poder e direito devem conjugar-se estreitamente na constituição da sociedade. E só nela assim entendida poderá ser alcançada a suprema intenção da natureza, que é o desenvolvimento de todas as suas disposições.

Há que insistir em que essa sociedade, assim entendida, é antes de mais uma tarefa sempre aberta, um problema que não poderá ser resolvido «sem que exista uma relação exterior entre os Estados». A ideia de uma liga de nações, de uma sociedade internacional, é o último círculo do horizonte no qual se move a compreensão kantiana da história. A história procura, como soberano bem, a organização de uma sociedade que produza a suprema intenção da natureza. Hoje, diríamos uma sociedade plenamente justa.

Duas coordenadas marcam, definitivamente, o «espaço» deste soberano bem, enquanto realizável na história: por um lado trata-se de uma tarefa sempre aberta e ilimitada, por outro, é uma tarefa que em última análise, é de todo o género humano, mas não do indivíduo.

4.3. Religião

«O soberano bem possível no mundo» é a proposta da liberdade, como indica a quarta fórmula do imperativo categórico. O bem soberano ou supremo é o objecto e fim da razão pura prática, é a lei essencial de toda a vontade livre por si mesma. Mas de onde virá esse supremo bem que a razão moral nos leva a propor-nos como objecto do nosso esforço? O dar-se a si mesma a lei é, para uma vontade, a essência da sua liberdade. Mas isso não explica que seja supremo o bem que a liberdade se propõe. A moral não necessita de fundamento material para a determinação do livre arbítrio. Necessita sim de trazer para a luz essa relação entre liberdade e supremo bem e por isso Kant recorre à religião. Na explicação desta relação, Kant fundamenta aquilo a que chama «a passagem da moral à religião».

Há dois momentos essenciais na determinação da religião. Em primeiro lugar, o reconhecimento de que o supremo bem referido a uma vontade moralmente perfeita, santa e toda-poderosa. Em segundo lugar, considerar os deveres da vontade livre como mandamentos dessa perfeita vontade, como mandamentos divinos, embora não como ordens arbitrárias e contingentes de um poder estranho. Tais mandamentos continuam a ser leis essenciais de toda a vontade livre, mas são preceitos na medida em que somente de uma vontade moralmente perfeita podemos esperar o bem supremo, que nos torna felizes.

A moral Kantiana, que não se apoia no recurso à felicidade – como vimos –, «enlaça-se», por assim dizer, com a felicidade, pois esta resulta da realização do bem moral. Por isso – assinala Kant –, a moral não é propriamente a doutrina de como nos tornarmos felizes, mas de como devemos chegar a ser dignos da felicidade. Só depois, quando a religião sobrevém, nasce também a esperança de sermos um dia participantes dessa felicidade, na medida em que procurámos não ser indignos dela.

Deste modo de fundamentar a religião derivam duas consequências importantes muito relacionadas entre si.

Em primeiro lugar, a rejeição de toda a religião positiva por parte de Kant, ou mais precisamente, dito com terminologia já hegeliana, a rejeição de toda a positividade na religião.

Em segundo lugar, a redução da religião aos limites da simples razão ou à racionalização da religião; o que põe o problema de como o conceito de religião se relaciona com o conceito de religião revelada (que não deve identificar-se exactamente com o de religião possível).

Relativamente ao primeiro, Kant entende por «religião positiva» toda a religião que se reduz a um conjunto de ritos e dogmas que são aceites e mantidos apenas pela autoridade de uma tradição ou por uma igreja institucionalizada, sem a mediação

4 HISTÓRIA E RELIGIÃO

da razão prática e o reconhecimento do seu carácter autónomo.

Relativamente ao segundo, parece bastante claro que Kant, face à religião positiva tal como acabamos de descrevê-la, tentou fundar um conceito de religião natural ou moral, o que é perfeitamente coerente com o processo de secularização iluminista em que está inserido. Mas, por outro lado, convém notar que a religião moral é a consideração estritamente filosófica da religião, segundo os princípios da razão e os postulados e condições de realização dos mesmos que a razão exige; isto é, trata-se da religião dentro dos limites da própria razão. Isso não significa precisamente, na intenção kantiana, a negação de uma religião revelada, cuja possibilidade subsiste como algo que ultrapassa os limites da razão. Religião moral e revelada relacionam-se em Kant não já simplesmente como duas esferas compatíveis, mas inclusivamente mesmo harmónicas.

Torna-se assim claro como o sistema crítico de Kant controla – debilitando-o, por assim dizer – o simples reducionismo do acto religioso à moral, ao mesmo tempo que eleva essa religiosidade natural e é até capaz de superá-la.

Comunidade ética e comunidade jurídica

A constituição de uma comunidade ética implica necessariamente que todos os indivíduos se submetam a uma legislação pública e que todas as leis que os unem sejam encaradas como mandamentos provenientes de um legislador comum. Tratando-se de uma comunidade *jurídica,* o legislador seria no entanto a própria multidão unida como um todo (é o caso das leis constitucionais), uma vez que a legislação parte do seguinte princípio: *de acordo com uma lei universal, a liberdade individual deve submeter-se às condições de coexistência com a liberdade dos outros;* neste caso, a vontade geral origina assim uma coacção exterior legal.

Por outro lado, e no caso de uma comunidade *ética,* o povo em si não pode constituir-se como legislador. Aliás, e sendo uma comunidade ética, todas as leis visam a *moralidade* das acções (ou seja, é algo *interior* e que não pode ser submetido a leis humanas públicas). Ao passo que as leis humanas de uma comunidade jurídica visam apenas a legalidade das acções (que se manifestam de modo visível), o mesmo já não acontece com a moralidade, que é interior. Por conseguinte, tem de haver outra entidade acima do povo para legislar publicamente sobre uma comunidade ética. Não se julgue, porém, que a origem destas leis éticas radica na vontade deste Ser superior (por exemplo, que certos estatutos não teriam carácter obrigatório sem haver um mandamento prévio), pois então não se trataria de leis éticas e o dever de as respeitar já não seria uma virtude livre mas um dever jurídico susceptível de coacção.

Deste modo, uma comunidade ética só pode ter como legislador supremo aquele em relação ao qual todos os *verdadeiros deveres* (logo, também os de natureza ética) representam simultaneamente mandamentos seus. Deste modo, só pode ser alguém que conheça os corações e que consiga penetrar no mais fundo das intenções de cada indivíduo; aliás, e como em qualquer comunidade, tem de ser alguém que faça com que todos recebam o equivalente aos actos praticados. Isto corresponde ao conceito de Deus como soberano moral do mundo. Assim, só poderá ser considerada como comunidade ética um povo que obedeça a leis divinas, ou seja, um *povo de Deus* submetido a *leis morais.*

Kant, *A Religião nos Limites Simples da Razão.*

13. HEGEL E A DIALÉCTICA

INTRODUÇÃO

O sistema kantiano provocou uma profunda transformação crítica do pensar que afectou todas as esferas da reflexão filosófica. Relativamente a esta transformação, a filosofia kantiana aparecia como um ponto de referência obrigatório e ao mesmo tempo como um embaraço. Prosseguir o espírito do kantismo significava ao mesmo tempo recusar muitas das suas teses. É que a filosofia critica kantiana quis ser um difícil jogo de equilíbrio da razão, vigilante, respeitosa e crítica ao mesmo tempo – e não é supérfluo repisar o último qualificativo – com todas e cada uma das suas instâncias. Três grandes problemas, vividos como obstáculos, legava esta filosofia aos seus sucessores: (a) a sua concepção do idealismo transcendental; (b) o problema da coisa em si; (c) a oposição entre razão teórica e razão prática.

No tocante ao primeiro ponto, a filosofia posterior a Kant propõe-se assumir até às últimas consequências a instância crítica e racional presente naquele idealismo, levando-o à sua verdade última. O idealismo posterior a Kant anula o carácter de «realismo empírico», com que se auto-reconhecia o kantismo, devolvendo essa instância, julgada irracional, à razão.

Isso significa – em relação com o segundo ponto – que a coisa em si kantiana será negada como a expressão prototípica de dualismos e de limites que, se são reconhecidos pela razão, hão-de ser explicados por ela, do que paradoxalmente resulta que não há nada incognoscível, ou que, enquanto incondicionado, esteja à margem e por cima da razão.

Para superar esse estado de cisões e de redutos não racionais, era preciso potenciar e desenvolver as teses kantianas na linha da razão prática. Tanto o idealismo subjectivo de **Fichte** como o idealismo objectivo de **Schelling** serão intentos meritórios nessa linha. Mas a superação do kantismo, como uma reimplantação nova daquele criticismo, só será alcançado no sistema de **Hegel**.

Este capítulo é composto pelas seguintes partes:
1. Enquadramento histórico-social e filosófico da obra de Hegel.
2. Sentido e estrutura da dialéctica.
3. O conceito de espírito e suas formas.
4. A «esquerda hegeliana». Feuerbach.

1 ENQUADRAMENTO HISTÓRICO-SOCIAL E FILOSÓFICO DA OBRA DE HEGEL

A filosofia de Hegel surge, como toda a verdadeira filosofia, em estreita dependência da situação social, cultural e filosófica do seu tempo, e numa tentativa de resposta racional aos problemas pendentes da referida situação, que era singularmente complexa. Vejamos os seus momentos mais fundamentais.

1.1. Enquadramento histórico-social

A filosofia de Hegel tem como poucas uma clara, rica e concreta implantação político-social, alimenta-se e vive em estreita relação com os acontecimentos do seu tempo, repensa e reassume toda a tradição ocidental e elabora uma teoria ou ideia sobre a realidade na multiplicidade das suas formas e aspectos, teoria orientada para propor e iniciar uma realização mais plena da liberdade e da razão. É que a situação histórica de Hegel constitui, em seu entender, uma falta de liberdade: era preciso, pois, pôr a realidade em consonância com as exigências da razão.

O enquadramento histórico-social da época está configurado por estes factores: a situação na Alemanha, o ideal da *polis* grega, o cristianismo e a descoberta da «subjectividade» e pela Revolução Francesa. Vejamos tais factores em separado:

1.1.1. A situação da Alemanha

A Guerra dos Trinta Anos deixou a Alemanha muito atrasada «política e economicamente». Não existia nela um Estado moderno, antes pelo contrário, havia um excessivo acantonamento assente num feroz despotismo feudal, tanto mais forte quanto carecia de jurisdição centralizada. A Alemanha não era um Estado. A liberdade estava subjugada e a censura privava também da livre expressão. Atacava-se a cultura e em geral tudo o que significava esclarecimento. Por outro lado existia um numerosíssimo campesinato, a industrialização era mínima e não havia uma classe média poderosa que pudesse lutar para transformar este estado de coisas.

Hegel viveu a Alemanha do seu tempo como um ataque às suas aspirações democráticas e de liberdade e concebeu muito claramente a necessidade de um Estado moderno e racional.

História, liberdade e filosofia

Pode dizer-se que a história universal é a exposição do espírito, de como o espírito labora para chegar a saber o que é em si. Os orientais não sabem que o espírito, ou o homem como tal, é livre por si. E como não o sabem, não o são. Sabem apenas que há alguém que é livre. Mas, precisamente por isso essa liberdade é um mero capricho, barbárie e paixão rude, ou também doçura e mansidão, um acidente casual ou um capricho da natureza. Por isso, este alguém é um déspota e não um homem livre, um humano. A consciência da liberdade só surgiu com os Gregos, e por isso os Gregos foram livres. Mas tanto eles como os Romanos só souberam que alguns são livres e não souberam que o homem como tal também o é. Platão e Aristóteles não souberam isto. Por isso os Gregos não só tiveram escravos, cuja vida e preciosa liberdade estavam vinculadas à escravidão, como também essa sua liberdade foi ao mesmo tempo apenas um produto acidental, imperfeito, efémero e limitado, e uma dura servidão do humano. Só as nações germanicas é que chegaram, com o cristianismo, à consciência de que o homem é livre como homem e que a liberdade do espírito constitui a sua natureza mais própria. Esta consciência surgiu pela primeira vez na religião, na região mais íntima do espírito. Mas introduzir este princípio no mundo temporal constitui um trabalho cuja solução e desenvolvimento exigia uma dedicação difícil e morosa.

Hegel, *A Razão na História* [Edições 70] pp. 58-59.

⓫ HEGEL E A DIALÉCTICA

1.1.2. O ideal da "polis" grega

Como contraponto deste estado de coisas, desta atomização radical da vida, a «polis grega» aparece a Hegel como um modelo crítico a respeito do presente. Na polis grega cumpria-se a harmonização do indivíduo com o «todo social», a vida do homem consistia, e esgotava-se na vida e no «espírito» da polis. Ao ponto de o indivíduo não ser nada à margem e separado (excluído) da comunidade cultural, social e política da «cidade».

Neste aspecto, é muito importante o conceito de «espírito do povo» (*Volksgeist*), o único concreto e efectivo, já que o outro, o espírito individual, é apenas abstracto e, tomado em sua abstracção, irreal e sem vida. É no «espírito do povo» que o indivíduo se constitui e realiza. No entanto, Hegel pensa que esta realização e harmonia é deficiente e meramente «formal», pois o indivíduo não descobriu a consciência da sua própria individualidade e da sua liberdade. Na polis grega apenas alguns conseguiram ser verdadeiramente livres.

1.1.3. O cristianismo e a «subjectividade»

Relativamente à «polis grega» o cristianismo supõe negativamente a dissolução da vida harmónica e em conjunção interna com a comunidade social; e encarava positivamente a descoberta do conceito «subjectividade», que será interpretado por Hegel como um momento absolutamente necessário para a realização plena da liberdade e para o seu desenvolvimento e perfeição do espírito. A religião constitui para Hegel um aspecto fundamental da vida de um povo.

A «subjectividade» significará, em última análise, uma função crítico-negativa relativamente à positivização da vida religiosa e em geral da vida político--social. O termo «positividade» significa a «constrição» que se impõe à vida a partir de uma realidade «exterior» e imposta pela força da tradição, sem estar fundamentada na própria razão. «Positividade» equivaleria a «alienação». Ora, a descoberta da «subjectividade» e o seu carácter de princípio racional e livre representará para sempre, na opinião de Hegel, um princípio orientador na organização social e política da vida do espírito.

1.1.4. A Revolução Francesa

Para Hegel a Revolução significou fundamentalmente o valor supremo da razão e o seu triunfo sobre a realidade. O princípio da Revolução estabelecia que o pensamento deve governar a realidade e a ordem político-social; «todo o racional é real», dirá Hegel, isto é, só pode considerar-se como verdadeira realidade a que realiza as exi-gências e os fins da razão. A Revolução propunha-se unir a vida social-comunitária com o princípio da «subjectividade», no sentido exposto, com a realização da liberdade e o saber-se livre.

No entanto, a experiência do «Terror», que Hegel interpretou como a exasperação do princípio subjectivo da liberdade (na forma de uma «virtude subjectiva» – Robespierre – e como «vontade interna», o que «traz consigo a tirania mais terrorífica»), a experiência do «Terror», dizíamos, mostrou a Hegel a tremenda dificuldade de conjugar racionalmente a liberdade do homem e a organização político-social num equilíbrio em que nenhum dos pólos ou momentos seja reduzido e dissolvido no outro, pois em tal caso acabar-se-ia com a liberdade objectiva e com a vida do espírito.

1.2. O enquadramento filosófico

A obra de Hegel pode considerar-se como a maturidade filosófica e cultural da tradição ocidental; o seu pensamento passa por ser o último grande sistema filosófico, no qual confluem e se conjugam praticamente todas as filosofias anteriores. O próprio Hegel concebeu e interpretou a sua obra como a realização plena, numa interna unidade, de todas as correntes anteriores, que serão assim consideradas como momentos que conduzem ao sistema hegeliano e que, por conseguinte, são assumidas – ainda que transformadas – nele.

Por isso, a pormenorizada explicação do enquadramento filosófico da obra de Hegel requereria uma revisão de toda a filosofia ocidental, tal como ele próprio faz no seu livro *A Razão na História* [Edições 70]. Importa no entanto sobremaneira, e isso bastará, chamar a atenção para dois pontos fundamentais.

1 ENQUADRAMENTO HISTÓRICO-SOCIAL E FILOSÓFICO DA OBRA DE HEGEL

Em primeiro lugar, a filosofia de Hegel propõe-se pensar a relação entre os dois grandes e fundamentais conceitos postos em evidência pela tradição filosófica anterior: **natureza** e **espírito**. O primeiro, principal objecto de investigação por parte da filosofia grega; o segundo, descoberta do cristianismo sobre o qual se apoiou e em torno do qual girou especialmente a filosofia moderna (a partir de Descartes), sob o nome de consciência ou subjectividade.

O projecto filosófico hegeliano consiste em pensar a conexão interna entre um e outro, **de modo a conseguir elaborar uma teoria unitária, total e fechada sobre toda a realidade**. Mas para isso Hegel deve levar a cabo uma crítica e superação da obra que, em seu entender, alcançara a maior maturidade «crítica e reflexiva» e que, no entanto, oferecia as maiores dificuldades para esse projectado «sistema unitário, fechado e total» em que deve consistir a filosofia. Essa obra é a filosofia de Kant.

Importa recordar, a propósito, que a filosofia kantiana estabelecera e mantinha como «insuperáveis» os seguintes conflitos:

a) A distinção entre **entendimento** e **razão**. O entendimento era uma faculdade cognoscitiva do finito e limitado, que só consegue saber das coisas enquanto simples «fenómenos». A razão «tende», para o infinito e absoluto, para o incondicionado que, no caso de poder ser alcançado cognoscitivamente, pode fundar e tornar possível um conhecimento absoluto e total; a razão procura o absolutamente incondicionado, o «em si» absoluto. No entanto, neste projecto fica em mera intenção sem que seja possível à razão (pelo menos na interpretação que Kant dela fez) alcançar o absoluto: a razão procura a totalidade, mas sem poder atingi--la. Daí que, embora «formalmente» seja uma razão absoluta, «materialmente» e em seu exercício é sempre finita e limitada.

A distinção entre «entendimento» e «razão» implica um não menos grave conflito, a saber:

Hegel
Georg Wilhelm Friedrich Hegel (1770-1831) nasceu em Estugarda, no mesmo ano em que nasceram Hölderlin e Beethoven. Em Tubinga foi companheiro e amigo do poeta Hölderlin e do filósofo Schelling. Nessa época participaram os três de um vivo entusiasmo pela Revolução Francesa e pela Antiguidade grega. Em 1793 Hegel abandona Tubinga para ir como preceptor para Berna. Mais tarde transfere-se para Frankfurt e em 1801 para Iena, onde se encontrava Schelling. São de destacar neste período duas publicações: *Fé e Saber* e *Diferença entre o Sistema de Fichte e Schelling*.
A primeira grande obra só aparecerá em 1807 – a *Fenomenologia do espírito*. Nesta mesma época, Hegel enfrenta-se com sérios problemas pessoais: a ruptura com Schelling e grandes dificuldades económicas. Tudo isso o obriga a abandonar Iena. A partir de 1808 é director e professor de filosofia do «Ginásio» de Nuremberga. Nesta cidade nascerá outra obra chave do pensamento hegeliano: *Ciência da Lógica* (os seus dois volumes são publicados em 1812 e em 1816). Justamente neste ano Hegel passa para a Universidade de Heidelberga. Um ano mais tarde a sua *Enciclopédia das Ciências Filosóficas* vê a luz. No ano seguinte muda-se de novo, desta vez para a Universidade de Berlim, onde chega em pleno triunfo profissional. Aqui viria a falecer.
Outra das suas obras mais importantes e de grande influência é *Princípios da Filosofia do Direito*. E como obras póstumas, recolhidas a partir das suas lições, têm particular interesse a *Introdução à História da Filosofia*, *A Razão na História – Introdução à Filosofia da História Universal* e as *Lições sobre Filosofia da Religião*.

13 HEGEL E A DIALÉCTICA

b) A distinção na realidade entre **fenómeno** e **númeno** ou **coisa em si** (utilizaremos neste contexto os dois termos como sinónimos). Este radical conflito e cisão significa que, ao menos para o saber e para o conhecimento, a ordem da realidade está dividida, sem que seja possível, como consequência elaborar uma teoria una, absoluta e total sobre a realidade na sua integridade, ou se possa rejeitar a «hipótese» de que nem todo o real é racional, isto é, em consonância com a natureza e o alcance da razão humana que, enquanto finita, tem que deixar um âmbito inatingível ao seu poder e, portanto, incognoscível.

As duas distinções apontadas impõem por seu turno uma terceira, a saber:

c) A separação entre o **ser** e o **dever ser**. Esta terceira distinção tem as «limitações» já indicadas nas duas anteriores, mas comporta também, de um modo especial, e isso é o mais importante no seu caso, a radical separação entre a «simples teoria» e a «práxis», entre o pensamento e a acção, com a agravante, na opinião de Hegel, de que em última análise tal separação conduz ao insucesso tanto a tarefa da teoria como a da práxis, pois o seu desajuste é estrutural e permanecerá sempre assim, com a consequente impossibilidade de realizar plenamente o «dever-ser», que no entanto se apresenta e se quer impor como absoluto e plenamente real e efectivo;

d) As distinções apontadas podem resumir-se numa quarta: o conflito entre o **finito** e o **infinito** (ou, com outras expressões, entre o mundo e Deus, a natureza e o espírito, etc.). Com a grave circunstância, além disso, de que um infinito distinto e separado do «finito» se converte, diz Hegel, em finito. Aristóteles concebeu expressamente a filosofia como o que o próprio nome indica: uma «tendência» (*filo*) para a «sabedoria» (*sofia*), isto é, desejo de um saber universal e necessário da totalidade do real. Para Kant, embora a filosofia deva pugnar por adquirir tal saber absoluto (tornar-se um «sistema», diz Kant), uma tarefa inatingível para a razão humana finita: justamente por isso, para Kant a filosofia não pode ser senão «crítica». Hegel diz que a filosofia tem de deixar de ser «tendência» para o saber, para ser um efectivo e pleno «saber», para ser ciência (*Wissenschaft,* escreve ele). Ou seja, não «crítica» mas sistema: o sistema absoluto da totalidade do real, um «sistema racional».

É este, nem mais nem menos, o projecto hegeliano. A sua obra tem um claro significado «teórico» ou de interpretação do real; mas surge num enquadramento histórico-social, alimenta-se da sua implantação mundana e procura «iluminar» o sentido em que toda a realidade, especialmente a realidade histórica e social, tem de chegar a ser plenamente racional. O adjectivo que melhor define a concepção hegeliana da realidade é o de **«dialéctica»**.

Vaso grego em forma de coruja (640 a. C.)

2 SENTIDO E ESTRUTURA DA DIALÉCTICA

2.1. Sentido da dialéctica

O termo «dialéctica», que tem uma tradição muito antiga na filosofia (desde Platão a Kant), está especialmente ligado ao nome de Hegel, ao ponto de o adjectivo «dialéctico» servir para caracterizar com muita precisão toda a sua filosofia (tanto a sua teoria do conhecimento e do método, como a sua ideia da realidade: fala-se assim de método dialéctico ou de natureza dialéctica do real.

Atendendo a esta estreitíssima relação entre a «filosofia» de Hegel e a «dialéctica», o conceito que se tenha da primeira modelará o da segunda e vice-versa. Hegel é considerado um filósofo «idealista» (embora não se saiba muito bem e claramente o que este termo quer dizer aplicado a Hegel), e por consequência a dialéctica hegeliana é considerada como algo de sumamente abstracto, sem uma referência concreta à realidade e às suas dimensões histórica, social, política, etc, a dialéctica seria entendida como um simples e incontrolado jogo entre conceitos; da mesma maneira a filosofia de Hegel seria entendida como o sonho que reduz o real e a multiplicidade das suas formas a simples conceitos ou ideias (idealismo). No entanto, semelhante modo de entender a questão é excessivamente vago e desconceituado.

2.1.1. Carácter concreto e histórico

Sublinhámos já que a filosofia de Hegel surgiu num preciso enquadramento histórico e social, tentando interpretar muito real e concretamente a situação «dividida» e de «falta de liberdade» do homem.

O termo «dialéctica» é utilizado por Hegel para compreender e exprimir a situação real do mundo; na dialéctica hegeliana vive uma vontade de efectiva implantação numa realidade alienada, contraditória e que pugna por superar tal situação. A dialéctica hegeliana, como escreveu o pensador marxista Ernst Bloch, «não é um parto virginal da suposta vida própria dos conceitos»; pelo contrário, «há na dialéctica hegeliana algo do vento da Nova Fronda, o hálito da transformação do existente que sopra dos

lados da Revolução Francesa» (Bloch, *O Pensamento de Hegel*).

A dialéctica hegeliana tem pois uma clara radicação histórica e concreta: **exprime, por um lado, a contradição do mundo existente; e por outro a necessidade de superar os limites presentes,** movida pela exigência realizar de um modo total e efectivo (numa organização social e política) a liberdade e a infinitude.

2.1.2. A dialética, estrutura da realidade

Noutro sentido, enquanto expressão da filosofia de Hegel, a dialéctica significa a radical oposição de Hegel a toda a interpretação fragmentária e atómica da realidade e conhecimento.

O carácter dialéctico do real significa que cada coisa é o que é, e só chega a sê-lo em interna relação, união e dependência com outras coisas, e em última análise com a totalidade do real. A filosofia hegeliana, enquanto dialéctica, concebe a realidade como um todo, sem que isso em nada afecte a relativa independência de cada coisa na sua singularidade.

A concepção dialéctica do real opõe-se ao crasso positivismo e à interpretação empírico-fáctica da experiência. Face à pretendida, autonomia e independência dos factos, tal e como são dados de um modo imediato na experiência, a estrutura dialéctica do real mostra que os factos são apenas um jogo «subterrâneo» de relações, que são as que realmente, e em última instância, constituem e esgotam as coisas, apesar da sua imediata e aparente consistência e autarcia individual. Para um pensamento dialéctico, «os factos não são, de per si, na realidade, algo mais do que aquilo que o mar dos cruzamentos dialécticos faz vir, diluído, à superfície acessível aos sentidos. Este mar, com suas correntes, é o que o conhecimento científico tem de sondar, sem se limitar a ver a simples imediatez dos factos; estes não são mais do que simples indícios para o verdadeiro conhecimento» (Bloch, *o. c.*).

Aliás, o carácter dialéctico do real não significa

⑬ HEGEL E A DIALÉCTICA

apenas a sua «natureza relacional», mas, ainda mais originariamente, que cada coisa só é o que é, e consegue sê-lo no seu contínuo devir e processo; isto é, a realidade, enquanto dialéctica, não é fixa nem determinada de uma vez por todas, mas está num contínuo processo de transformação e mudança, cujo motor é simultaneamente tanto a sua interna limitação e desajuste em relação à sua exigência de infinitude e absoluto, como a interna relação em que está com outra coisa ou realidade, que neste aspecto aparece como o seu contrário.

A realidade enquanto dialéctica é pois processual, regida e movida pela contradição, internamente relacionada (inter-relacional) e constituída como oposição de contrários. Deste modo, cada realidade particular remete para a totalidade, e só pode ser compreendida e explicada em relação ao todo; por outro lado, cada coisa não é senão um momento do todo, que se constitui na totalidade, mas que é também assumida e dissolvida nela. Hegel exprime de um modo preciso e breve tudo o que vimos dizendo com a frase «o verdadeiro é o todo». (Esta frase pode soar abstracta, mas na realidade tem um significado muito concreto e consequências de extrema importância, como se poderá verificar pela análise da sua filosofia da história ou da sua filosofia do direito, por exemplo).

Dialéctica e negatividade

A *consciência,* como ser imediato ao espírito, comporta os dois momentos do saber e da objectividade negativa relativa ao saber. Quando o espírito se desenvolve neste elemento e nele exerce os seus momentos, esta oposição corresponde a estes momentos, que aparecem todos como imagens da consciência. Este caminho que a consciência faz é a ciência da *experiência;* a substância com o seu movimento é considerada como objecto da consciência. Dado que nela só há substância espiritual, a consciência só sabe e concebe o que encontra na sua experiência, e isso só acontece totalmente enquanto é *objecto* do seu-si-mesmo. Em contrapartida, o espírito converte-se em objecto porque este movimento consiste em tomar-se no *ele-mesmo-um-outro,* quer dizer, em objecto do *seu-si-mesmo,* e superará este ser-outro. E o que se chama experiência é inteiramente este movimento no qual se estranha o imediato e o experimentado, ou seja, o abstracto, quer pertença ao ser sensível ou ao que é simplesmente pensado, para logo retomar a si depois deste estranhamento, e isso é tanto assim que é exposto na sua realidade e na sua verdade enquanto património da consciência.

A desigualdade que se produz na consciência entre o eu e a substância (que é o seu objecto) é a sua diferença, o *negativo* em geral. Pode ser considerado como *defeito* de ambos, mas é a sua alma que move os dois; daí que alguns pensadores antigos tenham concebido o *vazio* (certamente como o motor) como o *negativo,* sem captar todavia o negativo em si mesmo. Ora, se este algo negativo aparece antes do mais como desigualdade do eu relativamente ao objecto, na mesma medida é também a desigualdade da substância relativamente a si mesma.

Licitamente, a ciência só pode organizar-se através da própria vida do conceito; a determinabilidade que desde o exterior, desde o esquema, se impõe à existência é, por si, pelo contrário, a alma do conteúdo pleno que se move a si mesma. O movimento do que é consiste, por um lado, em tomar-se no mesmo--outro, convertendo-se assim no seu conteúdo imanente; por outro lado, o que é volta a recolher em si mesmo este desenvolvimento ou este ser ali, ou seja, converte-se a si mesmo em um *momento* e simplifica--se como determinabilidade. Naquele movimento, a *negatividade* é a diferenciação e a afirmação da existência; este recolher-se em si é tornar-se *simplicidade determinada.* Deste modo, o conteúdo torna claro que conferiu a si mesmo a sua determinabilidade e não a recebeu como imposição de outro, e assim ergue-se por si no momento e num lugar do todo.

Hegel, *Fenomenologia do Espírito.*

2 SENTIDO E ESTRUTURA DA DIALÉCTICA

2.1.3. A dialéctica, estrutura do conhecimento

O carácter dialéctico (tal como o estamos a considerar) tem igual alcance e significado no que se refere ao saber («conhecimento dialéctico», «método dialéctico»). O tema do conhecimento tem uma inserção clara na filosofia de Hegel. Com efeito, entre as diferentes (e não forçosamente contraditórias) caracterizações que Hegel dá da filosofia encontra-se esta: *«o conhecimento efectivo do que é em verdade» (Fenomenologia do Espírito,* Introdução). Ou seja, a teoria acerca da realidade exige e anda de mão dada com a explicação do saber, numa palavra, do «pensar». Como já é sabido, a relação «ser-pensar» é uma dimensão fundamental da filosofia ao longo da sua história.

Ora, segundo Hegel, também o conhecimento tem uma estrutura «dialéctica». E tem-na não de modo originário mas derivado: como a realidade é dialéctica, também é dialéctico o conhecimento, na medida em que este é um momento ou dimensão do real, e na medida em que o saber se configura e se exprime dialecticamente ao manifestar a natureza dialéctica da realidade.

Mas na verdade – e é importante valorizar isto – tais distinções entre conhecimento e realidade, pensar e ser, etc., são inadequadas segundo Hegel, precisamente em virtude do carácter dialéctico da realidade em geral e do princípio de que «o verdadeiro é o todo». Em qualquer o caso o que há é a interna relação estrutural entre ser e pensar ou, por outras palavras, entre sujeito e objecto.

Depois do que ficou dito, bastará acrescentar o seguinte acerca da estrutura dialéctica do saber.

a) O conhecimento consiste estruturalmente na relação entre o sujeito e o objecto. Cada polo desta relação só o é por causa do outro, com a particularidade de que cada um deles «nega e contradiz» o outro, dando-se entre eles uma desigualdade ou desajuste que impõe um processo de transformação com tendência para a igualdade ou identidade.

b) O processo destinado a superar a diferença entre objecto e sujeito tende para a identidade de ambos, isto é, para a redução de um ao outro. **Só na identidade completa que se atinge na redução, é posssível alcançar um conhecimento absoluto,** isto é, o saber da totalidade do real.

Como já acentuámos, Hegel pretendeu fazer da filosofia um sistema e acabar com a admissão de um «em si» incognoscível, numa palavra, alcançar um conhecimento absoluto. Segundo Hegel, só um saber total e absoluto merece o nome de verdadeiro conhecimento (Hegel dá-lhe o nome de «ciência», num sentido que, tem muito pouco a ver com a sua acepção científico-positiva.

Dialéctica e experiência

Aquilo a que propriamente se chamará experiência é este movimento *dialéctico* que a consciência efectua em si mesma, tanto no seu saber como no seu objecto, *enquanto o novo objecto verdadeiro surge perante ela*. Nesta relação, e no processo atrás referido, deve salientar-se com grande precisão um momento por meio do qual se derramará uma nova luz sobre o lado científico da exposição que se segue. A consciência sabe *algo,* e este objecto é a essência ou o *em-si,* mas este é também o *em-si* para a consciência, e daí a ambiguidade deste algo verdadeiro. Verificamos que a consciência tem agora dois objectos: um é o primeiro *em-si,* o outro é o ser *para ela deste em-si.* De momento, o segundo parece ser a reflexão da consciência em si-mesma: não uma representação de um objecto mas do seu saber daquele primeiro. Mas, como atrás salientámos, o primeiro objecto muda e deixa de ser o *em-si* para se converter na consciência num objecto que é *em-si* somente *para ela,* o que, por seu lado, significa que o verdadeiro é o ser *para ela* deste *em-si* e, por conseguinte, que isto é a essência ou o seu objecto. Este novo objecto contém a anulação do primeiro e é a experiência efectuada sobre ele.

Hegel, *Fenomenologia do Espírito.*

⓭ HEGEL E A DIALÉCTICA

O conhecimento dialéctico é um saber absoluto, não só porque conhece a totalidade do real, mas porque, além disso, conhece cada coisa ou realidade particular em relação ao todo como formando um momento do todo. Assim, os saberes relativos (ou parciais) só são válidos quando em relação com o conhecimento absoluto e graças a este.

A tese «epistemológica» de que o conhecimento dialéctico é um saber absoluto está, pois, em estreita conexão com a tese «ontológica» de que o verdadeiro é o todo.

c) Na redução à identidade absoluta que constitui o verdadeiro e pleno conhecimento dialéctico tem lugar a dissolução do objecto no sujeito: será pois no sujeito e como sujeito que se atinge a identidade absoluta; esta será uma identidade do sujeito: uma identidade subjectiva. Mas com isto não só se cumpre uma redução «epistemológica» (do objecto de conhecimento ao sujeito do conhecer), mas também e além disso uma redução ontológica (do ser ao pensar): «segundo o meu modo de ver» – escreve Hegel – «tudo depende de que o verdadeiro não seja entendido ou expresso como substância, mas também e na mesma medida como sujeito» (*Fenomenologia do Espírito,* Prólogo).

E sendo o sujeito do saber, em última análise, pensamento (*Denken*), razão (*Vernunft*) ou ideia, a redução ao sujeito, a redução do ser ao pensar, converte a filosofia hegeliana em **idealismo absoluto.** Pelo que em definitivo não se trata tanto da redução do ser ao pensar, como da interpretação do ser como ideia ou razão. «Todo o real é racional», escreverá Hegel. Por isso, talvez seja o termo «espírito» aquele que melhor exprime a natureza do real.

A passagem seguinte exprime muito bem e resumidamente a linha fundamental de tudo o que expusemos: **«Que o verdadeiro só é real como sistema ou que a substância é essencialmente sujeito, exprime-se na representação que enuncia o absoluto como espírito, o conceito mais elevado de todos e que pertence à época moderna... Só o espiritual é o real»** (*ibidem*).

2.2. Estrutura da dialéctica

Após o que foi dito na secção anterior, parece-nos que fica clara uma questão posta a propósito da dialéctica hegeliana: saber se é um método de conhecimento (o «método dialéctico») ou algo mais. A dialéctica exprime e constitui a natureza e estrutura do real; por isso também constitui o modo de proceder do conhecimento e forma de aceder à captação e expressão do real («modo de proceder» e «forma de aceder» equivalem aqui a método, *metá-odós*).

Costuma caracterizar-se a estrutura e essência da dialéctica recorrendo às palavras «tese», «antítese» e «síntese», como três passos sucessivos nos quais se

---

Momentos da dialéctica

§ 79. O *lógico,* segundo a forma, tem três aspectos: a) o *abstracto* ou *intelectual;* b) o *dialéctico* ou *negativo-racional;* c) o *especulativo* ou *positivo-racional.* Estes três aspectos não constituem as três partes da lógica, mas são momentos de todo o lógico-real, de todo o conceito ou de todo o verdadeiro em geral. Podem juntamente pôr-se sob o primeiro momento, *o intelectual,* e mater-se assim separados uns dos outros; deste modo, porém, não se consideram na sua verdade (...).

§ 80. a) O pensar, enquanto *entendimento,* atém-se à rigida determinidade e à sua diferença relativamente às outras; uma tal abstracção limitada surge no entendimento como subsistindo e exisitindo por si.

§ 81. b) O momento dialéctico é o próprio suprimir-se de tais determinações finitas e a sua transição para as opostas (...).

§ 82. c) O [momento] *especulativo* ou *positivo-racional* apreende a unidade das determinações na sua oposição; é que se contém de *afirmativo* na sua solução (*Auflösung*) e na sua passagem (*Übergeben*).

Hegel, *Enciclopédia das Ciências Filosóficas* em Epítome (edições 70) 1.º Vol. pp. 134-135

2 SENTIDO E ESTRUTURA DA DIALÉCTICA

cumpre a dialéctica. No entanto, já Hegel prevenira contra o grave e constante risco de entender esta trilogia de um modo abstracto e formalista, com a consequente desvirtuação da sua natureza.

Muitíssimo mais hegeliano é pensar a dialéctica como um todo estrutural complexo constituído por três momentos ou aspectos que Hegel denomina: a) o aspecto «**abstracto** ou intelectual»; b) o momento «**dialéctico** ou negativo-racional»; c) o aspecto «**especulativo** ou positivo racional» (para a sua pormenorizada e precisa consideração, veja-se o parágrafo 79 e segs. da *Enciclopédia das Ciências Filosóficas*).

Estes três momentos da dialéctica hegeliana articulam-se constituindo uma estrutura, cuja adequada compreensão se atinge mediante o que poderíamos denominar «categorias» funda-mentais da dialéctica e que são a) imediatez-mediação; b) totalidade; c) negatividade-contradição; d) superação. (A breve explicação que será necessário fazer destas categorias encontra-se no 3.º volume desta obra, capítulo 15, 3.1.1, a propósito da crítica marxista à dialéctica hegeliana. No mesmo capítulo se explicitarão e completarão algumas das teses mais importantes do sistema hegeliano).

William Bell Scot:
Ferro e carvão.
Wallington Hall, Northumberland

3 O CONCEITO DE ESPÍRITO E SUAS FORMAS

3.1. O conceito de espírito

Espírito significa para Hegel o objecto e o sujeito da autoconsciência, e consiste em actividade, desenvolvimento e incessante progresso. Por isso se torna extraordinariamente difícil e pobre caracterizá-lo à margem das formas em que se configura, do seu desenvolvimento e resultados. O espírito só consegue ser efectivamente o que é através das suas manifestações. De um modo antecipativo, é possível a aproximação à sua natureza mediante os conceitos de «eu», «sujeito» e de «infinito».

a) Espírito é aquilo a que me refiro com o pronome «eu», aquilo de que sou consciente quanto mais intimamente entro em mim mesmo e me seja como «actividade produtiva». O lema «conhece-te a ti mesmo» enquanto saber do espírito e de suas manifestações exprime com rigor a tarefa da obra de Hegel.

b) Enquanto actividade, o espírito é «sujeito», na medida em que está e se constitui numa relação com o outro de si e nele se reconhece e a ele reconhece como um momento de si mesmo. É uma contínua mediação com toda a forma de objectividade.

c) Enquanto eu e sujeito, o espírito é «infinito»: não no sentido de uma extensão indefinida, ou uma realidade transcendente, mas enquanto se possui a si mesmo na relação absoluta com o outro e nesta relação objectiva está consigo mesmo, quer dizer, se realiza como liberdade.

3.2. As formas do espírito

O desenvolvimento do espírito supõe, segundo a sua própria natureza, um processo:
– O espírito na forma de relação consigo mesmo. Trata-se do **espírito subjectivo.**
– O espírito na forma da realidade «como de um mundo a produzir». Tal é o **espírito objectivo.**
– O espírito na forma da unidade da sua objectividade e da sua subjectividade. Tal é o **espírito absoluto.**

3.2.1. O espírito subjectivo

a) Antropologia
O espírito que emerge da natureza manifesta-se em primeiro lugar como **alma.** Esta é, diz Hegel, a latente idealidade ou imaterialidade da matéria. O tratamento da alma começa com a secção acerca da alma natural, na qual se reconhece uma espécie de vida psíquica difundida por amplos sectores da natureza – não parcelada ainda em almas individuais. A alma natural possui diferenças qualitativas correspondentes aos diferentes meios geográficos, climas, estações e dias.

Mas a alma tem outra manifestação mais importante: a sua **individualidade** que se manifesta nas diferenças inatas de capacidade, temperamento e carácter individual. Hegel refere-se aqui também às variações características da juventude, maturidade, etc. e bem assim às do sexo. Atribui uma especial importância aos estados de sono e vigília, pois proporcionam-lhe o material adequado para estudar a sensação, termo que Hegel utilizou para se referir aos estados de consciência obscura. A sensação equivale à consciência de um objecto exterior a nós próprios.

Da sensação passa Hegel ao **sentimento,** que representa o resultado psíquico de um conjunto de sensações. Entre os sentimentos Hegel destaca a loucura que consiste no domínio unilateral de alguma particularidade de «sentimento de si» que não se adaptou ao mundo ordenado sistematicamente. Mas, a loucura não é apenas uma desordem, mas o estigma da nossa grandeza espiritual: capaz de desligar-se de todo o conteúdo finito, pode associar-se a qualquer forma de ser. O problema surge quando essa possibilidade, inerente à própria consciência, se converte numa realidade absurda.

Hegel estabelece uma última distinção: **a alma real.** Chama-se «real» por ser uma alma perfeitamente acomodada num corpo onde o exterior e o interior se identificaram. A maneira de andar, o tom da voz, ou a própria expressão facial tornam-se tão psíquicas quanto corporais; superou-se desta forma a inércia da matéria.

3 O CONCEITO DE ESPÍRITO E SUAS FORMAS

Espírito e liberdade

Portanto, o primeiro que temos de expôr é a determinação abstracta do Espírito. Dizemos dele que não é um abstracto, não é uma abstracção da natureza humana, mas algo de inteiramente individual, activo, absolutamente vivo: é uma consciência, mas também o seu objecto – e tal é a existência do espírito que consiste em ter-se a si como objecto. Por conseguinte, o espírito é pensante e é o pensar de algo que é, o pensar de que é e de como é. O espírito sabe: mas saber é a consciência de um objecto racional. Além disso, o espírito só tem consciência porquanto e auto--consciência; isto é, só sei de um objecto, porquanto nele também sei de mim mesmo, sei que a minha determinação consiste em que o que eu sou é também para mim objecto, em que eu não sou simplesmente isto ou aquilo, mas sou aquilo de que sei. Sei do meu objecto e sei de mim; não se devem separar as duas coisas. O espírito constitui, pois, para si uma determinada representação de si, do que ele é essencialmente, do que é a sua natureza. Pode apenas ter um conteúdo espiritual; e o espiritual é justamente o seu conteúdo, o seu interesse. Eis como o espírito chega a um conteúdo; não é que encontre o seu conteúdo, mas faz de si o seu objecto, o conteúdo de si mesmo. O saber é a sua forma e a sua conduta, mas o conteúdo é justamente o próprio espiritual. Assim o espírito, segundo a sua natureza, está em si mesmo, ou é livre [54].

A natureza do espírito pode conhecer-se no seu perfeito contrário. Opomos o espírito à matéria. Assim como a gravidade é a substância da matéria, assim também, devemos dizer, a liberdade é a substância do espírito. A todos é imediatamente patente que o espírito, entre outras propriedades, possui também a liberdade; mas a filosofia ensina-nos que todas as propriedades do espírito existem unicamente mediante a liberdade, que todas são apenas meios para a liberdade, que todas buscam e produzem somente a liberdade. É este um conhecimento da filosofia especulativa, a saber, que a liberdade é a unica coisa verídica do espírito. A matéria é pesada porquanto há nela o impulso para um centro; é essencialmente composta, consta de partes singulares, as quais tendem todas para o centro; por isso, não há unidade alguma na matéria. Ela consiste numa pluralidade e busca a sua unidade; por conseguinte, aspira a superar--se a si mesma e busca o seu contrário. Se o alcançasse já não seria matéria, mas acabaria como tal; aspira à idealidade, pois na unidade ela é ideal. O espírito, pelo contrário, consiste justamente em ter em si o centro; persegue também o centro, mas o centro é ele próprio em si. Não tem a unidade fora de si. Encontra-a continuamente em si; ele é e reside em si mesmo. A matéria possui a sua substância fora de si; o espírito, em contrapartida, é o estar-em-si-mesmo e tal é justamente a liberdade. Com efeito, se sou dependente, refiro-me a um outro que não sou eu e não posso existir sem esse algo exterior. Sou livre quando em mim mesmo estou.

Hegel, *A Razão na História – Introdução à Filosofia da História Universal*, pp. 52-53, Edições 70.

---

b) Fenomenologia

A secção fenomenológica resume o processo dialéctico da *Fenomenologia do Espírito*: consciência, autoconsciência e razão.

Hegel segue o desenvolvimento da consciência através das três fases características: começa pela consciência sensível, na qual o objecto desdobra um enorme conteúdo actualmente vazio. É necessário passar ainda da sensação à percepção, tentar identificar objecto e pensamento. É necessário igualmente passar da percepção ao entendimento, pois é absolutamente impossível pensar a indisciplinada variedade de aparências do objecto sem as submetermos a princípios, os quais tornarão óbvias tais delimitações.

Hegel passa então à autoconsciência cujo primeiro estádio, o «desiderativo», surge em virtude da contradição entre a autoconsciência e a consciência, ou seja, entre o nosso apetite de apropriação do mundo e da sua inteligibilidade, e o carácter opaco dos seus conteúdos. Esta autoconsciência desiderativa é por natureza insaciável, ou seja, apesar de «consumir» um objecto não se contenta com essa actualidade. Esta contradição resolve-se na autoconsciência social, que não é mais do que o reconhecimento – mútuo – de outras pessoas, como pressuposto da

⑬ HEGEL E A DIALÉCTICA

autoconsciência para qualquer delas e explicação da pluralidade de indivíduos.

Ora, Hegel não ignora o grande problema que este reconhecimento implicava, pois se evidencia aí a contradição entre a comunidade essencial das que se reconhecem e a impenetrabilidade de que antes falávamos. A dialéctica do senhor e do escravo manifesta concretamente esta insolúvel contradição.

Mas o que interessa sublinhar é que: embora esta contradição seja insolúvel, só nos reconhecemos como pessoas quando em relação com os outros; na opinião de Hegel, os alicerces da razão radicam nesta conflitualidade; daí que a razão seja subjectiva mas também – intersubjectivamente – objectiva.

c) Psicologia

A secção «psicológica» do espírito subjectivo apresenta três subdivisões: espírito teórico, espírito prático e espírito livre.

O **espírito teórico** articula-se em três fases de conhecimento: intuição directa, reprodução imaginativa e pensar puro.

Na **intuição directa** encontramos os modos de consciência directa, não analisada, tais como a sensação ou a consciência sensível. A diferença consiste em que este conteúdo é intelectual, coisa que não ocorria na fenomenologia. Este conhecimento concebe as relações espácio-temporais não meramente subjectivas (como acontecia em Kant), mas objectivas.

Na **imaginação reprodutiva,** torna-se explícito o domínio implícito da mente sobre as suas imagens: pode evocá-las e associá-las de uma forma determinada, pode utilizá-las como signos ou símbolos universais. Quando a palavra se interioriza e se converte em imagem privada, temos o caso da memória própria, isto é, signos que possuem a firmeza e durabilidade do externo juntamente com a manipulabilidade do subjectivo.

As actividades de intuição, imaginação e memória passam agora ao **pensamento.** Vimos como o espírito teórico começa por ser algo privado, pessoal, que como tal se opõe ao mundo; essa individualidade torna-se imediatamente universal graças a um sistema impessoal de símbolos, mediante os quais a essência do mundo é captada. Mas agora é preciso tornar essa «teoria» prática e actual.

O **espírito prático,** ao procurar submeter o mundo às suas próprias exigências, faz-lhe uma série de exigências que no princípio adoptam a forma de

---

Espírito e história

§ 341. O *elemento* em que o espírito *universal* existe – que na arte é a intuição e a imagem; na religião, o sentimento e a representação; na filosofia, o pensamento livre e puro – é, na *história universal,* a realidade espiritual em toda a extensão da sua interioridade e exterioridade. É um tribunal porque na sua *universalidade* em si e por si, o *particular,* as famílias, a sociedade civil e os espíritos dos povos, na sua realidade heterogénea, existem apenas como algo *ideal,* e o movimento do espírito neste elemento consiste em expor isso.

§ 342. Por outro lado, a história universal não é o mero tribunal do seu *poder,* ou seja, a necessidade abstracta e irracional de um destino cego. Dado que este destino é *razão* em si e por si e porque o seu ser por si é saber no espírito, ela é (e somente pelo *conceito* da sua liberdade) o desenvolvimento necessário dos *momentos* da razão e por isso da sua autoconsciência e da sua liberdade; então, a história universal é assim o desenvolvimento e a *realização do espírito universal.*

§ 343. A história do espírito é a sua *acção,* pois o espírito só é aquilo que faz, e a sua acção é fazer-se enquanto objecto da sua consciência, apreendendo-se a si mesmo e explicitando-se. Este apreender-se é o seu ser e o seu princípio, e a sua consumação é ao mesmo tempo a sua alienação e a transição para outra concepção. Formalmente falando, o espírito que *volta* a conceber essa concepção (ou, o que vai dar o o mesmo, que retorna a si da sua alienação), é o espírito de um estádio superior àquele em que se encontrava na sua primeira concepção.

Hegel, *Princípios da Filosofia do Direito.*

3 O CONCEITO DE ESPÍRITO E SUAS FORMAS

sentimentos: de agrado/desagrado; de alegria/tristeza; de ansiedade, esperança, medo, etc. Ao confrontarem-se com um mundo que não coincide com eles, os sentimentos passam a ser impulsos de transformação. Ora, para que o espírito prático seja efectivo tem que complementar a individualidade do impulso com a universalidade da razão, isto é, terá de superar essa imediatez sentimental através de um processo de reflexão.

Tal elemento universal manifesta-se subjectivamente sob a forma de **escolha livre,** que Hegel relaciona ao mesmo nível, com a felicidade ou «interesse do eu» que nos conduzirá a tentar satisfazer todos os nossos impulsos.

Se este estado fosse final ou definitivo, nada nos impediria de classificar Hegel como egoísta; no entanto, e uma vez mais, esse nível está mediatizado, pela dialéctica. Com efeito, a vontade livre terá de se tornar objecto de reflexão mediante a superação das suas contingências e arbitrariedades, terá de submeter a original rebeldia da paixão individual face ao mundo.

Este «controlo» das paixões e dos interesses por parte da vontade livre começa a separar-nos do espírito subjectivo para nos ir introduzindo na sua exteriorização, isto é, no espírito objectivo: a manifestação do espírito num mundo ordenado de instituições, costumes e prescrições, etc.

3.2.2. O espírito objectivo

a) O direito

A tarefa do espírito objectivo é a realização efectiva da liberdade, que é a essência última do espírito prático. Pois bem, este sistema há-de garantir a unidade da liberdade dentro da pluralidade de elementos materiais sobre os quais deve edificar-se sua realidade objectiva.

A realidade na qual se objectiva precisamente a liberdade é o **direito,** que tem como ponto de partida (abstractamente falando) a pessoa e a propriedade. A pessoa é o indivíduo livre, que se mantém numa abstracção, porque lhe falta uma plenitude interna, até conseguir esse complemento através da posse de algo exterior. Este ponto de partida de forma inelidível a propriedade privada. Portanto, a mediação da coisa enquanto possuída (propriedade da pessoa) objectiva-se através da primeira relação interpessoal, isto é, o contrato.

Mas a pluralidade de pessoas referidas a uma mesma coisa tem como resultado uma variedade quase irredutível de fundamentos jurídicos, que choca inevitavelmente com a unidade do justo em si. Então, o espírito toma consciência desta contradição e parece refugiar-se em si mesmo porque a fidelidade que o espírito exige é completamente inatingível com o direito. Com esta negatividade abre-se o caminho para a moralidade: a vontade livre não só será livre em si mas – sobretudo – para si.

b) A moralidade

Na esfera da **moralidade,** a pessoa torna-se sujeito: a vontade determina-se a si mesma no seu interior.

Esta intenção unificadora refere-se ao conteúdo concreto do sujeito; por outro lado, a acção moral deverá procurar sempre o bem. No entanto, o carácter formal da intenção (conteúdo concreto do sujeito) e a abstracção do bem (como fim) provocam directamente uma oposição entre: a) o próprio conteúdo; b) o bem abstracto. Deste modo Hegel realça as múltiplas contradições em que costuma cair a consciência moral, que se resumem, na contradição entre a boa consciência e o mal que se dá na pura subjectividade moral.

Por isso é necessário unificar toda as determinações particulares para superar a contradição da moralidade. Só a totalidade é a verdade, tanto na esfera teórica como na prática. Quer isto dizer que a superação da moralidade e a passagem à eticidade possui um fundamento ontológico: a vinculação da universalidade e as suas determinações particulares.

c) A eticidade

Hegel define a **eticidade** como «o conceito de liberdade que chegou a ser o mundo existente e a natureza da autoconsciência» (*Filosofia do Direito,* parágrafo 142). Isto significa que a realização plena da liberdade e a total supressão da arbitrariedade, ou seja, a libertação do sujeito de todas as vinculações sensíveis, imediatas e naturais. Por isso, o desen-

⑬ HEGEL E A DIALÉCTICA

volvimento da eticidade mais não é do que o desdobrar da liberdade universal como consequência da actividade dos indivíduos. Cada um destes será «para-si» sempre que se integre no todo e seja parte do «produto social comum». Como é óbvio, a eticidade é necessária para que o sujeito possa ser livre.

O ponto de partida da eticidade é a **família,** não considerada em abstracto mas na imediata realidade do amor, que a faz surgir. Mas a família supera-se para dar lugar à *sociedade civil*. Aí a substância ética já não é o amor mas as relações entre particulares.

d) A sociedade civil

A estruturação das necessidades particulares dentro da sociedade constitui um «sistema de necessidades» que apresenta o homem não como pessoa, mas como «burguês»; em sentido estrito: membro de uma sociedade burguesa onde a satisfação das necessidades não se produz imediatamente, mas através da multiplicidade e divisão dessas mesmas necessidades. Hegel sublinhará com uma agudeza intempestiva a confusa situação do homem nessa sociedade na qual a conjugação de interesses particulares e meios técnicos o arrastarão irremedia-

velmente para uma «indeterminada multiplicação e especificação de necessidades, meios e prazeres» (*Filosofia do Direito*, parágrafo 195).

Dentro do sistema da sociedade civil, merece menção especial o **trabalho.** Característico dele é a sua função especificadora da matéria relativamente à determinação das necessidades. Tal especificação supõe a **divisão do trabalho** e dos seus processos.

A especificação dos processos laborais alude à passagem da ferramenta para a máquina; aquela constitui um meio de racionalizar a subjectividade do trabalho. Mas a máquina, ao contrário, acabará por ser um princípio extrínseco que se torna totalmente independente do homem; até torná-lo seu escravo. Hegel põe assim a descoberto o ponto de partida da **desumanização do trabalho** por parte da técnica.

Perante a inevitável questão da igualdade ou desigualdade dos «burgueses» relativamente ao património social, Hegel afirma-se a favor da desigualdade natural dos homens reforçada aliás, por outros factores, como o capital, as circunstâncias casuais e a habilidade pessoal aliada à orientação externa de tal habilidade. A esta irredutível diversidade entre os

---

A sociedade civil

§ 182. A pessoa concreta que é para si um fim *particular,* enquanto totalidade de necessidades e mistura de necessidade natural e árbitro, *é um dos princípios da sociedade civil*. Mas a pessoa particular está essencialmente em relação com outra particularidade, de tal modo que só se faz valer e só se satisfaz por meio da outra e ao mesmo tempo pela *mediação* da forma da *universalidade* que é o *outro princípio*. *Agregado*. A sociedade civil é a transformação que surge entre a família, e é o Estado, se bem que a sua formação seja posterior à do Estado. Com efeito, por ser a transformação e para poder existir cria o Estado, que necessita de a ter ante si como algo independente. Por outro lado, a concepção da sociedade civil pertence ao mundo moderno, que é o primeiro a fazer justiça a todas as determinações da ideia. Quando se representa o Estado como uma unidade de diversas pessoas, como uma unidade que só é comunidade, o que se nomeia é exclusivamente a determinação da

sociedade civil. Muitos doutrinários modernos do direito público ainda não abandonaram esta compreensão do Estado. Na sociedade civil, cada um é fim para si mesmo e todos os outros não são nada para ele. Mas se não estiver em relação com os demais não pode alcançar os seus fins; por isso, os outros são meios para o fim de um indivíduo particular. Deste modo, e na relação com os outros, o fim particular acontece sob a forma da universalidade e satisfaz-se ao satisfazer ao mesmo tempo o bem--estar dos demais. Dado que a particularidade está ligada à condição da universalidade, a totalidade é o terreno da mediação. É na totalidade que se liberta toda a individualidade, toda a diferença de aptidão e toda a contingência de nascimento e de sorte, é nela que desembocam todas as paixões governadas pela razão que ali aparece. Limitada pela universalidade, a particularidade é apenas a medida pela qual cada particularidade promove o seu bem-estar.

Hegel, *Princípios da Filosofia do Direito.*

3 O CONCEITO DE ESPÍRITO E SUAS FORMAS

homens não podemos opor, segundo Hegel, uma «igualdade abstracta e vazia». O tipo de sociedade para que Hegel aponta fundamenta-se na relação dialéctica que se estabelece entre a satisfação das necessidades particulares e as gerais do resto da sociedade, totalmente oposta à universalidade abstracta da igualdade formal.

A desigualdade natural está directamente relacionada com outro tipo de «particularidade» dentro da universalidade: as ordens sociais sob as quais se constituem sistemas particulares de necessidades. Hegel distinguiu três ordens: 1) a mais substancial, dependente da posse e cultivo do solo; 2) a comercial e industrial; 3) a que se ocupa dos interesses comuns da sociedade.

O papel desempenhado pelas ordens é fundamental para cada indivíduo, porque a sua efectividade na sociedade exige uma determinação real e particular e esta só se alcança – segundo Hegel – sob a inscrição do indivíduo numa das três ordens citadas. O fundamental está na necessária consciência de limitação que todo o indivíduo deve ter para tornar viável a universalidade social com que vamos manter, precisamente, a nossa individualidade. Hegel apresenta um exemplo: alguns indivíduos – especialmente jovens – recusam a integração numa das ordens e pretendem manter-se na universalidade, esquecendo que dessa forma jamais alcançam a efectividade.

Porém a estruturação das ordens necessita forçosamente de uma realização efectiva na consciência universal, isto é, conhecida e valorizada como tal: que é uma determinação de direito, a **lei** (*Gesetz*) e a objectivação do justo. A lei como tal, segundo Hegel, possui três tipos de implicações fundamentais: a) a sua positividade enquanto aspecto formal, e como tal, não submetida a contingências; b) a sua materialidade, que se inscreve totalmente na realidade quotidiana; c) a sua estrita aplicabilidade a todos e a cada um dos casos individuais.

e) O estado

O longo processo estudado (direito, moralidade, eticidade e sociedade civil) apresenta um vector comum a todos eles: o **Estado**, que para Hegel surge como resultado, não como mera consequência desses momentos. Por outras palavras, o **Estado é a última manifestação do que estava oculto nas formas anteriores da eticidade.** Na sua forma imediata, o Estado surge como mais uma instituição, como algo de exterior que fundamenta as anteriores; deste modo, a família e a sociedade civil (burguesa) encontram no Estado o seu sentido definitivo.

Mas, fiel ao seu método, Hegel expõe a última manifestação do espírito objectivo, ou seja, o Estado, como a reconstrução de uma unidade entre o indivíduo isolado e a universalidade. O Estado reconstroi a unidade perdida na sociedade civil burguesa não por um acordo entre ordens nem entre particulares, mas por mediação da razão. À primeira vista, exterior e imediata, o Estado surge como uma espécie de «espartilho» (Estado-policial). Agora, numa segunda abordagem com base na razão, o Estado surge como a suprema racionalidade universal sem por isso ter de sufocar e negar o indivíduo.

Desta forma, o Estado surge agora como a realização efectiva da ideia ética: a reconciliação entre a essência interna e a sua aparência exterior. O Estado não elimina o indivíduo, mas é o fiel guardião da sua liberdade; não como um «meio de protecção» mas como a realização efectiva da liberdade individual.

O conceito de Estado manifesta-se assim como fruto da razão na sua união da realidade (particular) e do pensamento (universal): o Estado é a razão objectivada e só pode ser pensado objectivamente a partir da concepção do espírito objectivo.

Julgamos oportuno nesta altura, fazer dois tipos de considerações: em primeiro lugar, a concepção consideração filosófica do Estado como suprema realização do espírito objectivo deve diferenciar-se das atitudes políticas que, como tal, estão ordenadas para uma práxis concreta. No Prólogo à *Filosofia do Direito*, Hegel adverte que a missão da filosofia não é estruturar o Estado mas mostrar a sua racionalidade.

Em segundo lugar, Hegel acreditava na unidade racional como totalização que abarcaria até o mais afastado confim humano da razão. Mas esta unidade

13 HEGEL E A DIALÉCTICA

esbarra com as limitações reais que surgem no pensamento entendendo por limitações os próprios limites do panlogismo hegeliano. Ora, esta filosofia do Estado ou da sociedade não é mais do que a interpretação filosófica de uma época determinada, na qual estão bem evidentes a univocidade do seu posicionamento e a falta de actualidade do seu imaginado ardil de unir o céu com a terra.

3.2.3. O espírito absoluto

No final da *Enciclopédia*, Hegel procura mostrar a realidade que corresponde rigorosamente ao conceito. Esta realidade é o espírito absoluto, que se manifesta de três maneiras: de modo imediato e sensível na **arte**, de modo emocional e representativo na **religião**, e pelo pensamento reflexivo na **filosofia**.

Não se trata do desenvolvimento absoluto do espírito, que será objecto da lógica, mas das grandes fases da tomada de consciência do espírito por si mesmo. Esta dialéctica fenomenológica do espírito absoluto conserva um carácter histórico, porque estas fases estão vinculadas aos grandes momentos do desenvolvimento do espírito subjectivo e do desenvolvimento do espírito objectivo, da história humana.

2) A arte

Segundo Hegel, a arte exprime a ideia de uma maneira imediata, em conexão com um material dado aos sentidos. Esse material sensível surge penetrado por alguma noção ou significado interno, e essa penetração significa – de uma maneira simbólica – a absorção e domínio do «outro» pelo espírito autoconsciente. Por isso, uma obra de arte mostra como o espírito pode assumir e superar o que é não-espiritual.

Hegel põe em destaque a fusão que é característica da obra de arte das ideias ou noções com o material sensível. Deste modo, o criador e o verdadeiro contemplador da obra de arte não verão nela um simples conjunto de relações ou características gerais mas uma riqueza de significação no próprio objecto unida à sua imediatez sensível.

Na reconstrução de formas prenhes de noções radica a tarefa de um especial poder da imaginação, que opera inconsciente ou instintivamente, e não por aplicação de regras ou fórmulas. Isto não significa que o génio não obedeça a princípios gerais por não saber formulá-los, mas que o artista imaginativo é obrigado a considerá-los.

Hegel retoma aqui a antiga tradição da irracionalidade e arbitrariedade como elemento essencial do artista, o que o torna pouco adequado para ser o verdadeiro profeta do espírito. Isto tem para Hegel uma razão muito poderosa: a arte não é capaz de manifestar a profundidade do espírito precisamente porque não consegue superar plenamente a distinção entre o interno e o externo. Face à distinção, Hegel contrapõe a profundidade do espírito, que não é o interno nem o externo, mas a união de ambos.

b) A religião

A *Enciclopédia* mostra-nos o desenvolvimento da ideia na sua realidade espiritual. Ao tratar da religião revelada, verifica-se uma distinção fundamental que é preciso ter em conta para uma recta compreensão do religioso no novo enquadramento do espírito absoluto. Tal distinção é a que se produz entre a forma e conteúdo do espírito absoluto. Se a *Fenomenologia do Espírito* tende a superar a distinção entre a forma e o objecto, *a Enciclopédia* faz o mesmo entre a forma e o conteúdo.

Na religião encontramo-nos ante uma expressão do (saber) absoluto que, todavia, não conseguiu identificar a sua forma e conteúdo. Isso devido ao facto de o saber religioso ser no essencial um saber subjectivo, fundado na representação, e precisamente, esta supõe uma certa exterioridade entre o material dado, por um lado, e a subjectividade própria, por outro.

Por esta razão, a distinção entre matéria e forma converte-se numa separação taxativa entre sujeito e objecto. Esta distinção – fruto do regime «representativo» da religião – é superada no culto, cuja missão é reconstruir a unidade do sujeito e da sua consciência ao nível do espírito, para lhe proporcionar um sentimento de participação no absoluto. Por isso, na *Enciclopédia* (parágrafo 564) Hegel afirma que Deus é Deus apenas na medida em que

3 O CONCEITO DE ESPÍRITO E SUAS FORMAS

Ele se conhece a si mesmo, mas esse conhecimento de si mesmo é a autoconsciência de Deus no homem, o conhecimento de Deus pelo homem que se desenvolve no autoconhecimento do homem em Deus.

Portanto, o culto – essencial para Hegel na esfera religiosa do espírito absoluto – supõe o conhecimento de Deus e da relação que a consciência finita tem com Ele, o culto implica uma função purificadora cujo resultado é a fé. Neste sentido estrito entende-se que a religião cristã seja precisamente o espírito absoluto: nada há fora dele a que deva ser referido. O mundo não é de forma alguma algo de estranho ao cristianismo; a religião cristã e a secularização coincidem, isto é, a religião – o espírito na sua referência essencial – realiza-se plenamente e nada fica fora dela.

c) A filosofia

A religião não poderá nunca libertar-se de inconsistências e será presa fácil para a crítica racionalista. O seu conteúdo especulativo não corresponderá sempre ao modo de formulação, essencialmente representativo. Daí a inevitável passagem à filosofia porque só num meio conceptual pode a ideia ter cumprimento concreto.

Por conseguinte a passagem da religião à filosofia não é senão a supressão da forma de representação, religiosa; isto é, não se trata de uma nova ou mais profunda realização do espírito, mas de mudar a forma de maneira que se adapte tanto ao conteúdo que seja apenas expressão própria do mesmo.

Para Hegel a filosofia ocupa-se essencialmente da unidade, que não é a abstracção própria de algo imediato, mas o desenvolvimento progressivo que a faz passar através de uma série de unidades concretas até atingir a plena unidade do absoluto. Isto significa que a filosofia tem um desenvolvimento dialéctico, isto é, que a unificação não implica de modo algum a supressão das diferenças, mas assunção destas na própria unidade.

É esta a verdade do espírito absoluto. Por isso, Hegel generaliza esta terceira forma do espírito sob a distinção de «religião». Porque a religião se ocupa da verdade e esta é o seu conteúdo propriamente dito. O problema reside em que tal conteúdo só se mani-

---

Religião e filosofia

As religiões expressam o modo como os povos representam a essência do universo, a substância da natureza e do espírito e a relação entre o homem e essa essência. Nas religiões, a essência absoluta é o objecto sobre o qual a consciência se projecta e, enquanto tal, primordialmente para um além mais próximo ou remoto, aprazível ou terrível e hostil. É pela devoção e pelo culto que o homem supera este antagonismo, elevando-se à consciência da unidade e à sua essência e adquirindo o sentimento ou a confiança de desfrutar da graça de Deus, de que Deus se digna aceitar a reconciliação do homem com a divindade. Entre os Gregos, por exemplo, esta essência é já na sua representação algo agradável para o homem e o culto tem por missão desfrutar desta unidade. Ora, esta essência é, em tudo e por tudo, a razão em si e para si, é a substância concreta geral, é o espírito cujo fundamento primigénio se objectiva na consciência; por isso, não só a razão como tal mas também a razão geral infinita comportam em si uma representação deste espírito.

Por conseguinte, devemos acima de tudo perspectivar a religião do mesmo modo que fazemos com a filosofia, quer dizer, devemos conhecê-la e reconhecê-la como racional, dado que se revela como obra da razão, como o seu produto mais elevado e mais conforme à razão. Assim, torna-se absurdo pensar que os sacerdotes inventam as religiões para defraudar o povo e para proveito próprio, etc.

A devoção não é mais do que o pensamento projectado sobre o Além. Em contrapartida, a filosofia pretende efectuar esta reconciliação por meio do conhecimento pensante, ao passo que o espírito se esforça por assimilar a sua essência. Perante o seu objecto, a filosofia comporta-se na forma de consciência pensante; a religião fá-lo de outro modo. Mas a diferença entre os dois campos não deve ser concebida tão em abstracto, como se estivéssemos a pensar apenas num enquadramento filosófico e não no da religião; também esta alberga representações e pensamentos gerais.

Hegel, *Lições sobre a História da Filosofia.*

⑬ HEGEL E A DIALÉCTICA

festa ao nível da representação (*Vorstellung*) isto é, aparece como uma série de representações cujo traço de união não está baseado no próprio pensamento. Ora, a missão inovadora da filosofia relativamente à religião consistirá em substituir a representação pelo próprio pensamento, pelo conceito (*Begriff*). Portanto, a finalidade da filosofia consistirá em compreender a religião especulativamente.

Uma última consideração é inevitável: para Hegel, a filosofia – como compreensão «especulativa» de um longo processo – é fundamentalmente história da filosofia. Mas não se trata de forma alguma de uma história de acontecimentos mas da reformulação dessa filosofia ao nível do pensamento puro. Por esta razão o supremo cumprimento do espírito consiste, de acordo com isto, em entender a sua própria história, isto é, não em fazer uma «súmula» de factos históricos, mas reflectir sobre os mesmos. Neste sentido, a filosofia realiza-se como história da filosofia na recapitulação que a razão faz de si mesma como história.

A história da filosofia revela-se-nos então como o desenvolvimento especulativo do espírito. E isto quer apenas dizer que a história da humanidade é o seu desenvolvimento, o que a fez chegar a ser o que é.

Anónimo: Sala de leitura em 1850. Zeughaus, Berlim.

4 A ESQUERDA HEGELIANA. FEUERBACH

4.1. A «esquerda hegeliana»

A filosofia de Hegel enfrenta questões e problemas de carácter religioso e político, enquadrando-se num tempo histórico de revolução e de profundas mudanças sociais. Religião e política estão continuamente presentes na obra de Hegel, ainda que na linguagem mais abstrusa, abstracta ou conceptual. Por outro lado, como vimos já, o método dialéctico e o sistema absoluto pretendem conservar todos os momentos e instâncias da vida do espírito e ao mesmo tempo unificá-los e englobá-los numa difícil superação no sistema da ideia ou razão absolutas.

Na obra de Hegel, simultaneamente tão rica e unificadora, transparece um pouco por todo o lado uma grande ambiguidade. Esta ambiguidade facilitou por um lado a interpretação da sua filosofia como a consolidação e manutenção da religião e da teologia, e também como justificação «ideológica» do poder autoritário e Estado «fascista»; e, por outro como a negação da religião e de Deus; além disso, o carácter dialéctico (contraditório e processual) da realidade proporciona um «motor de transformação» da ordem política e social vigente. Numa palavra, o método dialéctico defendia a transformação, enquanto o sistema podia ser posto ao serviço da reacção. Engels denunciou-o claramente: «Quem fizesse finca-pé no sistema de Hegel podia ser bastante conservador em ambos os campos (a religião e a política); quem considerasse primordial o método dialéctico podia figurar na extrema oposição tanto no aspecto religioso, como no aspecto político» (Engels, *Ludwig Feuerbach e o Fim da Filosofia Clássica Alemã*, I).

Após a morte de Hegel, alguns discípulos e os intérpretes da obra hegeliana seguiram o primeiro caminho e outros o segundo originando as denominadas «direita» e «esquerda» hegelianas. A **esquerda hegeliana** levará a cabo uma crítica, mais ou menos inteligente, radical e progressiva segundo os casos, mas sempre com a pretensão de inovar e de reorientar a filosofia de outra maneira, senão mesmo de a anular ou superar. A crítica da soterrada teologia hegeliana, do idealismo, da mistificação «espiritualista-racional» da dialéctica, etc., serão momentos da encarniçada «luta» que se empreendeu contra a filosofia de Hegel.

Na «esquerda» houve duas tendências claramente delimitadas: uma que atenderá principalmente à crítica da religião e da teologia (**Feuerbach, Strauss, Bauer**) e outra que iniciará a crítica política e, a um nível mais fundo, teórica da filosofia hegeliana (**Marx**).

4.2. Feuerbach

Feuerbach sente a necessidade de uma reforma radical da filosofia: esta não pode continuar a olhar para o passado nem ser uma questão de «escola», mas deve estar do lado das necessidades verdadeiras e operar a transformação do presente com vista às necessidades do futuro; só no futuro se encontra a necessidade verdadeira e progressiva.

A verdadeira reforma da filosofia tem de romper amarras com o passado e pensar o presente numa perspectiva de futuro: «só quem tiver a coragem de ser absolutamente negativo», escreve Feuerbach, «terá forças para criar o novo». Muito expressivos são os dois dos seus livros, títulos que ele dá a fundamentais: *Teses para a Reforma da Filosofia* e *Princípios da Filosofia do Futuro*.

A nova reforma da filosofia exige, como passo iniludível, a crítica da filosofia hegeliana.

4.2.1. A crítica feuerbachiana de hegel

A crítica de Feuerbach a Hegel, pode ser resumida em duas teses fundamentais: a) a filosofia de Hegel é uma filosofia idealista que deforma e transforma a realidade (que, na verdade, pensa Feuerbach, é material) em «pensamento puro e descarnado»; b) a filosofia de Hegel é no fundo uma teologia racionalizada.

a) Para Feuerbach, a filosofia não pode nem deve começar com abstracções, tais como o pensamento ou o conceito, mas com o não-filosófico: a vida, as suas necessidades e deficiências. Nisto se funda a

13 HEGEL E A DIALÉCTICA

Antiga e nova filosofia

35. Se a antiga filosofia dizia: *o que não é pensado não existe,* então, pelo contrário, a filosofia nova diz: o que não é amado, o que *não se pode amar não existe.* Mas o que não se pode amar também não se pode adorar. Só o que pode ser *objecto da religião* constitui o objecto da filosofia.

O amor, não só no plano objectivo, mas também subjectivo, é o critério do ser — o critério da verdade e da realidade efectiva. *Onde não há amor, também não há verdade alguma.* E só é alguma coisa quem algo ama — nada ser e nada amar são idênticos. Quando mais alguém é; tanto mais ama, e vice-versa.

36. Se a *antiga filosofia* tinha como ponto de partida a proposição: *sou um ser abstracto, um ser puramente pensante, o corpo não pertence à minha essência;* então, pelo contrário, a nova filosofia começa com a proposição: *sou um ser real, um ser sensível; sim, o corpo na sua totalidade é o meu eu, a minha própria essência.* O filósofo antigo pensava, pois, numa *contradição e conflito incessantes com os sentidos* para impedir as representações sensíveis de manchar os conceitos abstractos; pelo contrário, o filósofo novo pensa *em consonância e em paz com os sentidos.* A antiga filosofia admitia a verdade da sensibilidade — e até no conceito de Deus, que inclui o ser em si mesmo; pois, este ser devia no entanto ser ao mesmo tempo *um ser distinto do ser pensado,* um ser *fora do espírito, fora do pensar, um ser efectivamente objectivo,* isto é, sensível — mas só a admitia de *um modo dissimulado, conceptual, inconsciente e involuntário,* unicamente a *verdade* da sensibilidade *com* alegria, *com consciência*: é a filosofia *sinceramente sensível.*

Feuerbach, *Princípios da Filosofia do Futuro* (parágrafos 35 e 36)(Edições 70, p.82)

---

inversão feuerbachiana do idealismo hegeliano: só é verdade e divino o que não necessita de prova, o que é imediatamente certo de *per si,* o que contém imediatamente a afirmação da sua existência. «Ora, só o sensível é claro como o dia. Só onde começa o sensível acabam todas as dúvidas e disputas» (*Princípios* ...).

A filosofia idealista carece de um princípio passivo real e verdadeiro. É verdade que Hegel fala (na *Fenomenologia do Espírito,* por exemplo) da «certeza sensível»; no entanto, em verdade o sensível não passa de uma expressão e manifestação (um «fenómeno») do espírito, outra «forma» do pensamento e do conceito. Assim, e de um modo tão agudo quanto engenhoso, «a fenomenologia do espírito não é mais do que a lógica fenomenológica»; isto é, a «fenomenologia» esconde a ideia e o conceito por detrás da consciência sensível.

Esta mistificação manifesta-se esplendidamente na interpretação hegeliana da natureza, verdadeira cruz do idealismo. Perante a suposição de que a natureza é o «sair da ideia fora de si» (a natureza seria um produto lógico), Feuerbach reivindica a originalidade da natureza, o seu carácter «alógico», que de modo algum pode reduzir-se a «ser-pensado».

Nesta mesma linha, Feuerbach afirma, contra a prioridade do eu e do espírito, a facticidade originária do corpo e da sensibilidade. Mas sensibilidade e sensível são mais do que determinações do homem: constituem a natureza de todo o real. A filosofia de Feuerbach é pois sensualismo e materialismo.

b) O segundo aspecto da crítica filosofia de Hegel é uma teologia racionalizada. Está em estreita conformidade com o desprezo que Heguel tem pela «sensibilidade»: como a teologia cristã, tal o idealismo hegeliano vê a natureza como uma realidade derivada. «A teoria hegeliana» — escreve Feuerbach — «de que a realidade é posta pela ideia, constitui apenas uma expressão racional da doutrina teológica, segundo a qual a natureza é criada por Deus.»

Estes dois aspectos da crítica de Feuerbach a Hegel o filósofico e o teológico põem a claro a verdadeira natureza do homem e a sua significação central: o homem para Feuerbach, é um «ser-natural».

4 A ESQUERDA HEGELIANA. FEUERBACH

A origem humana de «Deus»

A religião é a cisão do homem consigo mesmo, pois considera Deus como um ser que é oposto a si. Deus não é aquilo que o homem é, o homem não é aquilo que Deus é. Deus é o ser infinito, o homem é o ser finito; Deus é perfeito, o homem é imperfeito; Deus é eterno, o homem é temporal; Deus é omnipotente, o homem é impotente; Deus é santo, o homem é pecador. Deus e o homem são extremos: Deus é aquilo que é absolutamente positivo, a soma de todas as realidades; o homem é aquilo que é absolutamente negativo, a soma de todas as negações.

O homem objectiva na religião a sua essência secreta. Por conseguinte, é necessário demonstrar que esta oposição ou cisão entre Deus e o homem (com a qual a religião começa) é uma cisão entre o homem e a sua própria essência. A necessidade intrínseca desta demonstração deriva do facto de que nunca poderia ter havido qualquer desunião ou cisão se o ser divino, que é o objecto da religião, fosse realmente uma coisa diferente da essência do homem,

Este ser é a inteligência, a razão ou o entendimento. A concepção de Deus como o oposto do homem, como ser não-humano, ou seja, como ser pessoal, é a essência objectivada do entendimento. A essência divina pura, perfeita e omniperfeita é a autoconsciência do entendimento, a consciência do entendimento em relação à sua própria perfeição. O entendimento ignora os sofrimentos do coração, não sofre concupiscências, paixões ou necessidades, e por isso não tem defeitos nem debilidades como o coração.

Um Deus que expressa apenas a essência do entendimento não satisfaz a religião, não é o Deus da religião.

No que se refere ao entendimento ou à razão de Deus, a característica mais importante da religião, particularmente da religião cristã, consiste na perfeição moral. Como ser moralmente perfeito, Deus não é mais do que a ideia realizada, a lei personificada da moralidade, o ser moral do homem – o ser próprio do homem – entendido como ser absoluto.

Feuerbach, *A Essência do Cristianismo*.

4.2.2. Redução da teologia à antropologia

A crítica que Feuerbach faz da religião não tem por objectivo negar a dimensão religiosa do homem. Pelo contrário, segundo Feuerbach, a religião constitui «a essência imediata do homem». O sentido da sua crítica radica em mostrar a falsidade da «essência teológica» da religião e em reduzir a religião inteiramente à essência do homem. «O segredo da teologia» – dirá Feuerbach – «está na antropologia.»

Com a expressão «essência teológica» da religião faz--se referência à relação do homem com Deus, entendido este como um ser distinto e separado; que possui de um modo infinito e absoluto; todas as propriedades e perfeições que o homem possui apenas de forma finita. Ora, esta ideia de «Deus», como um ser de infinitas perfeições, mais não é do que um produto ou obra do homem: «A essência de Deus não é mais do que a essência do ser humano; ou, melhor dizendo, é a essência do homem objectivada e separada dos limites do homem individual, real e corpóreo. É a essência contemplada e venerada como um ser-outro, próprio e diferente do homem. Por isso, todas as determinações da divindade são igualmente do ser humano» (Feuerbach, *A Essência do Cristianismo,* Introdução, cap. II).

Nesta passagem explica-se **a génese de Deus a partir da projecção que o homem faz de si mesmo e da sua essência.** É possível reconhecer três momentos nesta génese: a) a objectivação fora de si que o homem faz de seus predicados e determinações; b) a separação desses predicados da sua relação originária com o homem, e a abstracção dos limites que tais predicados têm no homem individual; c) a consideração de tais predicados assim separados e objectivados num presumível sujeito como se fosse um «ser-outro», alheio e estranho ao homem. Isto é, na génese da ideia de Deus e na sua aceitação como um ser absoluto cumpre-se a **alienação** que constitui

13 HEGEL E A DIALÉCTICA

o «desdobramento» da essência teológica da religião. «Alienação» significa aqui duas coisas: 1) expropriação, que se faz à realidade sensível que é o homem, da sua própria natureza para a colocar fora dele; 2) a servidão e submissão a algo estranho, erigido contra a realidade sensível e contra o homem.

A crítica da religião «teológica» é por conseguinte uma redução da religião à essência do homem e uma redução da teologia à antropologia. A religião é para Feuerbach a autoconsciência primeira e indirecta do homem. Nega-se a religião de Deus e afirma-se a religião do homem, a religião da humanidade.

Fica no entanto pendente pelo menos uma dupla questão: Foi a crítica de Feuerbach a Hegel radical e progressiva? A crítica feuerbachiana da alienação religiosa e a sua ideia do homem foram suficientes e adequadas? No capítulo quinze (do 3º Volume) procuraremos resposta a esta dupla questão.

P. O Runge: A manhã. Museu de Arte de Hamburgo.

BIBLIOGRAFIA – 2º Volume

DO RENASCIMENTO À IDADE MODERNA

Capítulo 7

CASSIRER, E., *Indivíduo y cosmos en la filosofia del Renascimiento,* Buenos Aires, EMECE.
HEIMSOETH, H., *La metafísica moderna,* Madrid, Revista de Occidente.
PATERSON, A., *The infinite world of Giordano Bruno,* Springfield, Charles C. Tomas.

Capítulo 8

BURTT, E., *Los fundamentos metafisicos de la ciencia moderna,* Buenos Aires, Sudamericana.
CROMBIE, A., *Historia de la ciencia. De S. Agustin a Galileo,* 2 vols. Madrid, Alianza Editorial.
KEARNEY, H., *Orígenes de la ciencia moderna, 1500-1700,* Madrid, Guadarrama.
KOYRÉ, A., *Etudes Galiléennes,* 2 vols. Paris, Hermann.

Capítulo 9

GUÉROULT, M., *Descartes selon l'ordre des raisons,* 2 vols. Paris, Aubier/Ed. Montaigne.
HEIDEGGER, M., *La época de la imagen del mundo,* Buenos Aires, Losada.
HOLZ, H., *Leibniz,* Madrid, Tecnos.
PEÑA, V., *El materialismo de Spinoza. Ensayo sobre la ontologia spinozista,* Madrid, Revista de Occidente.

Capítulo 10

BENNETT, J., *Locke, Berkeley, Hume, Central themes,* Oxford, Clarendon Press.
DELEUZE, G., *Empirismo y subjetividad. Ensayo sobre la naturaleza humana según Hume,* Barcelona, Granica Editor.
DUCHESNAU, F., *L'empirisme de Locke,* Haia, Martinus Nijhoff.
NOXON, J., *La evolución de la filosofia de Hume,* Madrid, Revista de Occidente.
RÁBADE, S., *Hume y el fenomenismo moderno,* Madrid, Gredos.

Capítulo 11

CASSIRER, E., *La filosofia de la Ilustración,* México, Fondo de Cultura Económica.
GAY, P., *The Enlightenment: An interpretation,* 2 vols. Londres, Weidenfeld and Nicholson.
HAZARD, P., *La pensée européenne au XVIIIe siècle. De Montesquieu à Lessing,* Paris, Librairie Arthème Fayard.
KOYRÉ, A., *Etudes newtoniennes,* Paris, Gallimard.

Capítulo 12

ALQUIÉ, F., *La critique kantienne de la métaphysique,* Paris, P.U.F.
KÖRNER, S., *Kant,* Madrid, Alianza Universidad.
GOLDMANN, L., *Introducción a la filosofia de Kant,* Buenos Aires, Amorrortu.
LACROIX, J., *Kant,* Buenos Aires, Sudamericana.
PHILONENKO, A., *L'oeuvre de Kant,* 2 vols. Paris, Vrin.

Capítulo 13

ARTOLA, J., *Hegel, La filosofia como retorno,* Madrid, G. del Toro.
BLOCH, E., *El pensamiento de Hegel,* México, Fondo de Cultura Económica.
FINDLEY, J., *Reexamen de Hegel,* Barcelona, Grijalbo.
MARCUSE, H., *Razón y revolución, Hegel y el origen de la teoria social,* Madrid, Alianza.
— *En torno a Hegel,* Granada, Departamento de Filosofia y Secret. de Publicaciones de la Universidad.

BIBLIOGRAFIA COMPLEMENTAR

Do período correspondente a este 2° volume segue-se uma relação de obras publicadas por Edições 70.

Col. **Biblioteca Básica de Filosofia:**

BANFI, António - *Galileu*, n° 17
BASTIDE, Paul Arbousse - *Augusto Comte*, n° 24
BEYSSADE, Michèle - *Descartes*, n° 14
D' HONDT, Jacques - *Hegel*, n° 12
KREMER-MARIETTI, Angèle - *A Moral*, n° 38
LEROY, André-Louis - *Locke*, n° 27
LYOTARD, Jean-François - *A Fenomenologia*, n° 5
MOUNIN Georges - *Maquiavel*, n° 25
MOUREAU, Joseph - *Espinosa e o Espinosismo*, n° 20
VANCOURT, Raymond - *Kant*, n° 2
VERGEZ, André - *David Hume*, n° 26

Col. **O Saber da Filosofia:**

BALIBAR, Françoise - *Einstein: Uma leitura de Galileu e Newton*, n° 2
BLANCHÉ, Robert - *História da Lógica de Aristóteles a Bertrand Russel*, n° 13
BRONOWSKI, Jacob e Mazlich, Bruce - *A Tradição Intelectual do Ocidente*, n° 11
COTTINGHAM, John - *A Filosofia de Descartes*, n° 26
DELEUZE, Gilles - *A Filosofia Crítica de Kant*, n° 3
DELLA VOLPE, Galvanno - *A Lógica como Ciência Histórica*, n° 12
GEYMONAT, Ludovico e GIORELLO, Giulio - *As Razões da Ciência*, n° 25
GRANGER, Gilles-Gaston - *A Razão*, n° 14
RAYEFF, Felix - *Exposição e Interpretação da Filosofia Teórica de Kant*, n° 19
HALL, A. Rupert - *A Revolução na Ciência, 1500-1750*, n° 21
HARRÉ, Rom - *As Filosofias da Ciência*, n° 23
HUBNER, Kurt - *Crítica da Razão Científica*, n° 31
HYPPOLITE, Jean - *Introdução à Filosofia da História de Hegel*, n° 22
THROWER James - *Breve História do Ateísmo Ocidental*, n° 9

Col. **Textos Filosóficos:**

DESCARTES, René - *Discurso do Método*, n° 9
DESCARTES, René - *Princípios da Filosofia*, N° 42
DESCARTES, René - *Regras para a Direcção do Espírito*, n° 6

DILTHEY, Wilhelm - *Teoria das Concepções do Mundo*, n° 33
ESPINOZA, Bento de - *Tratado da Reforma do Entendimento*, n° 14
GAND, Henrique de - *Sobre a Metafísica do Ser no Tempo*, n° 41
HEGEL, Friedrich - *A Razão da História*, n° 39
HEGEL, Friedrich - *Introdução à História da Filosofia*, n° 31
HEGEL, Friedrich - *O Sistema da Vida Ética*, n° 30
HEGEL, Friedrich - *Propedêutica Filosófica*, n° 23
HUME, David - *Investigação Sobre o Entendimento Humano*, n° 2
HUSSERL, Edmund - *A Ideia da Fenomenologia*, n° 8
KANT, Immanuel - *A Paz Perpétua e Outros Opúsculos*, n° 18
KANT, Immanuel - *A Religião nos Limites da Simples Razão*, n° 34
KANT, Immanuel - *Crítica da Razão Prática*, n° 1
KANT, Immanuel - *Enciclopédia das Ciências Filosóficas em Epítome*, vol 1, n° 17; vol. 2, n° 21; vol 3, n° 35
KANT, Immanuel - *Fundamentação da Metafísica dos Costumes*, n° 7
KANT, Immanuel - *O Conflito das Faculdades*, n° 37
KANT, Immanuel - *Os Primeiros Princípios Metafísicos da Ciência da Natureza*, n° 28
KANT, Immanuel - *Os Progressos da Metafísica*, n° 5
KANT, Immanuel - *Prolegómenos a toda a Metafísica Futura*, n° 13
LEIBNIZ, Gottfried Wilhelm - *O Discurso da Metafísica*, n° 4
MALEBRANCHE, Nicolas - *Diálogo de um Filósofo Cristão e de um Filósofo Chinês*, n° 29
NIETZSCHE, Friedrich - *Crepúsculo dos Ídolos*, n° .3
NIETZSCHE, Friedrich - *Ecce Homo*, n° 26
NIETZSCHE, Friedrich - *O Anticristo*, n° 24
PICO DELLA MIRANDOLA, Giovanni - *Discurso sobre a Dignidade do Homem*, n° 25
SCHELLING, *Investigação Filosófica sobre a Essência da Liberdade Humana*, n° 36

Col. **Perfil:**

BUTTERFIELD, Herbert - *As Origens da Ciência Moderna*, n° 7
KRISTELLER, Herbert - *Tradição Clássica e Pensamento do Renascimento*, n° 9
KUHN, Thomas S. - *A Revolução Copernicana*, n° 2
LENOBEL, Robert - *História da Ideia de Natureza*, n° 1
LOWITH, Karl - *O Sentido da História*, n° 5

Diversos:

CHIEREGHIN, Franco - *A "Fenomenologia do Espírito" de Hegel* - Col. Guias Filosóficos, n° 2
FORMIGARI, Lia - *O Mundo depois de Copérnico* - Col. Biblioteca Básica de Ciência, n° 4
LEGRAND, Gerard - *Dicionário de Filosofia*, Extra-Colecção, n° 21
MONTALENTI, Giuseppe - *Charles Darwin* - Col. Biblioteca Básica de Ciência, n° 7
RADICE, Lucio Lombardo - *A Matemática de Pitágoras e Newton* - Col. Biblioteca Básica de Ciência, n° 8
SCHAEFFLER, Richard - *Filosofia da Religião*, Col. Círculo da Filosafia, n° 2
SEVERINO, Emanuele - *A Filosofia Moderna* - Col. O Saber da Filosofia, n° 17
SIMON, Joseph - *Filosofia da Linguagem*, Col. Círculo da Filosofia, n° 1

ÍNDICE

Segundo Volume
DO RENASCIMENTO À IDADE MODERNA

Prefácio 5
Quadros sincrónicos do século XV ao século XIX 7

Capítulo 7
O Renascimento e a origem da Idade Moderna
Introdução 12
1. O Renascimento e a transformação da sociedade europeia 13
2. A tradição grega e o novo antropocentrismo naturalista 17
3. O problema da infinitude: Cusa e Giordano Bruno 21
4. Francisco Bacon e o seu conceito de ciência 25

Capítulo 8
Kepler e Galileu: A luta pelo método experimental
Introdução 29
1. A astronomia pré-copernicana 30
2. Realismo e matemática: Copérnico 33
3. Kepler: A procura da pura racionalidade 36
4. Galileu e o método experimental 41
5. Método resolutivo-compositivo 51

Capítulo 9
O racionalismo
Introdução 53
1. A auto-suficiência da razão como fonte de conhecimento 54
2. Descartes e a construção do Universo 56
3. Espinosa e Leibniz 63
4. A matemática como modelo do saber 68
5. Razão e liberdade 69

Capítulo 10
O empirismo
Introdução 73
1. O empirismo e os limites do conhecimento 74
2. Moral e política 85

Capítulo 11
O iluminismo
Introdução 88
1. Enquadramento histórico e sociopolítico do Iluminismo 89
2. O conceito de «razão esclarecida» 90
3. Newton e o problema da natureza 94
4. Homem e Deus: o deísmo e a religião natural 105
5. Homem e sociedade (Rousseau) 110

Capítulo 12
O idealismo transcendental de Kant
Introdução 114
1. Sentido de uma crítica da razão. A ideia de filosofia 115
2. A natureza e a razão teórica 119
3. A liberdade e a tarefa da razão prática 135
4. História e religião 140

Capítulo 13
Hegel e a dialéctica
Introdução 144
1. Enquadramento histórico-social e filosófico da obra de Hegel 145
2. Sentido e estrutura da dialéctica 149
3. O conceito de espírito e suas formas 154
4. A «esquerda hegeliana». Feuerbach 163

Bibliografia 167

Fotocomposição da Gráfica 96, Lda. – Coimbra
Impressão e acabamento da
SIG – Soc. Industrial Gráfica, Lda. – Camarate
para
Edições 70, Lda.
em Julho de 1998